21世纪经济管理新形态教材·会计学系列

# 会计研究方法

李万福 ◎ 主 编
张 怀 王焰辉 ◎ 副主编

清华大学出版社
北京

## 内 容 简 介

本书以系统、直观、深入的方式，解读会计研究方法在权威期刊论文中的实际应用，使读者既能避免迷失于复杂的计量公式推导之中，又能对会计研究方法应用产生兴趣，同时还能掌握会计研究方法在不同情境中的应用要点。本书注重理论与实践、思政元素与知识点的深度融合，兼具实用性、思想性、科学性和前沿性等特色，适用于会计、财务管理、金融、审计和企业管理等专业的高年级本科生、研究生及从事财务管理、会计、审计相关工作的研究学者。

本书封面贴有清华大学出版社防伪标签，无标签者不得销售。
版权所有，侵权必究。举报：010-62782989，beiqinquan@tup.tsinghua.edu.cn

图书在版编目（CIP）数据

会计研究方法 / 李万福主编. -- 北京 ：清华大学出版社，2025.3.
(21世纪经济管理新形态教材). --ISBN 978-7-302-68226-4
Ⅰ. F230-3
中国国家版本馆 CIP 数据核字第 2025BT7212 号

责任编辑：付潭蛟
封面设计：汉风唐韵
责任校对：宋玉莲
责任印制：刘　菲
出版发行：清华大学出版社
　　网　　址：https://www.tup.com.cn，https://www.wqxuetang.com
　　地　　址：北京清华大学学研大厦A座　　　邮　　编：100084
　　社 总 机：010-83470000　　　　　　　　　邮　　购：010-62786544
　　投稿与读者服务：010-62776969，c-service@tup.tsinghua.edu.cn
　　质 量 反 馈：010-62772015，zhiliang@tup.tsinghua.edu.cn
　　课 件 下 载：https://www.tup.com.cn，010-83470332
印 装 者：河北鹏润印刷有限公司
经　　销：全国新华书店
开　　本：185mm×260mm　　　印　张：14.5　　　字　数：323千字
版　　次：2025年4月第1版　　　　　　　　　　印　次：2025年4月第1次印刷
定　　价：49.00元

产品编号：102022-01

# 前言

会计是一门兼具科学性与艺术性的学科。当下，会计研究蓬勃发展，同时面临前所未有的挑战与机遇。为顺应时代潮流，满足广大读者对会计研究方法学习的需求，我们倾力打造了这本《会计研究方法》教材，旨在为广大读者提供内容全面、思想清晰、理论与实践相结合的会计研究方法指南。

本书以会计研究范式和会计研究方法的历史演进作为开篇，带领读者回顾会计研究方法的发展历程，从而更好地理解各种研究方法在会计领域的应用。本书涵盖会计研究的开展思路、调节效应与中介效应、工具变量法、样本选择模型、匹配方法、双重差分模型、断点回归法、事件研究法、会计信息质量指标测度方法等内容。本书既有严谨的理论体系，又有丰富的实例分析，助力读者掌握实证会计研究方法的核心要点，提高会计研究水平。

在编写过程中，我们力求使内容既具前沿性，又具实用性。为此，我们引用了会计研究领域的最新理论与方法研究成果和相关经典论文，针对实证研究与案例研究等不同研究范式，专门介绍了与之相适应的各类研究方法，并结合各章内容开发了一系列教辅材料。本书注重融入最新研究成果，结合近年来会计研究领域的理论研究成果，深入解读各类经典方法在会计研究领域的最新运用。我们对新方法（如机器学习算法、社会网络分析方法、神经会计方法等）进行了专门的解读，并分析了这些新方法在会计领域的应用方向与应用前景，以期为读者全面呈现会计研究前沿知识，提高读者的科学研究能力。

本书具有思政与知识点深度融合的特点，通过在各章知识点中融入思政元素，培养读者不断探索、追求真理的求知精神，引导读者树立正确的科研观，以实现传道和育人的双重目的。为了让读者更好地理解和把握各类会计研究方法的精髓，我们力求以图文并茂的方式展现知识点及应用要点，尽可能简化艰涩难懂的计量经济学模型，使教与学的过程变得相对简单和容易。

在本书的编写过程中，蒋蒙蒙、陈若琳、施玲、郑琳青、樊雨洁、段旭萌和陈思楠为编写工作做出了重要贡献，对他们表示衷心的感谢！本书适用于会计、财务管理、金融、审计和企业管理等专业的高年级本科生、研究生及从事财会审计相关工作的研究学者。我们相信，本书将成为读者的有益工具书，助力读者掌握会计研究方法的精髓。

由于编者时间与能力有限，书中难免存在不妥之处。在此，我们真诚地欢迎广大读者踊跃提出修改意见和建设性建议。您的宝贵意见和建议将成为我们不断优化内容、提高质量的动力。在未来的版本中，我们将认真采纳您的意见，对本书进行改进和优化，更好地满足读者的需求，共同推动会计研究方法的发展与进步。

最后，本书的出版得到了国家自然科学基金项目（71872078、71872046）和南京财经大学研究生精品教材建设项目（JC202204）资助，特别感谢！

李万福

2024 年 11 月

| 第1章 导论 | 1 |
|---|---|
| 1.1 会计学的研究范式 | 1 |
| 1.2 会计研究的演进 | 4 |
| 思考题 | 12 |
| 即测即练 | 13 |

| 第2章 实证会计研究开展思路 | 14 |
|---|---|
| 2.1 选题 | 14 |
| 2.2 基准回归模型设计 | 16 |
| 2.3 数据来源与处理 | 22 |
| 2.4 描述性统计与相关性分析 | 26 |
| 2.5 稳健性检验 | 28 |
| 2.6 进一步分析 | 31 |
| 思考题 | 32 |
| 即测即练 | 32 |

| 第3章 调节效应与中介效应 | 33 |
|---|---|
| 3.1 调节效应 | 33 |
| 3.2 中介效应 | 44 |
| 思考题 | 55 |
| 即测即练 | 55 |

| 第4章 工具变量法 | 56 |
|---|---|
| 4.1 基本原理 | 56 |
| 4.2 工具变量的选择 | 59 |
| 4.3 工具变量的检验 | 59 |
| 4.4 应用举例及代码实现 | 61 |
| 思考题 | 66 |
| 即测即练 | 66 |

## 第 5 章　样本选择模型 ····································································· 67

### 5.1　Heckman 模型 ···································································· 67
### 5.2　处理效应模型 ···································································· 70
思考题 ························································································ 78
即测即练 ···················································································· 79

## 第 6 章　匹配方法 ········································································· 80

### 6.1　倾向得分匹配 ···································································· 80
### 6.2　遗传匹配 ········································································· 84
### 6.3　熵平衡匹配 ······································································ 84
### 6.4　广义倾向得分匹配 ······························································ 87
### 6.5　广义精确匹配 ···································································· 88
### 6.6　应用举例及代码实现 ····························································· 90
思考题 ························································································ 99
即测即练 ···················································································· 99

## 第 7 章　双重差分及其衍生模型 ·················································· 100

### 7.1　应用背景 ······································································· 100
### 7.2　传统双重差分模型 ··························································· 102
### 7.3　多期双重差分模型 ··························································· 106
### 7.4　三重差分模型 ································································· 111
### 7.5　倾向得分匹配双重差分模型 ··············································· 114
### 7.6　其他情形 ······································································· 117
### 7.7　代码实现 ······································································· 119
思考题 ······················································································ 125
即测即练 ·················································································· 125

## 第 8 章　断点回归法 ···································································· 126

### 8.1　基本思想 ······································································· 126
### 8.2　精确断点回归 ································································· 130
### 8.3　模糊断点回归 ································································· 132
### 8.4　代码实现 ······································································· 134
思考题 ······················································································ 139

即测即练 ·············································································· 139

## 第9章　事件研究法 ·································································· 140
### 9.1　事件研究法概述 ··························································· 140
### 9.2　事件研究法步骤 ··························································· 142
### 9.3　应用举例 ···································································· 144
　　思考题 ·············································································· 157
　　即测即练 ·············································································· 157

## 第10章　会计信息质量指标的测度 ··············································· 158
### 10.1　盈余质量 ··································································· 158
### 10.2　会计稳健性 ······························································· 172
### 10.3　会计信息可比性 ························································· 180
　　思考题 ·············································································· 186
　　即测即练 ·············································································· 187

## 第11章　会计研究方法展望 ························································ 188
### 11.1　文本分析法 ······························································· 188
### 11.2　社会网络分析 ···························································· 192
### 11.3　机器学习算法 ···························································· 196
### 11.4　神经会计方法 ···························································· 199
　　思考题 ·············································································· 201
　　即测即练 ·············································································· 201

## 第12章　案例研究 ··································································· 202
### 12.1　案例研究选题思路与逻辑 ············································· 202
### 12.2　案例研究设计、资料收集与数据分析 ······························ 203
### 12.3　案例研究常见的质性研究方法 ······································· 207
### 12.4　案例研究的论文结构与写作要点 ···································· 209
### 12.5　案例研究论文精选导读 ··············································· 210
　　思考题 ·············································································· 214
　　即测即练 ·············································································· 214

## 参考文献 ·············································································· 215

# 第1章 导 论

【教学要求】

通过本章教学，使学生了解会计学的研究范式，了解会计研究的演进，理解规范会计研究和实证会计研究的联系和区别，掌握会计研究方法的基本知识点和基本框架，理解并科学评估会计学术研究与实践之间的相关性。

【教学重点】

会计学的研究范式；会计研究的演进。

【教学难点】

会计学术研究与实践之间的相关性。

【思政元素】

科学精神、创新精神、批判性思维方式和方法、发展观念和动态思维方式、爱国情怀、社会责任感、诚信意识和正确的道德观念。

## 1.1 会计学的研究范式

### 1.1.1 范式与会计学研究范式

范式（Paradigm）这一概念，源自美国著名哲学家托马斯·库恩于 1962 年所著的《科学革命的结构》。他在该书中提出，范式是在一定历史时期内，界定某一科学领域的核心实践。1970 年，库恩进一步阐述了他的观点，认为研究者倾向于在广泛认可的信念、价值观、假设和技术框架内解决问题，他将这种共享的思维框架称为范式。简言之，范式涵盖了关于研究对象、研究议题的设定、研究方法的选择以及结果解释等方面的原则和方法。研究

扩展阅读 1.1 托马斯·库恩的"范式"故事

范式是在特定研究方法论基础上形成的一套研究原则和方法体系。作为社会科学的一部分，会计学的理论发展与完善，离不开其研究范式的演变。正如范式的定义，会计学研究范式是会计研究者共同遵循的思考模式和知识框架。回溯会计学的发展历程，我们可以看到，会计研究范式主要围绕实证主义和规范主义这两种范式展开讨论。

### 1.1.2 规范会计研究与实证会计研究

1985 年，霍珀与鲍威尔借鉴了伯勒尔和摩根在 1979 年关于组织研究分类法的研究，

提出了一个关于会计研究的四象限分类法。这一分类方法包含两个维度，一个维度是一个融合了本体论、认识论、人性的假设以及方法论假设四个方面的连续统一体，这个统一体的一个极端是客观主义，另一个极端则是主观主义；另一个维度则涉及会计研究人员对会计研究工作的态度，一个极端是关注规则和社会秩序的创建，另一个极端则是更关注社会冲突以及社会质变的潜在可能性。基于这两个维度，霍珀与鲍威尔将会计研究划分为主流会计研究、解释性会计研究和批判性会计研究三种类型。主流会计研究是指实证会计研究，它始于客观主义社会观，认为现实是客观的，外在于研究者，因此主要关注的是会计功能而非结果，恪守价值中立。解释性会计研究指的是规范会计研究，它始于主观主义社会观，认为现实是社会性地被创建并通过人类的交往予以客观化，因此主要关注的是对会计实务活动的社会性质的解释，强调价值判断。批判性会计研究并不满足于主流会计研究的实证方法和解释性会计研究的规范框架，而是试图揭示这些研究背后的权力结构和意识形态。批判性会计研究者通过深入挖掘会计数据背后的权力关系，揭示出会计实践如何被特定的社会、政治和经济利益所塑造和操纵。批判性会计研究者通过批判性的分析，揭示了会计实践中的不公平、不公正和不合理现象，呼吁对这些现象进行深入的反思和改革。至于哪种会计研究方法属于主流会计研究，这取决于会计研究的具体环境背景和实际发展状况。

**1. 规范会计研究**

会计研究的起源可以追溯到规范会计研究，这一悠久历史早于实证会计研究的诞生。然而，直到实证会计研究兴起后，我们才将这一传统研究方式定义为规范会计研究。规范会计研究和实证会计研究的划分源于对会计研究性质的不同认知。二者的根本区别在于，规范会计研究关注的是"什么"的问题，必然涉及价值判断，主要用于描述应该如何计量收益等问题；而实证会计研究则关注的是"是什么"的问题，不涉及价值判断，主要用于解释和预测公司管理层对新会计准则的反应等情境。

规范会计研究对会计学的发展起到了重要的推动作用，然而，该范式也存在局限性。①该范式对研究人员提出了极高的要求，并过度强调研究者对直觉深度捕捉的能力，在探究会计组织和系统时，很难建立起具有普遍性和概括性的理性逻辑分析。因而，在该范式下得出的研究结论常常缺乏经验支持，只能代表个体观点和臆断，其所谓的"理论"只不过是个人主观意见的陈述而已。②该范式主张采用定性的研究方法来研究会计问题，舍弃了观察和测试的量化方法，简单的描述性方法无法应用于相关分析。③通过理解获得的知识必然无法完全"客观"，它受到个体既有的概念、理论、信念和价值观的影响。此外，解释性会计研究既没有提供社会批评，也没有推动质变，会计理论仅寻求对会计活动的解释，而缺乏理解社会秩序的形成机制。会计活动是有目的、有意识的人类活动，具有主观性和价值性。而且，会计活动因个体主观价值和客观条件的不同而呈现多样性，具有情境性和复杂性。因此，实证主义追求客观化和普遍化的研究范式难以捕捉会计活动的本质，会计研究的目标不仅仅是通过客观量化的研究来了解事实，更重要的是理解和解释这些事实背后的意义，这将成为批判、改进和超越不合理会计现象的基础。

## 2. 实证会计研究

实证主义对经济学发展的影响不可忽视。20世纪60年代，实证主义逐渐渗透到会计学领域，带来了大量的实证会计研究，并在20世纪80年代成为主流，打破了传统规范会计研究的垄断地位。实证研究方法在会计研究中广泛采用了波普尔的"证伪主义"，即认为只有能够被证伪的理论才具有科学性。按照这个理论，一旦出现了无法解释的实际情况（即超出现有理论预测范围的实践），或者找到了无法支持现有理论的证据，研究者科学研究的契机就得以形成。由Jenson、Watts、Zimmerman等代表的"罗彻斯特"会计学派将实证方法引入会计研究，认为以规范研究为主的传统会计研究已不再科学，应被实证理论所取代。最终，围绕"为什么管理者会对会计准则做出不同选择"和"政府如何通过管制会计准则来使会计信息对客观实际具有必要的解释力"两个核心议题构建了现代实证会计理论体系。尽管实证会计研究的研究议题非常庞杂，但从根本上来说，仍然围绕着以上两个核心议题（杨雄胜等，2008）。

实证会计研究强调，必须从实际会计实践出发，将研究扎根于经过严格检验的经验数据之中，并具备定量化和精确性的特点。因此，实证会计研究可以为规范会计研究提供大量的经验资料，缩小规范会计研究与实际会计实践之间的差距，从而建立起规范会计研究与丰富多样的会计实践之间的逻辑桥梁，克服了规范会计研究的局限性。然而，实证会计研究方法也存在明显的缺陷，具体如下。

第一，实证会计研究范式建立在自然科学的方法和程序基础上，尤其是通过量化方法处理会计现象，难以完全适用于复杂的社会现象。会计研究的量化过程与自然科学的过程类似，这种过程导致实证主义研究范式过分侧重于定量化和模型化，过度依赖数学和统计分析。然而，在某些涉及行为特征、心理反应、激励偏好和思维定势等问题的研究领域，这种方法很难发挥作用。

第二，样本选择不合理。在进行实证会计研究时，如何选择样本取决于研究目的和设计。从理论上讲，样本越大越具有代表性。然而，实证研究方法使用有限的事实和现象来证明普遍命题，因此其研究结果不可避免地具有概率性或偶然性。

第三，难以避免价值判断的影响。实证主义认为，科学应该是客观中立的，要求研究者排除个人的价值判断，在研究过程中只依靠经验数据等来验证或证伪某一假设，反对先验的价值观对科学研究的影响。然而，在选取研究课题并形成研究结论之前，研究者应考虑到研究结论可能得到的认可程度以及哪些方面会予以认可。此外，个人生活习惯等方面的因素可能潜移默化地影响研究过程，从信息输入到输出的速度、测量、可靠性和准确性都会对会计研究结论产生影响。

第四，实证会计研究认为其任务是建立会计科学，将会计视为客观事实来研究，回答"会计是什么"的问题，通过调查、归纳、实验、统计等方法形成规律性的知识。因此，实证会计研究的结论只具有解释和说明的性质，缺乏规范和指导的功能。实证会计研究主张工具理性观，认为会计理论是对客观会计活动的解释，而会计实践仅仅是理论的技术应用。

第五，实证主义将探求因果关系作为理论推导的必要条件，即研究者事先确定了研究对象中某些自变量和因变量之间因果关系的程度和变化方向。然而，自变量与因变量之间的因果关系受到多种因素的影响，仅仅依靠会计理论研究中主要的因果关系，研究者很可能过于简化会计研究对象，忽视背后隐藏的复杂因果关系，并未考虑到社会经济活动比自然过程更为复杂。未成熟的实证是对丰富真实性的否定，简化了复杂的世界。这种简化倾向实际上违背了科学主义原则，实证会计研究尚未摆脱传统决定论观点的束缚。

## 1.2　会计研究的演进

### 1.2.1　西方会计研究的演进

会计理论研究的历史可以追溯到20世纪初，斯普拉格的《账户原理》（1907年）和佩顿的《会计理论》（1922年）的出版标志着会计理论研究的开始。20世纪初至70年代，这一阶段的会计理论研究方法被称为规范研究（normative study）。规范研究方法通常以一定的价值判断为基础，作为分析处理会计问题的标准，探讨如何才能符合这些标准。

自20世纪60年代末70年代初起，实证研究（empirical study）异军突起。经济学成为实证研究的主要推动力量，实证研究方法首先通过金融经济学和金融理论进入会计研究领域。这一时期的会计理论研究重点转向通过经验分析、假设检验研究和数学建模来研究和创造知识，从而与定性研究竞争，并最终在一定程度上取代了定性研究，而定性研究在历史上一直是新思维的源泉。

从1963年到1967年，JAR（*Journal of Accounting Research*）的前五卷主要由大卫·格林编辑，包含反映理论发展、规范论证、经验研究和历史调查的文章。然而，到了1968年，当尼克·多普奇成为编辑时，该杂志越来越多地迎合芝加哥大学推崇的研究，即利用计算机构造的数据库以及使用行为和实验方法的实证研究。1967年以后，历史和规范论证文章实际上逐渐从JAR中消失了。JAR中实证类文章的百分比从1969年的27%上升到1972年的60%。随后，TAR（*The Accounting Review*）紧随其后，因为这种研究模式在学术界逐渐流行起来。

1968年，鲍尔和布朗关于会计收益和股票价格的研究可被视为实证研究的萌芽。1976年，詹森发表《罗切斯特学派宣言》，宣言中反对以特定价值判断为指导的传统会计研究方法，提倡建立实证会计理论。瓦茨和齐默尔曼于1986年出版了《实证会计理论》一书，成为实证会计理论的经典之作。到了20世纪80年代，实证研究方法已成为西方会计理论研究中的主流。美国会计学会权威期刊《会计评论》（*The Accounting Review*）刊发文章的基本标准是：该成果对会计思想做出重大贡献。该期刊偏好具有实务相关性的论文，一般不会接受纯规范性或描述性的论文。

进入21世纪以来，以计量为主的传统实证研究方法开始多元化发展，越来越注重交叉学科的理论思想和研究方法的互动。例如，机器学习、神经网络、社会网络分析和文本分析等新兴研究工具逐渐渗透到会计研究领域,呈现出多样化的趋势。

西方会计研究演进大事记如表 1-1 所示。

表 1-1　西方会计研究演进大事记

| 时间 | 主要事件 |
| --- | --- |
| 1907 年 | 斯普拉格的《账户原理》出版,标志着会计理论研究的开始 |
| 1922 年 | 佩顿的《会计理论》出版,进一步促进了会计理论研究的发展 |
| 1963—1967 年 | JAR 的前五卷出版,包含反映理论发展、规范论证、经验研究和历史调查的文章 |
| 1968 年 | 鲍尔和布朗关于会计收益和股票价格的研究可被视为实证研究的萌芽 |
| 1976 年 | 詹森发表《罗切斯特学派宣言》,提倡建立实证会计理论 |
| 1986 年 | 瓦茨和齐默尔曼出版了《实证会计理论》,其成为实证会计理论的经典之作 |
| 进入 21 世纪后 | 以计量为主的传统实证研究方法开始向多元化发展,涉及机器学习、神经网络、社会网络分析和文本分析等新兴研究工具 |

## 1.2.2　我国会计研究的演进

在 20 世纪 80 年代之前,我国会计理论界主要以传统规范研究为主。传统规范研究方法使用演绎法对会计理论进行研究。这种方法的分析过程通常是提出问题—分析问题产生的原因—提出解决问题的对策,人们普遍将其称为三段式研究方法,从而形成规范性的会计理论。然而,随着社会主义市场经济体制的建立和发展,会计研究领域出现了新的问题。我国学者逐渐认识到,基于演绎法的规范性会计研究存在思维狭窄、主观性强、实际价值小、理论脱离现实等缺陷,这种方法无法完全适应我国的实际情况。

扩展阅读 1.2　中国会计研究方法的演进过程

20 世纪 80 年代末,我国学者开始有意识地将实证会计研究方法引入国内学术界。20 世纪 90 年代初,我国学者通过翻译美国著名会计学者瓦茨和齐默尔曼所著的《实证会计理论》,正式将实证会计研究方法引入我国。从那时起,规范研究不再是我国会计研究的唯一范式。

20 世纪 90 年代后期,我国学者加大了对实证会计研究方法的引入力度,发表的相关文章数量也逐渐增加。实证会计的影响逐渐扩大。经验理论和方法在金融经济学中的应用促进了实证会计理论的发展。尽管连续实证研究中存在模型选择、数据收集和噪声控制等各种问题,但由于实证研究能为会计理论的发展提供证据支持,相对而言,实证会计是一个更加严谨的范式系统,因此实证研究的发展仍然具有重要价值。在这一时期,我国学者开始关注实证会计的实际应用,而不仅仅是介绍和引入。1997 年,大量实证会计研究论文在国内的《会计研究》和《经济研究》等期刊上发表。

进入 21 世纪以来,在我国会计期刊上发表的实证会计研究论文比例大幅增加。2000年,《会计研究》杂志就发表了 23 篇实证会计研究论文,极大地推动了我国实证会计研究的发展，实证会计研究方法迎来了新的飞跃。我国学者对实证会计研究有了更深入的理解。李连军（2006）对实证会计研究方法和方法的哲学基础及演化过程进行了系统梳理。同时，以公司治理中管理者所有权与公司价值之间的关系为例，总结和分析了实证会计研究方法的标准范式。在这之后，我国学者不断完善研究方法，从模仿逐渐走向创新，推动了我国实证会计研究的发展。

顶尖会计期刊 JAE 在 2022 年刊出了 *A review of China-related accounting research in the past 25 years* 一文，回顾了中国过去 25 年的会计研究。自 1978 年启动经济改革计划以来，中国经历了非凡的增长，国内生产总值（GDP）从 1978 年的 2940 亿美元增长到 2020 年的 117850 亿美元（均以 2010 年的基期美元计算），每年平均增长率超过 9%。与中国的高速发展和对中国经济制度日益重视相对应的是，在过去的 25 年里，会计学术期刊上与中国有关的出版物数量有了明显的增加。截至 2021 年底，有 86 篇中国研究论文发表在 5 种顶尖的会计期刊上：*Journal of Accounting and Economics*、*Journal of Accounting Research*、*The Accounting Review*、*Contemporary Accounting Research* 和 *Review of Accounting Studies*。这 5 种期刊中的中国研究论文的数量在最近几年增长最为显著，其中 77 篇（所占比例为 90%）研究报告是在 2010 年之后发表的。

*A review of China-related accounting research in the past 25 years* 论文的第一部分的制度是人类设计的制约因素，它构建了经济行为（North，1994）。科斯（1960）首次提出了制度的重要性，因为我们生活的世界里存在着交易成本。制度包括正式的约束（如规则、法律和标准）和执法机构（如证券监管机构和司法系统）。North（1994）认为政治体制是经济体制的基础，这一观点强调了政治制度对经济体系的深远影响。制度也包括非正式的力量，如文化、规范和惯例。人际关系是中国文化的一个重要特征，也是中国非正式制度的一个重要组成部分。中国研究涵盖了许多不同的研究目标和主题，但连接所有研究的一个中心主题是制度的关键作用。在论文的调查中，有一些研究与中国的政治和监管机构有着很深的联系；而另一些研究则强调中国与外国投资者关系的制度；还有一些研究利用中国独特的制度特点，利用新的数据或貌似外生的监管冲击，帮助研究新的问题并得出更有力的因果推断。

与大多数专注于某一特定研究领域的文献调查不同，论文 *A review of China-related accounting research in the past 25 years* 的调查以中国为中心，审查涵盖大量主题的研究。与中国有关的会计文献的广泛性意味着这些研究并不自然地归入一个统一的理论框架。这促使我们围绕三个相互关联的主题组织文献：①中国的政治和监管机构；②中国与外国投资者的关系；③中国的新数据和独特的监管冲击。该论文发现，许多主题领域仍处于萌芽阶段，因此内容较少。该论文努力增加讨论深度，对特别值得注意的研究进行详细介绍，提出我们自己的看法和批评，将中国的研究与更广泛的会计文献联系起来，并为未来的研究提供建议。

该文第二部分内容强调了中国政府在经济中的关键作用。虽然中国在将其经济从指令性模式转变为更加市场化的体系方面取得了长足的进步，但从定义上讲，中国新出现的体制具有探索性和实验性。一些改革被证明是成功的，而另一些改革则产生了意想不到的消极后果，值得研究并从中吸取宝贵的经验教训。政府干预和市场力量之间的紧张关系一直是中国经济发展的一个核心特征。对政府机构相关政策的有效性和可取性有两种广泛的对立观点。一方面，积极的（"扶持之手"）观点强调政府有能力解决市场失灵问题，否则会阻碍金融发展和经济增长；另一方面，消极的（"攫取之手"）观点认为政府的参与是政治精英为获得财政和政治利益而将资源导向自己的一种手段。中国的情况在这两方面都提供了支持性的证据。中国的官员晋升体系为政府官员提供了强大的职业激励，从而促进了经济增长（Li et al., 2005; Chen et al., 2005），但高度政治化的体系也导致了裙带关系和腐败问题（Cai et al., 2013; Fang et al., 2019; Agarwal et al., 2020）。第二部分中的研究与中国的制度特点有着深刻的联系。我们很自然地会问，这些研究是否可以为一般的会计研究提供参考。在这方面，我们提出一些想法。①中国独特的制度特征有可能为我们对经济现象的理解增加新的维度，丰富经济理论的发展和检验。例如，私人诉讼制度的强度从根本上改变了财务误报和公共执法之间关系的性质。因此，在美国这样的强势诉讼制度中观察到的经验规律可能不会延伸到一些弱势诉讼制度的国家。研究需要一个多样化的制度环境，而不是一个单独的环境（如美国），来描绘一个基本经济现象的更完整的画面。从这个角度来看，中国环境的独特性可以被视为会计课题科学研究的优势。②值得注意的是，中国的制度特征与其他国家的制度特征有一些相似之处。例如，国家所有权在世界各地都很普遍，在美国也存在，特别是在 2008 年全球金融危机之后。③中国的巨大规模意味着其国内事务会对其他国家产生重大的溢出效应。一个典型的例子是，中国国内的股票市场监管如何通过对中国公司海外上市的影响而溢出到其他国家的股票市场，包括美国股票市场。④中国经济在全球经济中的地位日益巩固，其强大的经济动能和持续的发展态势使其成为一个不可忽视的重要力量。正因如此，它本身就值得投入更多的精力和关注去深入了解和研究。

第三部分考虑中国与外国投资者的关系。1978 年，中国推出了向全球贸易和外国投资开放的政策。在接下来的 40 多年里，中国摆脱了经济孤立，从 1978 年的零外国直接投资（FDI）和微不足道的进出口，到 2020 年成为世界上最大的出口国和第二大进口国，进口额和出口额分别达到 27230 亿美元和 2350 亿美元。中国作为外国直接投资的目的地排名第二，仅次于美国，在 2019 年获得 1560 亿美元的外国直接投资。在此背景下，第三部分调查了关于中国企业外国投资的会计研究。具体来说，我们研究了两个投资渠道：①对中国国内上市公司的投资；②对中国海外上市公司的投资。第一类研究考虑了国内外投资者之间信息不对称来源，以及信息不对称对国内外投资者股票价格差异的影响。第二类研究根据困扰许多在美国上市的中国公司的会计丑闻，研究了这些公司的质量。总的来说，第三部分的研究强调了中国经济快速增长所带来的回报与中国不透明的信息环境和薄弱的投资者保护所带来的风险之间的权衡。

第四部分描述了会计研究人员如何利用中国的新数据和独特的监管冲击来检验新的研究问题，并提供更有力的因果推论。中国的制度有助于使其成为新颖数据的丰富来源。例如，中国的信息披露规则允许观察某些在其他国家无法（或将一直无法）观察到的变量（例如，可以公开获得关于经纪公司赚取的交易佣金费用和公司签字审计师的特征的数据）。中国的执法机构也是宝贵的专有数据的来源（例如，他们提供了关于审计调整和税收不合规的专有数据）。此外，中国的监管机构通过许多改革使研究人员能够测试新的研究问题，并提供更有力的因果推断。调查强调了研究人员在利用中国的新型数据和监管冲击时面临的挑战。例如，研究人员需要格外小心地确定他们感兴趣的具体法规的影响，因为促使政府通过一项新法规的政治和经济因素可以推动其他法规成为整体改革方案的一部分。重大改革举措往往是接连不断的，有时还与其他改革结合在一起，这使研究人员很难确定哪项改革改变了观察到的结果变量。此外，监管冲击通常不会导致观察结果被随机分配到治疗组和控制组。更重要的是，大多数监管改革都是强加给每一家上市公司的，这意味着研究者往往缺乏一个未受影响的上市公司的自然控制组。以下是各个领域的研究问题和利用新数据和监管冲击的方法。①审计：研究人员利用中国的新数据和监管冲击来研究审计问题。他们利用审计师的身份数据来研究审计结果是否受到审计师身份的影响。他们还研究了签字审计师与客户之间的社会联系是否会影响审计质量。②公司治理：研究人员利用中国的新数据和监管冲击来研究公司治理问题。他们研究了公司治理结构对企业绩效的影响，以及政府干预对公司治理的影响。③财务分析师：研究人员利用中国的新数据和监管冲击来研究财务分析师的角色和影响。他们研究了财务分析师与公司之间的私人沟通对市场反应的影响，以及财务分析师的预测准确性对公司绩效的影响。④税收：研究人员利用中国的新数据和监管冲击来研究税收问题。他们研究了税收政策对企业行为和绩效的影响，以及政府干预对税收遵从性的影响。⑤环境：研究人员利用中国的新数据和监管冲击来研究环境问题。他们研究了环境规定对企业环境绩效的影响，以及政府干预对环境披露和环境管理的影响。这些研究利用了中国独特的数据和监管冲击，为研究者提供了研究新问题和获得更准确的因果推断的机会。然而，这些研究也面临一些挑战和局限性。例如，数据的可靠性和可获取性，以及研究结果的推广性。未来的研究可以进一步探索这些问题，并利用更多的数据和方法来加强研究的可靠性和推广性。

### 1.2.3　会计学术研究与实践

会计学术研究与实践之间的关系始终备受关注。然而，在 2012 年之后，越来越多的会计学者和专家开始对会计学术研究是否充分关注实践提出质疑。美国会计协会（AAA）每年都会在年会上专门探讨会计研究在解决实际问题中的必要性。研究旨在通过抽象概括现实生活的经验，以期为实践提供反馈和指导。然而，与物理学等具有强烈反馈性的学科不同，我们如何观测会计研究与现实之间的差距呢？杜克大学的 Graham 教授通过对首席执行官（CEO）、首席财务官（CFO）等高管进行问卷调查，为我们提供了一种方法。

扩展阅读 1.3　会计学术研究与实践的经典故事

Graham 教授的研究围绕着报告盈余（reported earnings）与披露决策（disclosure decision）展开，通过对 400 多名高管的问卷调查，确定了影响报告盈余和披露决策的关键因素。该研究得出了以下 3 个主要结论。①就盈余和现金流的重要性而言，管理层认为盈余更为重要。管理层将达到或超过盈余基准视为重要考虑因素，因为未达标的盈余可能会受到外部资本市场的惩罚和施压，导致管理层更倾向于采取可能带来长期负面影响的盈余管理策略，并且他们在"后安然时代"很少使用符合 GAAP 标准范围内的会计政策进行盈余管理。②管理层偏好盈余平滑而非波动，因此他们愿意为了平滑收益而牺牲长期价值。此外，高管也重视盈余和财务披露的可预测性。③管理者自愿披露信息的目的是降低信息风险并提振股价，但同时也力图避免后续难以维持的披露先例的产生。通过这项研究，我们可以更深入地理解会计研究与实际应用之间的联系，而不仅仅是停留在理论层面。Graham 教授的研究为我们提供了一种经验丰富的方法，使我们能够更加准确地观察和评估会计研究与现实之间的距离。

盈余质量（earnings quality）是一个重要的研究课题。Dichev 等（2013）通过对 169 位上市公司 CFO 的问卷调查和 12 位 CFO 以及 2 位准则制定者的深度访谈，提供了对盈余质量的相关见解。从 CFO 的角度出发，他们主要得出以下 4 个观点。①高盈余质量表现为可持续性和可重复性，具体体现在一致的报告选择、实际现金流支撑以及没有一次性项目和长期估计上。②约 50%的盈余质量受到行业和宏观经济状况的驱动，而非自由裁量因素。③在任何给定时期，大约 20%的公司通过盈余管理来扭曲外界对公司业绩的理解，其程度通常相当于每股收益的 10%。④外部很难识别盈余操纵，但同行比较以及盈余与现金流之间的不匹配可以提供有用的风险信号。此外，受访 CFO 认为，现行准则制定存在一些问题，包括数量庞大的规则、自上而下的规则制定方法、忽视匹配原则以及对公允价值会计的过度重视。他们认为，规则导向的审计方式使审计职能变得集中化和机械化，阻碍了审计专业人员的发展。综上所述，CFO 更倾向于将盈余质量视为一个单一且无条件的特征，而不是现有研究认为的盈余质量的衡量标准在很大程度上取决于决策者的设定。CFO 的观点与"一个数字"（one number）的理念相关，这种理念塑造了 CFO 与外部利益相关者的互动和内部决策。

融资决策［包括资本成本（the cost of capital）、资本预算（capital budgeting）、资本结构（capital structure）］是另一个重要的研究领域。Graham 和 Harvey（2001）对 392 位 CFO 进行了有关资本成本、资本预算和资本结构的问卷调查，得出以下主要结论。①在项目评估方面，大部分公司采用现值方法，而大多数公司使用公司风险进行折现，而非项目风险。此外，公司规模对公司财务行为有显著影响。大型公司更倾向于使用净现值技术和资本资产定价模型进行项目评估，而小型公司则更倾向于使用投资回报期标准。②影响债务发行的主要因素包括财务灵活性和信用评级，而在股票发行时，公司更关注每股收益的稀释和近期股价的上涨。③他们的研究结果支持了啄食理论（Myers et al., 1984）和权衡理论，但未发现有力的证据支持资产替代、信息不对称、交易成本、自由现金流和个人税收等相关理论与内容。

股利政策和股份回购决策（payout policy）在 Lintner（1956）的开创性研究之后，一直被后续学者引用并对股利政策研究领域产生了深远影响。然而，我们需要反思 20 世纪 50 年代的实践经验是否仍然适用于当下的情境。Brav 等（2005）通过对 384 位财务高管的问卷调查和 23 份深度访谈的研究，对股利政策和股份回购决策的影响因素提出了以下 4 点见解。①保持股利水平与投资决策同等重要，除非特殊情况下，高管倾向于避免降低股利水平。然而，与 Lintner（1965）的观点不同，目标派息比例已不再是当前影响股利政策的主要因素。②股份回购在当下变得越来越流行，而在 Lintner（1956）以及 Miller 和 Modigliani（1961）的研究时期几乎不存在。然而，正如 MM 理论所指出的，公司管理层的回购决策是在投资决策之后进行的。许多高管认为，股份回购比股利政策更加灵活，能够实现择时策略并增加每股收益。③很多高管的观点并未提供有力支持，以解决股利的代理问题、信号传递理论和顾客效应理论（Allen et al.，2000）。④税务考虑是股利政策的次要影响因素，尽管许多研究认为其并不是股利政策的重要影响因素。

税务筹划（tax planning and avoidance）方面，公司积极参与或者不参与税务筹划动机的实证证据并不一致。Graham 等（2014）通过针对近 600 位公司税务主管的调研得出以下 3 点结论。①声誉考量被认为是现有文献中探讨公司是否参与税务筹划动机的重要假设，然而，这一前提假设难以通过实证数据获得证明。Graham 等（2014）通过问卷调查表明，声誉考虑确实存在。②他们发现财务数据动机也是公司是否参与税务筹划的重要影响因素。样本中超过 47%的上市公司人员表示，相较于现金税收支出，高管更加看重 GAAP ETR（公认会计原则的所得税费用占利润总额的比例）；而 37%的上市公司人员表示它们同等重要。③盈余和每股盈余 EPS 也是重要的考虑因素，并受到资本市场监督的影响。

决策权配置（decision-making authority）方面，Graham 等（2015）运用针对全球 1000 多名 CEO 和 CFO 的问卷调查数据集，研究了高管对财务决策的授权程度以及导致授权变化的原因。总体而言，授权决策模式并不是固定不变的，而是会因财务政策、CEO 个人特征和公司特征等因素而变化。在财务政策方面，研究者将其具体分为融资决策、资本回报、并购决策、投资决策和内部资源分配等 5 类。研究发现，在面向外部的决策（如并购决策）方面，CEO 倾向于保留更多的决策权；而在需要更多内部信息的决策（如投资决策和内部资源分配）方面，CEO 倾向于放权。CEO 个人特征对放权的影响表现为以下两个方面。①同一位 CEO 在不同情况下授权程度不同，当其精力集中于某项政策或并购活动时，倾向于加大放权力度。②不同 CEO 之间的知识异质性导致差异，长期任职和金融背景较强的 CEO 会减少放权力度。在公司特征方面，当公司规模较大或业务较复杂时，CEO 倾向于放权。此外，对于内部资源分配政策，公司会根据 NPV 排名、现金流产生时间、财务约束等规则进行安排，但也受到部门经理声誉和 CEO 直觉的影响。在欧洲和亚洲地区，公司政治和公司社会主义也会影响资本配置决策。

此外，*Journal of Finance* 2022 年接受 Graham 的论文 *Corporate Finance and Reality*，该篇论文则进一步比较了理论与现实的差异，主要结论有如下 7 点。①文献认为公司价值是未来（长期）现金流的折现，公司决策应当关注长期目标，但现实中公司为什么表现为关注短期目标？CFO 表示，公司决策中参考信息的可靠性时效只有 2 年，并且现在变得越来越短，这导致公司很难有把握做出长期决策，因此表现为更多的短期投资决策。②传统观点认为管理层会形成理性预期，其期望往往是经过对未来收益分布严谨评估后的结果，但

CFO 的问卷调查显示管理层预测中存在大量的正面或负面意外盈余。③文献中假设公司决策是理性的、风险中性的，CFO 的问卷调查显示公司决策是保守的，公司设定的投资门槛远远大于其资本成本，因此，在实践中公司选择的是较大的净现值（NPV）项目（NPV>>0），而不是 NPV 为正的项目。④现有研究假设公司在跨期平衡边际成本和收益，暗示公司决策会随着市场条件的变化而变化，但 CFO 的问卷调查显示，企业决策具有黏性。⑤文献中假设管理层在决策过程中考虑了复杂情况的多个维度，但 CFO 的问卷调查显示，公司决策没有想象中的复杂，小型公司仍采用令人诟病的回收期法，NPV 仍是投资决策的重要方法。⑥现有研究通常假定市场是有效的，但 CFO 的问卷调查显示，他们仍然会在发行证券和回购时进行择时，并且认为自己有内部信息优势。⑦不同于传统的股东财富最大化假设，CFO 的问卷调查显示，他们现在也会将利益相关者纳入考量范围，追求其与股东的平衡。

杜克大学的 Graham 多年来对高管的问卷调查显示，公司财务研究与现实经营实践有很强的关联性，但仍具有一定的距离。会计学术研究与实践之间的相关性到底有多大？发表在 Accounting Horizons 2022 年第 2 期的一篇文章 Relevance of Accounting Research (ROAR) Scores: Ratings of Titles and Abstracts by Accounting Professionals 对此进行了探讨，文章通过构建相关性指数来量化学术研究与会计实践之间的相关性。采用问卷调查的方式，对不同行业的会计专业人员发放问卷，让他们阅读 2016—2018 年发表在 TOP 会计期刊（12 本杨百翰大学的会计杂志排名①）的论文标题和摘要，并回答相关性问题，最后作者对问卷结果进行总结分析，得出会计研究与实践之间的相关性指数。其中，被发放问卷的会计专业人员主要包括：全国多所大学的会计教师，四大会计师事务所的专业人士，世界 500 强企业的会计专业人员，政府、非营利组织和其他团体的会计专业人员，美国注册会计师，等等。参与问卷填写的人需要在会计信息系统、审计、金融、管理、税收这 5 个会计领域中选择自己感兴趣的领域，选择之后，会被随机分配该领域的 5 篇论文的题目和摘要，并回答 4 个关于会计研究相关性的问题。具体问题如下：①你是否想看全文内容？②你是否愿意和同事分享这篇文章？③你是否能将这项研究应用于一个现有的或预期的问题？④你是否会投入更多时间或资源来更加了解、扩展或跟进这个话题？

每篇文章会被分配给 5 个人，因此每篇文章一共能获得 20 个答案，如果所有的回答都是"是"，说明文章的实践相关性最高，相关性指数（ROAR Score）取值为 1。如果所有的答案都是"否"，则取值为 0，ROAR Score 的单位变动范围是 0.05。

将结果按杂志进行分类，分析发现 The Accounting Review 的总体相关性指数最高，排名第一，但平均相关性指数排名第六，如表 1-2 和表 1-3 所示。结果表明，虽然 The Accounting Review 发表了大量具有实践相关性的研究，但其文章的平均相关性低于其他一些期刊。

---

① 包括：*Accounting Horizons* (Horizons); *Accounting, Organizations, and Society* (AOS); *Auditing: A Journal of Practice & Theory* (AJPT); *Behavioral Research in Accounting* (BRIA); *Contemporary Accounting Research* (CAR); *Journal of Accounting & Economics* (JAE); *Journal of Accounting Research* (JAR); *Journal of the American Taxation Association* (JATA); *Journal of Information Systems* (JIS); *Journal of Management Accounting Research* (JMAR); *Review of Accounting Studies* (RAST); and *The Accounting Review* (TAR).

表 1-2　期刊排名——总排名（通过计算 ROAR 总分得出）

| 期刊 | 总排名 | 各研究主题的期刊排名 | | | | | |
|---|---|---|---|---|---|---|---|
| | | 会计信息系统 | 审计 | 金融 | 管理 | 税收 | 其他 |
| TAR | 1 | **3** | **2** | **1** | **3** | **2** | 4 |
| CAR | 2 | 5 | **3** | **2** | **2** | **3** | **3** |
| JAE | 3 | — | 7 | **3** | 5 | 5 | — |
| RAST | 4 | 7 | 10 | 4 | 6 | 4 | 9 |
| AJPT | 5 | 6 | **1** | 8 | 10 | 9 | — |
| Horizons | 6 | 4 | 4 | 6 | 6 | 11 | **2** |
| JAR | 7 | — | 9 | 5 | 9 | 6 | 5 |
| AOS | 8 | **2** | 6 | 7 | 4 | 7 | **1** |
| JIS | 9 | **1** | 8 | 9 | 11 | 10 | 8 |
| JMAR | 10 | 9 | 11 | 12 | **1** | 12 | 6 |
| BRIA | 11 | 8 | 5 | 11 | 8 | 8 | 7 |
| JATA | 12 | — | 12 | 10 | 12 | **1** | — |

表 1-3　期刊排名——平均相关性指数（通过计算 ROAR 平均分得出）

| 期刊 | 平均相关性指数排名 | 各研究主题的期刊排名 | | | | | |
|---|---|---|---|---|---|---|---|
| | | 会计信息系统 | 审计 | 金融 | 管理 | 税收 | 其他 |
| BRIA | 1 | 8 | **3** | 10 | **1** | **2** | **2** |
| Horizons | 2 | 6 | 6 | **1** | 5 | 4 | 4 |
| AJPT | 3 | **1** | 8 | **3** | **2** | **3** | — |
| JAE | 4 | — | 7 | **2** | **3** | 6 | — |
| JIS | 5 | 7 | **2** | 9 | 11 | **1** | 8 |
| TAR | 6 | **3** | 5 | 6 | 6 | 9 | **2** |
| CAR | 7 | 4 | 9 | 4 | 7 | 8 | **1** |
| JATA | 8 | — | 12 | 11 | 12 | 7 | — |
| RAST | 9 | **2** | 10 | 5 | 4 | 5 | 5 |
| JAR | 10 | — | **1** | 8 | 8 | 11 | 7 |
| JMAR | 11 | 9 | 11 | 12 | 10 | 12 | 6 |
| AOS | 12 | 5 | 4 | 7 | 9 | 10 | 9 |

**思考题**

1. 什么是会计学研究范式？
2. 规范会计研究与实证会计研究间的联系和区别是什么？
3. 有哪些方法或者思路可以评估会计学术研究与实践之间的相关性？请举例说明。

扫描此码
自学自测

# 第2章 实证会计研究开展思路

【教学要求】

通过本章教学,呈现从最初的实证模型设计到数据收集与处理、正式进行实证分析以及稳健性检验等一系列实证会计研究论文撰写步骤,使学生熟练掌握实证会计研究的开展思路,并进一步分析几种常见的设计方法,熟练掌握论文选题和实证会计研究的分析思路,掌握稳健性检验和进一步分析的常见方法。

【教学重点】

选题;稳健性检验;描述性统计与相关性分析。

【教学难点】

选题;模型设计;稳健性检验。

【思政元素】

创新精神、坚持不懈的探索精神、科学态度和谨慎性、学术规范以及诚信意识和问题意识。

## 2.1 选 题

### 2.1.1 选题来源

学生在进行论文选题时常常面临"选题困难综合征",具体表现为:对于选题的意义、价值以及选题的方法和技巧等方面缺乏了解和认识,导致无从下手;由于自身专业知识不足,难以确定研究的方向和内容,也无法找到有足够数据支持的合适选题;由于缺乏实践经验,难以判断选题的可行性和创新性,也无法根据实际情况进行调整和改进;由于自身能力不足或害怕失败等,缺乏自信心,往往会选择容易的或老师提供的选题,而忽略了自己的兴趣和潜力。实际上,选择实证会计研究的论文选题可以从多个来源获取灵感。以下是一些常见的论文选题来源。

扩展阅读 2.1 著名会计学者的选题故事

(1)实务问题:关注实践中的会计问题和需求。通过观察企业财务管理、报告质量、内部控制等方面的实际问题,可以发现存在的挑战和需要解决的难题,从而确定一个有实际意义和应用价值的研究题目。

（2）学术文献：阅读相关的学术期刊、会议论文和专著等，了解当前研究领域的前沿问题和热点，借鉴已有研究成果和理论框架，从中找到新的研究方向和未解决的问题。

（3）政策和法规：关注会计准则、金融法规和监管要求的变化，研究其对企业会计信息披露、财务报告和业绩评估等方面的影响。同样，政府部门发布的有关会计和财务方面的政策文件也可作为论文选题的来源。

（4）社会责任和可持续发展：关注企业的社会和环境责任，研究会计信息披露和业绩评估对企业社会责任和可持续发展的影响。这一领域越来越受到关注，有许多有意义的研究选题。

（5）技术和创新：关注新技术发展对会计领域的影响，如大数据分析、人工智能、区块链等。研究如何应用这些技术来改进会计信息质量、加强内部控制和风险管理等方面，可以提供创新的研究选题。

（6）经济和金融领域：关注经济和金融领域的变化和问题，如市场效率、公司治理、资本市场发展等。研究会计信息在这些领域的作用和影响，可以选择与之相关的研究选题。

（7）跨学科研究：将会计与其他学科（如管理学、经济学、社会学、心理学等）进行交叉研究，结合不同领域的理论和方法可以发现新的研究问题和观点，丰富实证会计研究的内容。

（8）热点事件和新闻：关注当前的热点事件、商业新闻和财务丑闻等，特别是与会计和财务相关的事件。这些事件可以成为研究的切入点，进而探索其背后的会计伦理、财务报告真实性、公司治理等问题。

（9）权威期刊发布的选题指南：一些权威会计学术期刊会定期发布选题指南或征文通知，提供对目前领域内值得研究的主题的建议和指引。有时，这些期刊会在特定领域或议题上寻求研究投稿。密切关注这些指南，可以获取具有学术价值的研究选题。

（10）国家级重要课题项目：政府部门、研究机构或基金会会设立一些国家级重要课题项目，旨在推动特定领域的研究和发展。关注这些项目的申报通知和研究方向，可以选择与项目相关的实证会计研究选题。

通过从这些来源获取灵感和启示，可以找到有意义、有挑战性并具有研究价值的实证会计研究论文选题。同时，要根据自身的兴趣和能力进行选择，确保能够全情投入并取得高质量的研究成果。

## 2.1.2 选题原则

新颖性、重要性、有趣性和可行性是实证会计研究论文选题的4个原则。利用这4个原则可以在众多选题中筛选出具有研究价值和吸引力的课题。

（1）新颖性：选择具有新颖性的课题，即研究内容是新的、独特的，能够引起学术界的关注。新颖的选题可以体现在但不仅限于以下3个方面。①探讨新的会计问题，关注会计领域的新现象、新问题,如新兴会计领域、会计技术的发展等。②采用新的研究方法,运用新的研究方法或技术,如大数据分析、实验研究等,对会计问题进行研究。③跨学科研究,将会计学与其他学科(如经济学、心理学、社会学等)相结合,开展跨学科研究。

(2)重要性:选择具有重要性的课题,即研究内容具有一定的理论意义和实际价值,能够引起广泛关注。重要的选题有以下 3 个方面的特点。①理论贡献,研究能够提出新的理论观点或对现有理论进行拓展,为会计学领域的发展做出贡献。②实际意义,研究成果能够解决实际工作中的问题,为企业或政府提供实用的管理建议。③社会影响,研究关注社会热点问题,如企业财务报告、内部控制、企业社会责任等,具有广泛的社会影响。

(3)有趣性:选择有趣的研究课题,即研究内容具有吸引力和趣味性,能够激发研究兴趣。有趣的选题可以体现在以下几个方面。①研究对象独特,探讨具有独特性的研究对象,如特定行业、企业或会计现象等。②研究问题有趣,研究问题具有一定的趣味性,能够引起读者的好奇心。③研究方法新颖,采用新颖的研究方法,使研究过程更具挑战性和趣味性。

(4)可行性:选择具有可行性的课题,即在有限的时间和资源条件下完成论文的撰写和实证分析。可行的选题应考虑以下几个方面。①数据易获取,利用现有数据库、案例研究等方法,进行实证研究,确保数据的可获得性。②研究难度适中,选择研究难度适中的课题,确保在有限的时间和资源条件下完成研究任务。③导师支持,与具有研究经验的导师沟通,寻求他们的建议和指导,提高选题的可行性。

选择实证会计研究论文选题时,应遵循新颖、重要、有趣和可行四大原则。通过综合考虑这些原则,可以在众多选题中筛选出具有研究价值和吸引力的研究方向。

## 2.2 基准回归模型设计

### 2.2.1 设计原则

在会计实证研究论文中,为了探究文章核心议题,验证文章提出的核心假设,设计基准回归模型(baseline regression model)时需要考虑模型设计的准确性、充分性和可重复性。

(1)准确性。根据文章实证研究的问题和研究目的及使用数据情况,准确设计基准回归模型。研究者应首先思考采用哪一种模型是正确且恰当的,随着计量经济学的发展,可采用的模型也越来越多,如最小二乘法、Probit 模型、Logit 模型、倾向得分匹配(PSM)、双重差分模型(DID)、Heckman 模型、处理效应模型、工具变量法、断点回归模型及衍生出的各种前沿的计量模型等。可采用的方法模型瀚如烟海,但是研究者需要明白:方法可能会过时,甚至可以说方法终将会过时,但文章的思想永存!所有的研究方法和模型都是为文章研究的问题服务的,因此不应过于追求模型的复杂新颖性而忽视了文章的内核(文章的理论贡献),"炫技式"的模型设计无法弥补言之无物空洞的论文的固有缺陷。计量工具作为会计实证研究的重要辅助工作，既要保证计量模型应用的准确性，又要保证计量模型能够准确解决文章所研究的问题。

（2）充分性。实证会计的论文在设计基准回归模型中，在保证准确性的前提下，研究者应尽可能思考各种潜在因素的可能性，尤其是在控制变量的选取上，需要考虑周全。例如，研究上市公司权益资本成本影响因素的问题，控制变量的选取应从实际可能的影响因素出发，充分考虑公司治理变量（如公司规模、成长性、股权机构、盈利能力、资产负债率等）、外部环境（如所处地区、政策因素、非正式制度等）和企业产权性质等。根据实际的研究需求，有选择地控制个体效应、行业效应、年份效应和地区效应等。比如，控制个体固定效应的目的是解决不随时间变化但随个体变化的遗漏变量问题，控制年份固定效应的目的是解决不随个体变化但随年份变化的遗漏变量问题。设计基准回归模型除了要思考控制变量和不同效应选择的充分性，还需要充分考虑选取合适的标准误。下面以经典的三类标准误（普通标准误、稳健标准误和聚类标准误）为例进行说明。普通标准误是在高斯-马尔科夫假定下推导而来的，涵盖一个关键假定（即同方差假定），一旦存在异方差问题，普通标准误构造的 $t$ 统计量（系数值/标准误）就失效了；White（1980）为了解决异方差问题提出了异方差稳健标准误，多应用于横截面数据；聚类稳健标准误则考虑到同一聚类里的观测值互相相关的问题，主要解决自相关的问题，多用于面板数据，同时要注意的是要尽量聚类到更高层级。因此这里聚类到市级更为恰当。如果所有变量都是企业层面的，则聚类到企业层面即可。总的来看，要使基准模型设计得充分，研究者就要思维严谨，拥有全局意识，做到见微知著，避免聚类的层级不恰当。这里做一个简单的说明，假设研究的问题是城市的数字经济发展水平对企业融资约束的影响，被解释变量是企业层面的变量融资约束，核心解释变量数字经济发展水平是市级层面，控制变量可能既有市级层面也有企业层面。这时，若考虑聚类到企业层面，则只需要考虑同一企业在不同时点上的变量是相关的，不同企业的变量是不相关的；若聚类到城市层面，则认定为同一城市内企业的观测值是相关的，不同城市不存在关联。从上述问题来看，同一城市的企业面临同样的数字经济发展水平指标，难免存在关联，应避免遗漏关键细节造成研究结论偏误。

（3）可重复性。可重复性对于学术研究的重要性在于，其是一项研究客观性及准确性的保证，而客观与准确性则是科学发展与进步的保障。一项研究成果的发布，尤其是顶级期刊发布的研究成果，势必引起大量的跟踪模仿和重复验证，在此情况下，如果其可重复性差或不可重复，就意味着会耗费大量资源，浪费专业人员的时间、精力。一项研究不可重复并不意味着其结果为假，但其不可重复意味着其科学性、重复常常成为学术丑闻爆发的导火线。这种学术丑闻屡屡见诸自然科学研究领域，但在实证会计领域同样需要引起对文章是否具有可重复性的重视。对于数据和代码开源，国内期刊《中国工业经济》是学术圈内的典范，这也是近年来该期刊影响因子屡创新高的秘诀。另外，一些研究结果的不可重复，则是由急功近利的研究方式、错误或粗糙的研究过程导致的，在这种情况下，实证研究可开源的数据和代码成为广大研究者验证其可重复性的至关重要的渠道，公开数据和代码大大提高了该期刊文章的研究结论可信度。与此同时，中国社会科学院数经所主办的

《数量经济技术经济研究》自 2022 年 9 月起公布每一期论文的数据和代码。在这之后,《管理世界》《经济学(季刊)》《世界经济》也加入要求公布论文数据和代码的队伍。从实证会计的角度来看,除了要保证他人能够重复文章的全部过程,研究者还需关注一个容易被忽视的细节:研究数据抽样或排序的随机性可能影响可重复性。

基准模型设计的正确性、充分性和可重复性并不是孤立存在的,充分性和可重复性是为客观准确性提供保证,准确性是研究模型设计的目的,而实证设计是为了证明论文提出的假设猜想。

### 2.2.2 设计常见命令介绍

在实证会计研究中,最为常见的是面板数据,以下介绍 6 种常见的面板数据估计方法。

(1)普通最小二乘法(OLS):OLS 是最常用的面板数据估计方法,它假设所有观测值的误差项都是独立的、同分布的,且具有相同的方差。OLS 可以用于面板数据的横截面分析,即分析不同时间点或不同个体之间的相关关系。

(2)固定效应模型:固定效应模型是一种基于个体固定效应的面板数据估计方法。它假设所有观测值的误差项都是独立的、同分布的,但不同个体之间的方差不同。固定效应模型可以控制个体间的差异,从而更好地估计自变量对因变量的影响。

(3)随机效应模型:随机效应模型是一种基于个体随机效应的面板数据估计方法。它假设所有观测值的误差项都是独立的、同分布的且具有相同的方差,但不同个体之间的均值不同,随机效应模型可以同时控制个体间的差异和个体间的平均效应。

(4)广义矩估计(GMM):GMM 是一种基于矩估计的面板数据估计方法,它假设所有观测值的误差项都是独立的、同分布的,但可能存在序列相关性。GMM 可以有效地处理面板数据中的序列相关性问题,从而保证估计的准确性。

(5)系统广义矩估计(SGMM):SGMM 是一种基于系统矩估计的面板数据估计方法,它假设所有观测值的误差项都是独立的、同分布的,但可能存在序列相关性和个体间差异,SGMM 可以同时处理面板数据中的序列相关性和个体间差异问题。

(6)动态面板数据模型:动态面板数据模型是一种用于分析面板数据中时间序列变化的面板数据估计方法,包括 AR(自回归)模型、MA(移动平均)模型、ARMA(自回归移动平均)模型等。动态面板数据模型可以捕捉面板数据中的时间序列信息,从而能够更准确地估计数据。

会计研究论文中使用最为频繁的是固定效应模型,包括对个体、年份、行业、地区、省份等层面的固定,常常用到 reg、xtreg、areg 和 reghdfe 这四个命令。在本质上,固定效应是一种有效的控制变量的手段,其主要目的在于防止因遗漏变量而导致的内生性问题。如果遗漏变量存在,它们将分别影响解释变量和被解释变量,从而使解释变量的估计系数产生偏差。因此,为了提高估计的准确性,应尽可能多地增加控制变量。控制变量有许多种类,如可观测的随时间变化的变量、可观测的不随时间变化的变量及不可观测的不随时间变化的变量等。

例如，当我们比较 2 个公司（公司 A 和公司 B）的绩效时，发现它们之间存在显著的差异。这种差异的存在，背后有许多可能的原因，如公司文化、所在的省份、所处的行业等。这些原因中，有些是难以衡量且不随时间变化的，因此，我们可以通过个体固定效应来进行控制。当然，固定效应并不一定就意味着不随时间变化。比如，年份固定效应就是衡量每个年份不随个体变化的影响因素。每个年份都有其独有的特征，如宏观经济的波动可能会导致在不同的年份，企业 A 的绩效出现差异。

接下来，本书将依次介绍这 4 个命令的作用和使用方法，并简要说明如何实现固定效应模型。

（1）reg 命令：reg 命令是最基本的回归命令，用于估计普通最小二乘回归模型。它适用于截面数据，即只包含一个时间点的数据。例如，可以使用 reg 命令来估计一个简单的线性回归模型。在实际会计研究操作中，面板数据也常常采用 OLS 的思路，通过在回归方程中引入虚拟变量来代表不同的个体，可以起到和固定效应组内估计方法（FE）同样的效果。这种方法被称为最小二乘虚拟变量方法（LSDV），一些教材和论文把这种方法称为固定效应估计方法。例如，控制年份和行业效应可以写为 reg y x i.industry i.year，控制个体效应可以写为 reg y x i.id，但如果个体数量很大，那么需要引入很多虚拟变量，自由度损失太多，很可能超出 Stata 所允许的解释变量个数。

（2）xtreg 命令：xtreg 命令用于估计面板数据模型，同时考虑个体间和时间的异质性。它支持固定效应模型和随机效应模型。要实现固定效应模型，需要在 xtreg 命令后加入 fixed 选项。例如，使用 xtreg 命令估计一个固定效应模型可以写为 xtreg y x, fe。作为固定效应模型的官方命令，xtreg, fe 可谓是纯正固定效应估计量（组内估计量）中的佼佼者。不过，值得一提的是，在使用 xtreg 命令进行回归估计前，必须首先使用 xtset 命令对数据进行面板数据声明，明确截面（个体）和时间维度符合严格要求。需要注意的是，xtreg 命令需要使用面板数据。因此，使用 xtset 命令来明确面板数据中的截面（个体）和时间维度是很重要的。只有在保证数据格式严格符合要求的前提下，才能使用 xtreg 命令进行固定效应的准确估计。

（3）areg 命令：areg 命令也用于估计面板数据模型，但与 xtreg 命令不同的是，areg 命令只能估计固定效应模型。它通过引入个体固定效应来控制个体间的异质性。例如，使用 areg 命令估计一个固定效应模型可以写为 areg y x, absorb(id)。areg 命令是对 reg 命令的一种改良与提升，它对数据结构并无特殊要求。在某些情况下，我们希望在回归分析中控制大量虚拟变量（如 i.id），但又不想创建虚拟变量，也不希望展示虚拟变量的回归结果，这时，areg 命令就能派上用场了。只需在选项 absorb( ) 的括号内加入希望控制的类别变量即可。因此，同样可以通过 areg 命令来实现固定效应估计，因为固定效应的组内估计与 LSDV 效果是等价的。然而，absorb( ) 的括号内只能加入一个变量，如果希望估计双向固定效应或更高维度的固定效应，那么仍需要使用 i.var 的方式引入虚拟变量。

（4）reghdfe 命令：reghdfe 命令是第三方拓展命令，用于估计高维固定效应模型。它可以处理大规模面板数据集，在固定效应模型中引入更多的维度。要使用 reghdfe 命令，需要首先安装该命令（可通过 ssc install reghdfe 命令安装），然后使用 reghdfe 命令来估计固定效应模型。例如，使用 reghdfe 命令估计一个固定效应模型可以写为 reghdfe y x, absorb(id)。reghdfe 命令可以包含多维固定效应，只需使用 absorb(var1, var2, var3,…)，不需要使用 i.var 的方式引入虚拟变量，相比 xtreg 等命令方便许多，并且不会汇报一长串虚拟变量回归结果，同时计算速度大大提高，逐渐被学者们认可和推崇。

表 2-1 是 reg、xtreg、areg 和 reghdfe 四个命令估计双向固定效应的方法总结。

**表 2-1 四个命令估计双向固定效应的方法总结**

| 命令 | 个体固定效应 | 时间固定效应 |
| --- | --- | --- |
| reg | i.id | i.year |
| xtreg | fe | i.year |
| areg | abosrb(id) | i.year |
| reghdfe | abosrb(id) | abosrb(year) |

下面根据《中国工业经济》中的论文《"互联网+"信息披露：实质性陈述还是策略性炒作——基于股价崩盘风险的证据》提供的数据演示这四个命令的使用过程与结果。代码如下：

```
use 数据.dta,clear
    reg NCSKEW_pr INT1 WDturn4 WRE1 sigma WSize WLev WMB1 roa1_w WEM Wno1 same GHDum WWage IC LListage abglfy33pr i.year i.id,r
    est store FE_reg
    xtreg NCSKEW_pr INT1 WDturn4 WRE1 sigma WSize WLev WMB1 roa1_w WEM Wno1 same GHDum WWage IC LListage abglfy33pr i.year,fe r
    est store FE_xtreg
    areg NCSKEW_pr INT1 WDturn4 WRE1 sigma WSize WLev WMB1 roa1_w WEM Wno1 same GHDum WWage IC LListage abglfy33pr i.year, absorb(id) vce(r)
    est store FE_areg
    reghdfe NCSKEW_pr INT1 WDturn4 WRE1 sigma WSize WLev WMB1 roa1_w WEM Wno1 same GHDum WWage IC LListage abglfy33pr, absorb(year id) vce(r)
    est store FE_reghdfe
    esttab FE_reg FE_xtreg FE_areg FE_reghdfe ,b(%6.3f) se scalars(N r2) star(* 0.1 ** 0.05 *** 0.01) keep(INT1 WDturn4 WRE1 sigma WSize WLev WMB1 roa1_w WEM Wno1 same GHDum WWage IC LListage abglfy33pr) nogaps mtitles("FE_reg" "FE_xtreg" "FE_areg" "FE_reghdfe")
```

输出结果如表 2-2 所示。可以清楚发现，四个命令对于公司和年份的双向固定效应模型的回归系数一致，但是在个别变量的稳健标准误和拟合优度 $R^2$ 有微小区别，reg 命令和 areg 命令的回归系数、稳健标准误、拟合优度完全一致，背后的估计方法实质是特殊的混合 OLS（LSDV 方法），而 xtreg 命令和 reghdfe 命令背后的本质才是固定效应模型。

表 2-2 四个命令的输出结果

| 变量 | (1) | (2) | (3) | (4) |
| --- | --- | --- | --- | --- |
|  | FE_reg | FE_xtreg | FE_areg | FE_reghdfe |
| INT1 | −0.011 | −0.011 | −0.011 | −0.011 |
|  | (0.015) | (0.015) | (0.015) | (0.015) |
| WDturn4 | −0.031* | −0.031* | −0.031* | −0.031* |
|  | (0.017) | (0.017) | (0.017) | (0.017) |
| WRE1 | 0.139*** | 0.139*** | 0.139*** | 0.139*** |
|  | (0.023) | (0.022) | (0.023) | (0.023) |
| sigma | 3.330*** | 3.330*** | 3.330*** | 3.330*** |
|  | (1.132) | (1.145) | (1.132) | (1.128) |
| WSize | 0.278*** | 0.278*** | 0.278*** | 0.278*** |
|  | (0.034) | (0.035) | (0.034) | (0.034) |
| WLev | 0.198 | 0.198 | 0.198 | 0.198 |
|  | (0.124) | (0.131) | (0.124) | (0.124) |
| WMB1 | −0.357*** | −0.357*** | −0.357*** | −0.357*** |
|  | (0.033) | (0.034) | (0.033) | (0.033) |
| roa1_w | −0.077 | −0.077 | −0.077 | −0.077 |
|  | (0.302) | (0.301) | (0.302) | (0.301) |
| WEM | −0.012 | −0.012 | −0.012 | −0.012 |
|  | (0.185) | (0.187) | (0.185) | (0.184) |
| Wno1 | −0.004* | −0.004* | −0.004* | −0.004* |
|  | (0.002) | (0.002) | (0.002) | (0.002) |
| same | −0.026 | −0.026 | −0.026 | −0.026 |
|  | (0.045) | (0.047) | (0.045) | (0.045) |
| GHDum | −0.011 | −0.011 | −0.011 | −0.011 |
|  | (0.046) | (0.047) | (0.046) | (0.045) |
| WWage | 0.041 | 0.041 | 0.041 | 0.041 |
|  | (0.041) | (0.043) | (0.041) | (0.041) |
| IC | −0.001 | −0.001 | −0.001 | −0.001 |
|  | (0.010) | (0.010) | (0.010) | (0.010) |
| LListage | −0.309** | −0.309* | −0.309** | −0.309** |
|  | (0.155) | (0.162) | (0.155) | (0.154) |
| abglfy33pr | 0.315 | 0.315 | 0.315 | 0.315 |
|  | (0.197) | (0.197) | (0.197) | (0.197) |
| 公司 | Yes | Yes | Yes | Yes |
| 年份 | Yes | Yes | Yes | Yes |
| $N$ | 6851 | 6851 | 6851 | 6810 |
| $R^2$ | 0.430 | 0.208 | 0.430 | 0.425 |

注：括号内为稳健标准误。* $p<0.1$，** $p<0.05$，*** $p<0.01$。

在实证会计研究中，不同的回归模型适用于不同类型的数据和问题。以下是一些常见模型的适用情况。

（1）Probit 模型和 Logit 模型：这两种模型主要用于处理二元选择问题，即因变量只有两种取值（例如，是否发生某事件）。它们通常用于分析某些事件发生的概率，特别是当因变量不能取连续值时。在实证会计研究中，这两种模型可以用于分析公司是否披露某信息、是否进行某项会计政策选择等。

（2）Tobit 模型：Tobit 模型适用于处理因变量存在截断值的问题，尤其适用于因变量为连续值、但存在某个阈值以下的数据无法观测到的情况。在实证会计研究中，Tobit 模型可以用于分析公司的研发支出股利支付和债务水平等。

（3）Poisson 回归模型和负二项回归模型：这两种模型主要用于处理计数数据问题，即因变量为非负整数。在实证会计研究中，这两种模型可以用于分析公司的某些行为发生的次数，如会计舞弊次数、诉讼次数和财务重述次数等。

扩展阅读 2.2 Poisson 回归模型和负二项回归模型的区别

表 2-3 展示了 Probit 模型、Logit 模型、Tobit 模型、Poisson 回归模型和负二项回归模型之间的主要区别。此外，这些模型的分布假设和描述性统计量也有所不同。在选择模型时，需要根据研究问题和数据特性来决定。

表 2-3　五个回归命令的区别

| 模型 | 适用问题类型 | 因变量取值 | 分布假设 | 描述性统计量 |
| --- | --- | --- | --- | --- |
| Probit 模型 | 二元选择问题 | 0 和 1 | 连续分布（正态分布） | 累积分布函数 |
| Logit 模型 | 二元选择问题 | 0 和 1 | 连续分布（Logistic 分布） | 累积分布函数 |
| Tobit 模型 | 因变量存在截断值的问题 | 连续值 | 连续分布（t 分布） | 均值、方差、标准差 |
| Poisson 回归模型 | 计数数据问题 | 非负整数 | 离散分布（泊松分布） | 均值、方差 |
| 负二项回归模型 | 计数数据问题 | 非负整数 | 连续分布（负二项分布） | 均值、方差、标准差 |

## 2.3　数据来源与处理

### 2.3.1　数据来源渠道

实证会计研究的数据来源除了手工收集、利用 Python 软件抓取和部分研究团队公布，大部分数据取自数据库。下面对常见的数据库做简单的介绍。

（1）国泰安（China Stock Market & Accounting Research Database，CSMAR）数据库。CSMAR 数据库是深圳希施玛数据科技有限公司从学术研究需求出发，借鉴 CRSP、COMPUSTAT、TAQ、THOMSON 等权威数据库专业标准，并结合我国国情开发的经济金融领域的研究型精准数据库。经过20多年的不断积累和完善，CSMAR数据库已涵盖因子研究、人物特征、绿色经济、股票、公司、海外、资讯、基金、债券、行业、经济、商品期货等18大系列，包含170多个数据库、4000多张表、5万多个字段。随着新的数据库（如CNRDS）的涌现，CSMAR数据库明显加快了新库新数据的上线频率，为广大研究学者提供了极大的便利。

（2）万德（Wind）数据库。Wind金融终端是国内完整的、准确的、以金融证券数据为核心的一流大型金融和财经数据仓库，金融终端应满足高校日常研究及投资分析的需求，至少包括股票、基金、债券、商品（期货）、外汇、指数、新闻资讯、研究报告、资产管理、宏观行业数据等10个模块或具备相应功能。各模块功能全面、界面友好、运行稳定、信息更新及时、数据准确。各模块具有自定义查询功能、常见统计分析功能及数据导出功能，支持Excel、R、Matlab、VBA、C++、C#、Python等软件的数据提取功能。

（3）中国研究数据服务（Chinese Research Data Services，CNRDS）平台。CNRDS平台是一个高质量、开放式、平台化的中国经济、金融与商学研究的综合数据平台。CNRDS平台的宗旨在于借鉴WRDS等国外一流商学院打造的数据平台，构建中国特色的研究数据资源，促进中国研究数据的规范化、平台化、国际化，继而推动中国研究向纵深化、精细化方向发展。CNRDS平台特色库紧跟学术热点和前沿，提供市场尚无或获取难度较大的特色研究数据。目前平台覆盖的研究领域包含但不限于以下多个方面：股价、财务报表、公司治理、IPO、股权、债券、宏观经济和区域经济、网络和报刊新闻大数据、股吧评论大数据、社交媒体大数据（微信）、网络搜索指数大数据、地方政府官员、分析师与券商、创新专利、内部控制、企业社会责任、商会、非营利性组织、审计与风险、环境、文化、法学、理财、金融机构、税收等。CNRDS平台基础库参阅各领域重点文献，整合了学术研究过程中可能用到的大部分基础数据。

（4）中国经济金融数据库（CCER）。中国经济金融数据库系统由北京大学中国经济研究中心和北京色诺芬公司联合开发，并是国内第一家推出基于互联网的BS数据服务平台，可以更好地为客户提供使用便利，该服务系统不仅是目前国内最为全面的数据提供系统，全面涵盖了中国资本市场、货币市场、宏观经济及行业经济的所有研究领域资料，而且还为客户提供了很多周边服务。该数据库在国内外拥有为数众多的名校和学术研究机构用户群，以高品质的数据服务为人们所熟知，从而成为经济金融领域学术研究的重要数据库。

（5）锐思数据库（RESSET）。锐思数据库是一个为模型检验、投资研究等提供专业服务的数据平台。锐思数据库由清华大学、北京大学等的多位从事金融数据库、金融建模研究的著名专家全程参与，充分参照国际通用数据库的设计标准，结合中国金融市场的实际情况，以实证研究为导向整体设计而成，可为实证研究、学科与实验室建设提供强力支持。

除了以上介绍的，我国用于实证研究的数据库还有同花顺（iFinD）、东方财富金融数据库（Choice）和中国工业企业数据库等。在这个以数据为王的时代，数据库的广泛应用仍旧无法忽视手工收集和从个人渠道获得独有的特殊数据的重要性，基于研究团队的努力获取独有的且具有研究价值的数据，往往能写出具有个人特色的"出彩"文章。

### 2.3.2 数据预处理方法

第一，根据实际的研究需求，确定研究对象。例如，需要确定研究对象是沪深 A 股上市公司还是仅考虑创业板、科创板、重污染行业、金融行业、高科技公司等。第二，考虑数据的选取年限，包括起始年限和结束年限，要有选取依据，国内很多研究将起始年限定为 2007 年，这是出于我国会计准则趋同时间点的考量，而结束年限往往是要求尽可能更新到最新，当然，特定情况下因为研究问题和目的不同以及数据的可获得性等原因，具体研究年限可以调整。

实证会计研究中，在通过数据合并（merge）后，最先会出现的问题是出现重复记录的数据。一般而言，每个数据集都有唯一一个识别每条记录的识别符，常见的是根据公司和年份确定数据是否唯一，以此删除重复记录的数据，避免研究结果的误差。接着需要考虑缺失值的问题，大多数研究的做法是剔除缺失值，有些研究的做法是进一步剔除构造平衡面板数据等。除了剔除的方法，还有就是对缺失值进行填充，这里介绍常见的几种填充方法：①通过查阅其他数据库或年报等渠道，补充缺失值；②以业务知识或经验推测填充缺失值；③以同一指标的计算结果（均值、中位数、众数等）填充缺失值；④插补法，常见的插补法有线性插补、随机插补法、多重插补法、拉格朗日插值法和牛顿插值法等。

筛选研究数据时，除了剔除缺失值，还有两种常见的剔除思路：①剔除 ST、*ST 和 PT 的公司，这些公司的治理和经营层面可能出现了问题，或许会有明显的异常值。②剔除金融类上市公司，金融类上市公司和非金融类上市公司在经营模式和创造企业价值的路径上有着本质区别，因此往往对金融类上市公司予以剔除。

经过上述数据清洗和数据筛选，研究者能获得一定数量的观测值样本数据。在实证会计研究领域，删除异常值的做法越来越少见了，取而代之的则是可以最大限度地保存数据信息的缩尾（winsorize）方法，即：用相应分位数的值替代分位数之外的值，而不是删掉分位数之外的值。一般是对连续型变量进行 1%和 99%（或者 5%和 95%）缩尾处理。

### 2.3.3 数据预处理方法代码

数据预处理是所有实证分析的基础，有效且准确的数据原始清洗是研究结论可靠的重要保证。下面分享常见的数据预处理方法代码。

```
*===============================================================
*                    常见的数据预处理方法代码
*===============================================================
   ** 合并数据
   /
   使用 merge 1:1 / m:1 / 1:m / m:m  匹配数据，1:1 是指 1 对 1 匹配，m:1 是指多对一匹配，以此类推
```

```
stkcd year 对应的是匹配变量
nogen 表示不生成_merge 变量，方便多次匹配
keep(1 3) 相当于 keep if _merge==1 | _merge==3
keep 里面具体对应

Numericcode   equivalent word (results)   description
-----------------------------------------------------------------
      1              master              observation appeared in master only
      2              using               observation appeared in using only
      3              match               observation appeared in both
keepusing() 里面放入想要匹配进去的变量，默认是全部变量
*/
* 举例
merge 1:1 stkcd year using 分析师特色指标.dta, nogen keep(1 3) keepusing(被分析师关注度)


** 制造业使用二级分类，其他行业使用大类
* 比较常见的是采用证监会 2012 年行业分类,制造业是 C+一位数字,其他行业是保留首字母,这个是数据处理过程最为经典的行业分类方式
gen Industry=substr(行业代码, 1, 1)
replace Industry=substr(行业代码, 1, 2) if Industry=="C"

**行业名称字符型转为数值型，方便回归
encode industry,gen(ind)///用 encode 命令转化，不能使用 destring。转化成新变量 ind,用于回归的控制

** 剔除金融业
drop if Industry=="J"

** 筛选年份
keep if year>=2007 & year<=2023

** 剔除当年上市的样本
keep if year>上市年份

** 剔除当年 ST 或 PT 的样本
keep if 交易状态=="正常交易"

** 剔除缺失值
foreach i in y x1 x2 x3 {
   drop if `i´==.
}
```

```
** 缩尾处理（针对连续型变量）
winsor2 y x1 x2 x3, cuts(1 99) replace      // 对连续变量进行1%和99%缩尾处理
winsor2 y x1 x2 x3, cuts(1 99) replace by(year)    // 对连续变量进行1%和99%
```
逐年缩尾
```
winsor2 y x1 x2 x3, cuts(5 95) replace      // 对连续变量进行5%和95%缩尾处理
winsor2 y x1 x2 x3, cuts(5 95) replace by(year)    // 对连续变量进行5%和95%
```
逐年缩尾

```
** 定义面板数据 xtset
xtset stkcd year    //stkcd 公司个体（股票代码）year 年份
```

## 2.4 描述性统计与相关性分析

### 2.4.1 描述性统计

描述性统计就是向读者展现数据概况，一般会呈现观测值数量（$N$）、均值（$Mean$）、标准差（$SD$）、分位数（常见的有25%、50%和75%等）、最小值（$Min$）和最大值（$Max$）等，甚至还有单变量均值和中位数组间差异检验。描述性统计是非常重要但是又经常被人忽视的一种统计手段，在实证的文章中，描述性统计往往是其中的第一张表。

扩展阅读 2.3　描述性统计与相关性分析常见代码

在做实证的过程中，做描述性统计包括且不仅限于以下几方面的检查工作：发现数据中的异常（比如，本该为正的出现负数，本该为比例的超过了1，等等）；检查数据满足分析所需要的假设（比如，是否有数据截断情况，以及模型本该需要的分布、support、对称等各种假设）；检查数据缺失情况；检查数据是否符合直觉；在某些情况下，检查数据是否符合分析的要求（比如，做Logit、Probit回归时，等于1的样本是不是太少）。

以上工作在实际做分析之前都要做，而对于读者和审稿人来说，可能也是他们感兴趣的点，所以也必须报告出来，让人们大体知道作者的数据是什么样的。特别是有些数据是作者从网上抓取的、调查的……这份数据可能是独一无二的，那么更需要给读者和审稿人一个明确的交代。

另外，在实际分析时都需要清洗数据，描述性统计能让读者和审稿人大体了解作者都做了什么清洗工作，或者说被作者清洗过后的数据是怎样的，往往这是非常重要的。

### 2.4.2 相关性分析

相关性分析相当于先检验一下众多的自变量和因变量之间是否存在相关性，当然，通

过相关分析求得的相关系数没有通过回归分析求得的相关系数准确。相关分析有一个重要目的，就是查看自变量之间的共线性程度如何，如果自变量之间的相关性非常大（一般阈值为 0.8，大于 0.8 则称有很强的相关性，实际阈值判定还与样本量有关），可能表示存在共线性。

相关性分析只是了解变量之间的共变趋势，我们只能通过相关性分析确定变量之间的关联，这种关联是没有方向性的，可能是 A 影响 B，也可能是 B 影响 A，还有可能是 A 与 B 互相影响，相关性分析不能确定变量之间的关联究竟是哪一种。而这就是我们需要使用回归分析解决的问题，我们通过回归分析对自变量与因变量进行假设，然后可以验证变量之间的具体作用关系，这时的变量关系就是有具体方向性的了。

相关性分析通常被作为一种描述性的分析的补充，而回归分析得到的结果更为重要和精确。相关性分析是观察各个指标的相关程度。列举个它的小作用，一般来说相关性越高，做主成分分析就越成功。主成分分析通过降低空间维度来体现所有变量的特征，使得样本点分散程度极大，说得直观一点就是，寻找多个变量的一个加权平均来反映所有变量的一个整体性特征。

评价相关性的方法就是相关系数，常见的相关系数包括 Pearson 相关系数和 Spearman 相关系数。具体计算方法如下。

Pearson 相关系数广泛用于度量两个变量之间的相关程度。两个变量之间的 Spearman 相关系数定义为两个变量之间的协方差和标准差的商，如式（2-1）所示：

$$\rho_{X,Y} = \frac{\mathrm{Cov}(X,Y)}{\sigma_X \sigma_Y} = \frac{E[(X-\mu_X)(Y-\mu_Y)]}{\sigma_X \sigma_Y} \tag{2-1}$$

式（2-1）一般为总体相关系数，由此可得关于样本的 Pearson 相关系数，如式（2-2）所示：

$$r = \frac{\sum_{i=1}^{n}(X_i - \bar{X})(Y_i - \bar{Y})}{\sqrt{\sum_{i=1}^{n}(X_i - \bar{X})^2}\sqrt{\sum_{i=1}^{n}(Y_i - \bar{Y})^2}} \tag{2-2}$$

其中，$X$ 与 $Y$ 分别代表相应的变量；$X_i$ 和 $Y_i$ 分别代表第 $i$ 个 $X$ 变量和第 $i$ 个 $Y$ 变量；$\bar{X}$ 和 $\bar{Y}$ 分别表示 $X$ 变量和 $Y$ 变量的平均值。

Spearman 相关系数定义为排序变量之间的 Pearson 相关系数。对于大小为 $n$ 的样本，将变量 $X_i$ 和 $Y_i$ 转换为排名 $rgX_i$ 和 $rgY_i$（此时为秩变量），由此可得 Spearman 相关系数，如式（2-3）所示：

$$r' = \rho_{rg_X, rg_Y} = \frac{\mathrm{Cov}(rg_X, rg_Y)}{\sigma_{rg_X} \sigma_{rg_Y}} \tag{2-3}$$

其中，$\rho$ 表示通常的 Pearson 相关系数，但此时用于秩变量 $rgX_i$ 和 $rgY_i$；$\mathrm{Cov}(rg_X, rg_Y)$

是秩变量的协方差；$\sigma_{rg_X}$ 和 $\sigma_{rg_Y}$ 是秩变量的标准方差。

## 2.5 稳健性检验

稳健性检验考察的是评价方法和指标解释能力的"强壮性"，也就是当改变某些参数时，评价方法和指标是否仍然对评价结果保持一个比较一致、稳定的解释。通俗地说，就是改变某个特定的参数，进行重复的实验，观察实证结果是否随着参数设定的改变而发生变化。如果改变参数设定以后，结果发现符号和显著性发生了改变，说明检验对象是不具有稳健性的，需要寻找问题所在。充分的稳健性检验是研究结论可靠性的保证。

早期的文献一般很少涉及稳健性检验，但近年来，人们对稳健性检验的重视程度越来越高，说明人们对所得结论准确性的要求也越来越高。做好稳健性检验，是使结论得到广泛接受的重要步骤之一。每篇文章的研究目的不同，稳健性检验的角度也会大不相同。如果文章着重于研究方法的设计，稳健性检验则应该更多关注于研究方法成立的前提条件和假设；如果文章着重于数据处理，稳健性检验则应更多地关注数据本身的稳健性。下面介绍实证会计研究中常见的稳健性检验的方法和思路。

### 2.5.1 内生性检验

内生性问题（endogeneity issue）是指模型中的一个或多个解释变量与误差项存在相关关系。换言之，如果 OLS 回归模型中出现 $Cov(x,u) \neq 0$，则模型存在内生性问题，以致 OLS 估计量不再是一致估计。进一步，内生性问题主要由以下四种原因导致。

（1）遗漏变量。在实证研究中，研究者通常无法控制所有能影响被解释变量的变量，因此遗漏解释变量（omitted variables）是很常见的。

（2）选择偏差。选择偏差包括两种形式，即样本选择偏差（sample selection bias）和自选择偏差（self-selection bias）。样本选择偏差是指因样本选择的非随机性导致结论存在偏差，本质上也是一种遗漏变量问题（Heckman，1979）。如果是采用类似"抽签"的随机方式获得的样本，其估计参数能很好地反映总体的性质。如果所抽取的方法不是随机的，那么无论样本容量有多大，根据这些样本数据估计的参数都不能准确反映总体的性质。Heckman（1979）在研究样本选择偏差时也意识到了自选择问题，他观察到直接比较管理培训生的工资和非培训生的工资也可能导致处理效应的有偏估计。存在自选择问题的模型中，可能存在某些无法观测的变量同时影响了因变量 $y$ 和自变量 $x$。比如，在研究员工培训对工资的影响时，员工智力水平可能同时影响是否参加培训和员工工资。

（3）双向因果。经济变量通常是相互依赖的，或者说是互为因果的。上述现象也会导致内生性问题。比如，在估计需求曲线时，价格 $p$ 是需求模型中的内生解释变量。

（4）测量误差。当模型使用数据和真实数据存在误差且满足经典变量误差（CEV）假定时，则会影响估计量的一致性，产生内生性问题。当只有一个解释变量时，CEV 假定下的测量误差将导致 OLS 估计量产生向 0 的偏误,也称为衰减偏误。当模型存在多个解释变量时,其中一个解释变量的测量误差导致 OLS 估计量发生方向不确定的偏移。

内生性问题是作者最难以应对的问题之一,也是审稿人最热衷于质疑的方向之一。常见的解决内生性问题的方法有工具变量法、Heckman 模型、倾向得分匹配(PSM)、加入固定效应、处理效应模型、广义矩估计、断点回归和合成控制法等,方法不胜枚举,我们将在后续章节中对经典方法做展开介绍。

### 2.5.2 变量替换法

在实证论文写作分析中,变量替换法主要针对的对象是所考察主题的因变量(被解释变量)、自变量(解释变量),有时还包括调节变量、中介变量等。根据不同文献的度量方法,作者可以引用不同变量的度量方法来考察研究问题或研究假设的稳健性。当然,这也体现了作者行文撰写中的谨慎性、合理性。除了替换自变量与因变量,学者有时还会对因变量或自变量的选择条件进行放宽或收紧,也有学者考虑对自变量进行行业(中位数或均值)调整。

### 2.5.3 补充变量法

遗漏变量问题是大多数研究都会遇到的问题,我们只能尽可能多地在模型中加入我们能想到的,以及之前文献研究过的、对结果可能产生影响的变量。因此,控制变量法和变量替换法几乎成为每篇文献中都会使用的稳健性检验方法。一般可以考虑加入遗漏变量和固定效应的方法来进一步缓解遗漏变量问题。例如,作者在控制了企业财务特征因素后,可以尝试控制经理人个人特征因素、所在地区经济发展因素等方面的变量。

### 2.5.4 调整样本期

当我们在所得到的整个数据集范围内进行分析,常常会出现所选的时间段改变时,得到的结论可能是完全不同的情况。也许某一结论在某一时间段内得到的结果符合我们的预期,但当我们往前推 10 年或往后退 10 年后再次回归,就会得到完全不同的结论。因此,选择正确的研究时间段十分重要。在稳健性检验中,我们可以通过扩宽时间长度或缩短时间长度来检验结论。具体方法有扩展时间窗口、缩短时间窗口、滚动窗口法、剔除异常年份(如股灾年份)等。

### 2.5.5 改变样本容量法

在确定好时间段之后,还要确定样本是否最能体现所研究的问题,同时样本中有没有极端值影响结果。因此,在稳健性检验中,我们需要将个别离群值剔除,或者在样本中选择最适合我们研究目的的样本来检验我们的结论是否依然稳健。例如,可以通过选择子样本、缩尾处理、剔除影响结论的特殊样本和扩充样本容量来进行稳健性检验。

### 2.5.6 模型替代法

模型替代法就是为达到一定的目的，用与真实原型相似的模型替代。模型替代法的核心是模型。通俗地讲，模型就是抽取原型的部分属性或功能的模仿体，是对客观事物原型的抽象。例如，李春涛（2020）认为文章使用的专利数量有大量的零值，存在截尾数据的特征，因此使用 Tobit 模型进一步检验金融科技发展对企业创新的影响；祝树金（2020）用断点回归能较好地识别因果关系，这里使用这种方法对前文的 DID 回归进行稳健性检验。

### 2.5.7 安慰剂检验

安慰剂检验是一种常用的稳健性检验方法，主要用于评估某种处理（如会计政策变更、内部控制实施等）是否真正产生了预期效果，还是仅仅因为其他因素的影响。在实证会计研究中，安慰剂检验可以帮助研究者判断研究结果的可靠性。常见的安慰剂检验方法包括以下几种。

（1）改变政策发生时间：这种方法是通过调整政策实施的时间来观察政策效果的差异。例如，在研究会计政策变更的影响时，可以将政策实施时间随机提前或延后一段时间，然后观察这段时间内的结果变化。如果政策效果在时间上不具有显著性，那么可以认为研究结果是稳健的。

（2）随机生成实验组：这种方法是通过随机分组来创建实验组和对照组。例如，在研究某种内部控制对财务报告质量的影响时，可以将公司随机分为实验组和对照组，然后观察两组在处理措施实施前后的财务报告质量差异。如果两组的财务报告质量没有显著差异，那么可以认为研究结果是稳健的。

（3）替换样本安慰剂检验：这种方法是在原始样本中，选择一部分样本作为安慰剂组，不进行任何处理。然后，将处理组与安慰剂组的结果进行比较，以评估处理措施的效果。如果处理组与安慰剂组的结果没有显著差异，那么可以认为研究结果是稳健的。

（4）替换变量安慰剂检验：这种方法是通过用一个与处理变量相关的虚拟变量替换原始处理变量来创建安慰剂组。例如，在研究某种会计政策变更对财务报告的影响时，可以用政策变更的虚拟变量（0 表示未变更，1 表示已变更）替换原始政策变量。然后，将处理组与安慰剂组的结果进行比较，以评估处理措施的效果。如果处理组与安慰剂组的结果没有显著差异，那么可以认为研究结果是稳健的。

### 2.5.8 排除其他理论逻辑和假设

这种方法主要是指，针对某个经济现象或问题，作者在运用某一理论分析其中的逻辑时，也有其他读者或外审专家认为还有其他理论逻辑可以对此问题予以解释说明。此时，作者可以运用数据实证或理论阐述的方式来推翻他人理论逻辑的质疑，从而进一步提高作者在文章中所思所想的稳健性。

### 2.5.9 多重共线性、异方差和自相关等问题的考察

多重共线性问题，是实证分析过程中比较常见的一种实证问题，需要人们引起注意，尤其是遇到调节交叉项时。可以考虑，当存在调节交叉项时，实证分析应对交叉项所采用的子变量分别予以中心化处理，再进行相乘得出交叉项。异方差和自相关问题可以通过对应的检验方法进行测试，看是否存在对应问题，若存在则需考虑如何解决该问题。

## 2.6 进一步分析

实证论文虽然有时被称为"八股文"，按照"引言、文献回顾和理论分析（研究假设）、研究设计、实证分析、研究结论与启示"这五个严格顺序的部分来开展，但是这并不是完全一成不变的，它的写作布局依然可以有所调整和进行优化的，比如，在"实证分析"和"研究结论与启示"两个部分之间，可以纳入"进一步分析"，让自己的研究问题更加充实有趣。

那么，针对一篇正常传统的"老八股"实证论文，我们该如何去充实优化它？从哪些方面来入手，使它的质量得以进一步提升？或者，在工作论文写作的开始，我们该如何去布局这个"进一步分析"的研究思路，以提升文章的充实性和说服力？下面介绍几种常见的进一步分析的设计方法。

### 2.6.1 分样本检验\横截面分析\异质性分析\调节效应分析

大部分的实证研究为了使文章的所得结论更具有吸引力和参考价值，往往会在进一步分析中适度开展分样本检验（分组回归），这种在一些文献中称作横截面分析，也有称作异质性分析（实际上异质性分析有多重方式，这是其中一种存在形式），或者利用交乘项来做调节效应分析。我们围绕管理层层面、企业层面、地区层面和文化制度环境层面等作为思路的启发。①管理层层面：董事长和总经理两职分离与两职合一、男女性别、高管是否变更、管理层背景（是否有从军经历、海外经历、金融背景、学术背景、政治背景）、管理层权力……②企业层面：企业规模大小、融资约束、政府补助、公司治理水平、内控质量、是否为高新技术企业、股权集中度、股权制衡度、管理层持股比例、产品市场竞争、企业生命周期……③地区层面：市场化程度、中东西部地区开放程度……④文化制度环境：环境不确定性、营商环境、宗教传统（佛教、道教等）、儒家文化（孔庙数量）……

### 2.6.2 中介机制\传导路径\作用渠道

众所周知，中介机制的计量考察已成为当前实证研究最为关键的写作布局，也是提升论文质量的重要组成部分。尤其是在大数据时代，数据或经验证据比起理论分析更具有

说服力,需要计量型的中介机制来支持作者的观点和假说,而不仅仅是简单的理论分析。

### 2.6.3 类似于稳健性检验的思路

进一步分析设计涉及的方法很大一部分与上述稳健性检验的方法重合,在进一步分析中同样可以考虑采用变换检验样本、排除替代性理论假说和替换模型等方法。

### 2.6.4 文章主题的再思考

这里所谓的"再思考"可能会根据研究的选题来确定。一般来讲,常见的"再思考"有常见的提升(降低)经济效应分析、促进(抑制)投资效应分析、缓解(加剧)融资约束分析等等类似方面的思路。而且,所考察主题的平行现象或者另一个表现方面,比如:"环境治理"选题的内在含义,可以从"环境技术创新"角度来进行深入分析;"企业技术创新"的行为,可以从"重视技术创新"方面来考虑……实际上,"再思考"经常涉及经济后果的检验。经济后果检验是实证会计研究中的一个重要环节,它关注会计处理、政策变更或企业行为对经济后果的影响。通过经济后果检验,可以评估会计处理或政策变更的实际效果,以及企业行为的合理性。比如,分析会计处理或政策变更对市场反应的影响。可以通过观察股票价格、成交量、波动率等市场指标来衡量市场对会计处理或政策变更的反应。如研究内部控制实施对市场反应的影响时,可以比较实施内部控制前后的股票价格波动、成交量等。

当然,每个人心中对"进一步分析"的概念和重要性理解可能会有所不同,但是了解一下相关的分析思路将对研究工作起到"百利无一害"的作用。

**思考题**

1. 设计基准回归模型时需要考虑模型设计的哪些特点?
2. 正式实证分析前,有哪些数据预处理方法?
3. 谈一谈感兴趣的一种稳健性检验方法,并详细说明其原理。
4. 设计思路除了书本中介绍的内容外,还有哪些方法?请举例说明。

**即测即练**

扫描此码 自学自测

# 第3章 调节效应与中介效应

**【教学要求】**

通过本章教学,学生可以了解并掌握会计研究的调节效应与中介效应基本原理。本章对实证分析中不同的调节效应类型进行了深入解读,并向学生介绍一种常见的、较简易的中介效应的检验思路,使学生掌握中介效应在论文中的应用。本章最后还摘录了学界对中介效应模型的学术讨论,以让学生进一步了解中介效应的发展现状及适用性。

**【教学重点】**

调节效应基本原理;中介效应基本原理;中介效应检验程序。

**【教学难点】**

调节效应检验;中介效应检验;U型与倒U型关系的调节效应。

**【思政元素】**

科学精神、批判思维和实践能力。

## 3.1 调 节 效 应

### 3.1.1 调节效应基本原理

被解释变量 $Y$ 与解释变量 $X$ 的关系受到第三个变量 $M$ 的影响,就称 $M$ 为调节变量(或者交互变量)。这种有调节变量的模型一般地可以用图 3-1 示意。在实证会计研究中,研究 $X$ 与 $Y$ 的关系时,常常需要考虑调节效应。调节变量可以是定性的(如 CEO 性别、产权性质和是否两职合一等),也可以是定量的(如市场化进程、股权集中度和股权制衡度等),它影响因变量和自变量之间关系的方向(正或负)和强弱。

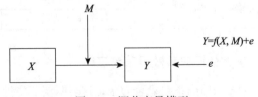

图 3-1 调节变量模型

假设 $X$ 是自变量,$Y$ 是因变量,$M$ 是调节变量,$\varepsilon$ 是残差,则多元回归模型可以写成:

$$Y=\beta_0+\beta_1 X+\beta_2 M+\varepsilon \tag{3-1}$$

若 $M$ 对 $X$ 对 $Y$ 的影响有调节作用，当 $M$ 变化时，$\beta_1$ 的取值也会相应变化，假设 $\beta_1$ 是 $M$ 的线性函数，$\beta_1=\gamma_0+\gamma_1 M$，把该式代入式（3-1），则有

$$Y=\beta_0+(\gamma_0+\gamma_1 M)X+\beta_2 M+\varepsilon=\beta_0+\gamma_0 X+\gamma_1 XM+\beta_2 M+\varepsilon$$

可以重新写为：

$$Y=\alpha_0+\alpha_1 X+\alpha_2 M+\alpha_3 X\cdot M+\varepsilon \tag{3-2}$$

交互作用项是自变量 $X$ 和调节变量 $M$ 的交乘项（$X\cdot M$），当 $X$ 对 $Y$ 的影响取决于 $M$ 的取值时，存在调节作用。

### 3.1.2 调节效应类型分析解读

通常来讲，会计实证研究中的"调节效应"具体表现为因素 $M$ 在 $X$ 与 $Y$ 二者之间关系中的调节作用。在数据分析系统中，一般会以交叉项（亦称"交乘项"）的形式而存在，如在主效应 $X$ 对 $Y$ 影响下，交叉项 $M*X$ 对 $Y$ 变量的影响分析，即考察 $M$ 在 $X$ 和 $Y$ 关系中的调节效应。当然，针对调节效应的解读，一般是建立在交叉项（$M*X$）通过显著性检验的基础上的，如果不显著，对于学术论文撰写而言意义不是很大。

一般而言，调节效应的解读需要基于主效应的影响关系上，只有知道主效应影响关系系数符号了，我们才能找到调节效应的真正含义。一般而言，结合主效应和调节影响的二者符号，我们可以将调节效应分拆为 8 种类型，如表 3-1 所示。

扩展阅读 3.1 调节效应回归方程中调节变量一定要显著吗？

表 3-1　调节效应类型

| 主效应符号 | 交乘项符号 | 调节变量符号 | 类型 |
|---|---|---|---|
| $X$ 对 $Y$ 具有显著的正向影响 | 交乘项 $M*X$ 显著为正 | $M$ 显著为正 | 1-1 |
| | | $M$ 显著为负 | 1-2 |
| | 交乘项 $M*X$ 显著为负 | $M$ 显著为正 | 1-3（有特殊情况） |
| | | $M$ 显著为负 | 1-4 |
| $X$ 对 $Y$ 具有显著的负向影响 | 交乘项 $M*X$ 显著为正 | $M$ 显著为正 | 2-5 |
| | | $M$ 显著为负 | 2-6（有特殊情况） |
| | 交乘项 $M*X$ 显著为负 | $M$ 显著为正 | 2-7 |
| | | $M$ 显著为负 | 2-8 |

**1. 当主效应中自变量 $X$ 的回归系数显著为正时**

第一，如果交乘项 $M*X$ 的回归系数显著为正，这表明调节变量 $M$ 强化了 $X$ 对 $Y$ 的影响关系，即可表达为变量 $M$ 对 $X$ 与 $Y$ 间关系具有显著的强化或促进作用。这对应上述调节效应类型的 1-1、1-2 类型。

第二，如果交乘项 $M*X$ 的回归系数显著为负，这表明调节变量 $M$ 弱化或抑制了 $X$ 对 $Y$

的影响关系，即可表达为变量 $M$ 对 $X$ 与 $Y$ 间的影响关系具有显著的削弱或抑制作用。这对应上述调节效应类型的 1-3、1-4 类型。此外，这里有个特殊情况：在 1-3 类型中，如果调节变量 $M$ 的系数显著为正，我们在分析调节效应时可以表达为：在正向影响变量 $Y$ 中，$X$ 因素和 $M$ 因素之间在正向影响 $Y$ 时具有一定的替代关系，当然这属于特殊情况，需要根据所考察问题的逻辑场景来进行阐述分析。

在这里，针对 1-3 这种特殊情况，我们给出两个例子：在主效应分析上，董事会秘书社会资本 $X$ 越高，公司信息披露质量 $Y$ 就越高，即"董秘"（董事会秘书）社会资本与公司信息披露质量正相关。进一步考察法律环境 $M_1$、社会信任 $M_2$ 与社会资本 $X$ 在影响公司信息披露质量 $Y$ 关系中的调节效应。

一是社会资本与法律环境交叉项（$M_1*X$）回归系数显著为负，这表明，法律环境越好，社会资本在提升公司信息披露质量中的积极作用越低，但是此时法律环境的回归系数显著为正，综合来看，在提升公司信息披露质量中，社会资本与法律环境间存在此消彼长的关系，即替代关系。

二是社会资本与社会信任交叉项（$M_2*X$）回归系数显著为负，这表明，信任环境越好，社会资本在提升公司信息披露质量中的积极作用越低，但是此时信任环境的回归系数显著为正，综合来看，在提升公司信息披露质量中，社会资本与信任环境间也存在此消彼长的关系，即替代关系。

**2. 当主效应中自变量 $X$ 系数显著为负时**

第一，如果交叉项 $M*X$ 的回归系数显著为正，这表明调节变量 $M$ 削弱了 $X$ 对 $Y$ 的影响关系，即可表达为变量 $M$ 对 $X$ 与 $Y$ 间关系具有显著的抑制作用。这对应上述调节效应类型的 2-5、2-6 类型。此外，这里有个特殊情况：在 2-6 类型中，如果调节变量 $M$ 的系数显著为负，我们在分析调节效应时可以表达为：在正向影响变量 $Y$ 中，$X$ 因素和 $M$ 因素之间在负向影响 $Y$ 时具有一定的替代关系，当然这属于特殊情况，需要根据所考察问题的逻辑场景来进行阐述分析。我们给出一个例子：在主效应分析上，地区宗教传统文化 $X$ 越高，政府腐败程度 $Y$ 越低，即宗教传统与地区政府腐败程度显著负相关。进一步考察制度环境 $M_1$ 与宗教传统 $M_2$ 在影响地区官员腐败程度 $Y$ 关系中的调节效应。研究发现，宗教传统与制度环境（如市场化指数）交叉项（$M*X$）回归系数显著为正，这表明，制度环境越好，宗教传统在抑制地方政府腐败行为中的负向作用越弱，但是此时制度环境的回归系数显著为负，综合来看，在抑制政府腐败行为关系中，宗教传统与制度环境建设间存在此消彼长的关系，即替代关系。

第二，如果交叉项 $M*X$ 的回归系数显著为负，这表明调节变量 $M$ 增强或强化了 $X$ 对 $Y$ 的影响关系，即可表达为变量 $M$ 对 $X$ 与 $Y$ 间的影响关系具有显著的强化作用。这对应上述调节效应类型的 2-7、2-8 类型。

### 3.1.3　U 型与倒 U 型关系的调节效应解读

调节变量可以通过两种方式影响 U 型或倒 U 型关系：调节变量 $Z$ 可以将转折点左移或

右移；或者可以将 U 型曲线变得扁平或者陡峭（Haans et al.，2016）。

U 型关系调节的数学模型用式（3-2）构建：

$$Y = \beta_0 + \beta_1 X + \beta_2 X^2 + \beta_3 XZ + \beta_4 X^2 Z + \beta_5 Z \tag{3-3}$$

相较于常规 U 型或者倒 U 型关系模型，这里加入了调节变量 $Z$ 和 $X$ 的交互项，调节变量 $Z$ 和 $X^2$ 的交互项，还有 $Z$ 的主项。

**1. 转折点漂移的检验**

对式（3-3）求导，得出 U 型曲线的转折点：

$$X^* = \frac{-\beta_1 - \beta_3 Z}{2\beta_2 + 2\beta_4 Z} \tag{3-4}$$

转折点现在基于调节变量 $Z$。为了说明转折点是如何根据 $Z$ 的改变而改变的，我们将这个方程对 $Z$ 求导：

$$\frac{\delta X^*}{\delta Z} = \frac{\beta_1 \beta_4 - \beta_2 \beta_3}{2(\beta_2 + \beta_4 Z)^2} \tag{3-5}$$

由于分母严格大于 0，转折点移动的方向取决于分子的符号：如果 $\beta_1\beta_4 - \beta_2\beta_3$ 大于 0，转折点将随着 $Z$ 的增大向右移动；如果 $\beta_1\beta_4 - \beta_2\beta_3$ 小于 0，转折点左移。需要注意的是，顶点移动的方向不仅取决于 $\beta_3$，也取决于 $\beta_1$、$\beta_2$ 和 $\beta_4$。

为了正式检验转折点的位置是否发生了变化，需要检验式（3-5）整体是否与零显著不同。此外，由于这个方程依赖于 $Z$，因此必须分配特定的、有意义的 $Z$ 值来执行测试。这个正式测试很重要，因为转变的方向可能会看起来很明显（例如，$\beta_1\beta_4$ 要比 $\beta_2\beta_3$ 大得多）但是效果［式（3-5）中的整个项］可能微乎其微。

**2. 曲线形状改变的检验**

曲线扁平或陡峭变化的检验是十分直接的。基于式（3-3），曲线形状的变化不依赖除 $\beta_4$ 以外的任何值，也不依赖于 $Z$ 的值。因此，检验曲线是变得平滑还是陡峭与检验 $\beta_4$ 是否显著是一样的。对于倒 U 曲线来说，$\beta_4 > 0$，曲线变平滑，$\beta_4 < 0$，曲线变陡峭；对于 U 型曲线，$\beta_4 < 0$ 变平滑，$\beta_4 > 0$ 曲线变陡峭。从解读的角度来看，可以这么表述：自变量二次项为负，自变量二次项与调节变量交互项为正，则调节变量弱化了（削弱了）原有的倒 U 型影响；若交互项为负，则强化了原有的倒 U 型关系。自变量二次项为正，自变量二次项与调节变量交互项为负，则调节变量弱化了（削弱了）原有的正 U 型影响；若交互项为正，则强化了原有的正 U 型关系。

### 3.1.4　交互项回归对比分组回归

分组回归也是调节效应的一种方式，但是经常会看到在机制检验（或异质性分析）部分，有的作者使用分组回归，有的却使用交互项回归。例如，宋弘等（2020）发表在《经济研究》的论文在研究拔尖学生培养计划对理工科人才供给的影响时，机制部分即引入了分组回归。为了验证信息获取这一机制，作者将样本划分为农村、城市、母亲学历低、母亲学历高四组样本（农村地区信息获取渠道少，母亲学历低同理），两两对比。文章的回归结果显示，拔尖学生培养计划对农村学生和母亲学历低的学生的正面影响更为显著（系数更大），因而推断这一机制是成立的。纪洋等（2018）在《经济学（季刊）》发表的论文在研究经济政策不确定性对企业杠杆率的影响时，机制部分则用的是交互项回归。为检验政治关联这一机制，作者按照有无政治关联、非国企分为两类，分别与政策不确定性指数（EPU）做交互，同时使用业务招待费（ETC）与 EPU 做交互。根据交互项的系数显著性来验证机制是否成立。可以发现，这两种方法背后的原理很简单，都是通过区分组间差异（农村与城市；有无政治关联）来检验机制。由此，我们所面临的问题就转化成了：使用这两种方法检验区间系数差异，到底有何不同？

我们先引入一个简单的收入回归方程：

$$Wage_i = \beta_1 D_i + \beta_2 X + \varepsilon_i \tag{3-6}$$

其中，$Wage_i$ 是小时工资；$D_i$ 为是否接受工作培训的虚拟变量；$X$ 是控制变量。

假设我们想看一下 $D_i$ 对 $Wage_i$ 的影响是否因性别而异，即可以引入交互项：

$$Wage_i = \beta_1 D_i + \beta_2 Gender_i + \beta_3 D_i \times Gender_i + \beta_4 X \tag{3-7}$$

观察变量和交互项的系数是否显著即可，上述已做了详细分析，这里不再赘述。

也可以考虑使用分组回归：

$$\begin{aligned} Wage_i &= \gamma_1 D_i + \gamma_2 X \quad \text{if} \quad Gender = 1 \\ Wage_i &= \delta_1 D_i + \delta_2 X \quad \text{if} \quad Gender = 0 \end{aligned} \tag{3-8}$$

然后再检验 $D_i$ 的回归系数差异是否显著即可。

不难发现，上述两种方法隐含着不同的假设。交互项回归中，仅要求 $D_i$ 的系数存在组间差异，对控制变量不作要求（两组共享同一组回归系数，默认控制变量不存在组间系统性差异）；分组回归则认为每个变量都存在组间差异，各组变量都有自己的回归系数。

毫无疑问，交互项回归的假设相对严格，因为控制变量亦可能存在组间差异。而分组回归放宽了假设，允许控制变量不一致。在实际研究过程中，交互项回归和分组回归都有出现，各有优劣。交互项回归的好处在于，得出的结果可以直接查看调节作用，直观明了，节省了组间差异检验这一步，比较适用于调节变量不同状态下控制变量没有系统性差异的情形。交互性回归的缺点或者说审稿专家常常会提出的质疑在于，交互项回归常常不可避免会出现多重共线性问题，导致回归误差，可以考虑对解释变量和调节变量进行中心化处理来缓解该类问题。分组回归的好处在于，放宽了假设适用性更强。在分组回归的使用过程中，审稿专家容易提出组间系数无法进行直接比较的质疑，可以通过组间系数差异比较来判定两组的系数是否具有显著差异，组间系数差异检验包括基于似无相关模型 SUR 的检验（SUEST）、费舍尔组合检验（Fisher's Permutation Test）、Bootstrap 检验等方法。

### 3.1.5 调节效应注意事项

理论层面：在一些文献中，研究者只是出于扩充文章篇幅的需要，在基准回归之外进行一些调节效应分析。这样的分析缺乏事前理论分析与预期，完全根据数据结果强行进行理论解释。比较好的做法是通过调节变量来分析因果关系。调节变量的选用尽量要和主效应有关系，帮助解释主效应。

操作层面：调节变量不能有很强的内生性。如果 $X$ 影响 $M$，那么交互项 $XM$ 可能捕捉的是 $X^2$ 的效应，也就是说 $M$ 对 $X$ 与 $Y$ 的"调节"实际上反映的可能是 $X$ 对 $Y$ 的非线性影响。如果调节变量本身是高度内生的，估计结果将是不可靠的。好的调节变量本身应该比较稳定，或者其变动是外生的，不受处理变量或结果变量的影响。

### 3.1.6 调节效应代码实现

**交互项回归**

先探讨一个问题，在针对交互项回归中是否一定要对变量进行中心化处理？实际上，在调节效应的分析中，对变量进行中心化是一个常见的做法，但并不是必需的。中心化是指将每个观测值减去变量的平均值，这样可以使回归模型中的解释变量和调节变量的交互项更易于解释和比较。通过中心化，交互项的系数可以被解释为：当调节变量等于其平均值时，解释变量对因变量的影响程度的变化。而不中心化的情况下，交互项的系数则表示在调节变量取特定取值时，解释变量对因变量的影响程度的变化。中心化可以减少共线性问题，并使解释交互项系数更加直观。但是，中心化并不总是必需的，它取决于具体的研究设计和分析目的。因此，在分析调节效应时，是否对变量进行中心化取决于研究者的选择和需要，可以根据具体情况决定是否进行中心化操作。

```
****交互项回归****
**首先介绍不进行中心化的做法
*手动生成交互项加入原回归模型
gen Interact=X*M
reg Y X M Interact
*利用#和##构造表示交互项的相关变量，c.表示连续变量，i.表示离散变量
reg Y X M c.X#c.M      //c.X#c.M 等价于 Interact
reg Y c.X##c.M         //c.X##c.M 等价于 X M Interact

**其次介绍进行中心化的做法
center X M, prefix(c_)  //变量中心化（构造出均值为零的新变量） 安装代码：ssc install center
    reg y X M c.X#c.M              //--模型（2）：不进行中心化
    reg y X M c.c_X#c.c_M          //--模型（3）：交乘项变量中心化
    reg y c_X c_M c.c_M#c.c_M      //--模型（4）：单独的X和M也进行中心化

**举例（price mpg weight 分别代表 Y X M）
```

```
clear
sysuse auto.dta,clear
center mpg weight, prefix(c_)
reg price mpg                                    //--模型（1）：不加入调节变量的主效应模型
est store model1_1
reg price mpg weight c.mpg#c.weight              //--模型（2）：不进行中心化
est store model1_2
reg price mpg weight c.c_mpg#c.c_weight          //--模型（3）：交乘项变量中心化
est store model1_3
reg price c_mpg c_weight c.c_mpg#c.c_weight      //--模型（4）：单独的X和M也进行中心化
est store model1_4
esttab model1_* , nogap replace ar2 scalar(F) b(4) t(4) star(* 0.1 ** 0.05 *** 0.01)
esttab model1_* using $res_path/中心化交互项回归比较.rtf, nogap replace ar2 scalar(F) b(4) t(4) star(* 0.1 ** 0.05 *** 0.01)
```

表3-2列出了上述4个模型的回归结果，其中price为被解释变量，mpg为解释变量，weight为调节变量，mpg×weight为交乘项，列（1）的主效应显示，解释变量mpg负向影响price，单纯加入不经过中心化的调节变量weight和交乘项mpg×weight，交乘项是显著为负，但是主效应由原来的负相关变成正相关了，实际上，此时不进行中心化的交乘项会导致解释变量的回归系数不具有直观的解释能力，这时我们对交乘项的两个变量进行中心化后再相乘，从列（3）可以发现主效应恢复为原来的负相关关系。第（4）列进一步对单独的X和M也进行中心化发现，列（3）和列（4）没有区别，因此对X和M进行中心化抑或不进行都是可行的。同时从列（2-4）也很容易发现是否进行中心化对于F值和调整的$R^2$没有影响。

表3-2  中心化交互项回归比较

| 变量 | （1）price | （2）price | （3）price | （4）price |
| --- | --- | --- | --- | --- |
| mpg | −238.8943*** | 396.7844** | −181.9842* | −181.9842* |
|  | (−4.5009) | (2.1424) | (−1.8929) | (−1.8929) |
| weight |  | 5.0670*** | 0.9848 | 0.9848 |
|  |  | (3.6769) | (1.4549) | (1.4549) |
| mpg×weight |  | −0.1917*** | −0.1917*** | −0.1917*** |
|  |  | (−2.6924) | (−2.6924) | (−2.6924) |
| cons | 11253.0607*** | −5944.8806 | 6381.3265* | 5478.9713*** |
|  | (9.6113) | (−1.3136) | (1.6697) | (14.4648) |
| N | 74 | 74 | 74 | 74 |
| Adjusted. $R^2$ | 0.209 | 0.332 | 0.332 | 0.332 |
| F | 20.2584 | 13.1077 | 13.1077 | 13.1077 |

注：括号内为t统计量；***、**、*分别表示在1%、5%和10%的水平下显著。

## 2. 分组回归

分组回归常常也被称作异质性分析，主要步骤是构造分组变量（生成哑变量）→分组回归→组件系数差异检验。下面将围绕这三个步骤介绍实现代码。

****分组回归/异质性分析****
***分组回归常常需要将连续变量分成两组（个别是三组，比如东部中部西部），以下先介绍如何分组
**以机构投资者持股比例（institution）为例，构建机构投资者持股哑变量InsHold。当机构投资者比例大于年度、行业中位数时为1，否则等于0

```
bys Industry year: egen institutionmedian=median(institution)
gen InsHold=(institution>institutionmedian) if institution!=.
```
*如果不需要年度行业中位数而是整体中位数，则为
```
egen institutionmedian=median(institution)
gen InsHold=(institution>institutionmedian) if institution!=.
```
*如果只需要年度中位数，则为
```
bys year:egen institutionmedian=median(institution)     //行业中位数只需要把year替换成Industry
gen InsHold=(institution>institutionmedian) if institution!=.
```
*或者可以利用xtile命令快速生成
```
egen InsHold=xtile(institution),n(2) by(Industry year)  ///根据行业-年度，对机构投资者持股比例赋值1和2。n(2)代表平分为两个区间
```

**分组回归举例
```
clear
sysuse auto.dta,clear
```
**被解释变量是price，解释变量mpg，调节变量length
```
egen lengthmedian=median(length)     //首先需要对调节变量进行中位数分组（构造哑变量）
gen length_group=(length>lengthmedian) if length!=.
reg price mpg if length_group==1
est store model2_1
reg price mpg if length_group==0
est store model2_2
esttab model2_*, nogap replace ar2 scalar(F) b(4) t(4) star(* 0.1 ** 0.05 *** 0.01)
esttab model2_* using $res_path/分组回归结果.rtf, nogap replace ar2 scalar(F) b(4) t(4) star(* 0.1 ** 0.05 *** 0.01)
```

由于两组估计系数置信区间有重叠区域，无法确定绝对值663.6115一定比165.7735大，我们绘制了图3-2。可以发现虽然二者差距较大，但是仍有重叠部分，导致无法直接进行比较，需要进行组间系数差异检验。下面介绍三种常见的组间系数差异检验的思路（见表3-3）。

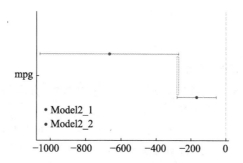

图 3-2 组间系数的置信区间比较图

表 3-3 分组回归比较

| 变量 | （1）高 length 组 | （2）低 length 组 |
| --- | --- | --- |
| mpg | −663.6115*** | −165.7735*** |
| — | (−3.4161) | (−3.0018) |
| _cons | 18583.5688*** | 9499.9817*** |
| — | (5.4201) | (6.6875) |
| N | 37 | 37 |
| adj. $R^2$ | 0.229 | 0.182 |
| F | 11.6697 | 9.0107 |

```
. global xline "xline(0,lp(dash) lc(red*0.5))"
. coefplot model2_1 model2_2, keep(mpg)  nolabels $xline ciopt(recast
(rcap))
. graph export "difference.png", replace
***组间系数差异检验三种方法介绍
**Chow test（组间检验，引入交互项，看交互项是否显著）
reg price  c.mpg##i.length_group  //如果交乘项系数显著，则说明组间系数存在明
```
显差异。

**假设控制变量系数在两组之间无明显差异。若不满足前提条件，如控制变量系数在两组之间存在差异，或存在异方差的情形，用 Chow 检验就会存在问题。因此，在使用 Chow 检验时，通常需要将自变量和控制变量与分组变量的交乘项均纳入回归模型，并且使用稳健标准误来放宽假设条件。

例如：`reg Y i.M##(c.X $control i.industry i.year) ,cluster(id)`

```
**Suest test（似无相关检验）
```
*似无相关模型的检验方法的假设条件比较宽松，即允许两组中所有变量的系数都存在差异，也允许两组的干扰项具有不同的分布，且彼此相关。

```
*基于似无相关模型的检验方法（suest）
//第一步：分组回归,并储存到 a、b
reg price mpg if length_group==1
est store a
reg price mpg if length_group==0
```

```
est store b
//第二步：suest
suest a b
//第三步：检验自变量的系数差异
test [a_mean]mpg=[b_mean]mpg   //P<0.1 则说明具有显著的组间系数差异。
//注意事项
*1.如果用 i.year 和 i.industry，系统可能会报错，可以手动生成虚拟变量，比如 tab year,gen（year_）【年度效应】 tab industry,gen（ind_）【行业效应】 此时回归即 reg price mpg ind_* year_* if length_group==1。
*2.聚类稳健标准误进行异方差修正不能直接加在回归后面，应该是加在这里：suest a b, vce（cluster firm）。
*3.企业固定效应太多维度，所以在企业层面进行去中心化来控制企业固定效应，加快运行速度。bysort id : center Y X $control，中心化会生成新变量，在原变量名称前加上了前缀c_，所以后面的回归要用带有前缀c_的变量。
*4.suest 可以进行 logit，tobit 等估计。

*可以使用 bdiff 命令，用一行代码完成上述的似无相关检验。
bdiff, group（length_group） model （reg price mpg） surtest //bdiff 命令要求两个样本组中的解释变量个数相同，如果控制行业虚拟变量，分组后两个样本组所包含的行业数量可能不一样，导致结果报错。

**Fisher's Permutation test（费舍尔组合检验，又名费氏检验）
bdiff, group（length_group） model （reg price mpg） bs reps（1000） seed（10101） detail
//reps（1000）表示抽样次数，范围一般为 1000～5000。连玉君等（2010）抽样 1000 次；曾嶒等（2023）抽样 2000 次。
//bs 是指 bootstrap，表示随机抽样为可重复抽样。
//detail 表示呈现两组的实际估计系数。
//上述代码没有加入虚拟变量（行业虚拟变量、时间虚拟变量），如果直接写 i.industry 或 i.year，Stata 会报错。需要先生成虚拟变量再放入回归方程。
//该方法不仅适用于普通的线性回归模型（reg 命令），还可以应用于 reghdfe、xtreg、xtabond、logit、ivregress 等模型。
//由于抽样过程具有随机性，因此每次检验的结果都有微小差异。在投稿之前，可以附加 seed（）选项，以保证检验结果的可复制性。
```

### 3.1.7 调节效应权威期刊应用举例

利用 2020 年 CAR 的文献 *An empirical analysis of analysts' capital expenditure forecasts evidence from corporate investment efficiency* 进行讲解调节效应。在这篇文章中，作者实证检验了分析师的资本支出预测可以通过提高经理信息信号的准确性直接影响投资效率，但

分析师的资本支出预测也可以通过减少公司和投资者之间的信息不对称间接影响投资效率。从经验上看，这两种效应很难厘清。为了证明资本支出预测提供了对投资者有用的信息，从而间接提高了投资效率，文章做了两组与融资和监测渠道相关的分析来验证这一机制。

（1）融资渠道

文章认为，分析师资本支出预测缓解投资不足的一种机制是通过减少公司与其资本提供者之间的信息不对称。因此，文章研究了分析师的资本支出预测是否在减少因更严格的财务约束导致公司的投资不足而产生的投资效率低下方面具有更明显的效果。使用投资不足样本估计方程如下：

$$INVEST\_INEFF_{i,t} = \beta_0 + \beta_1 N\_CPXAF_{i,t} + \beta_2 N\_CPXAF_{i,t} \times FC_{i,t} + \beta_4 CONTROLS_{i,t-1} + Industry_j + Year_t + \varepsilon_{i,t}$$

其中，$FC$ 衡量公司财务约束的程度，基于四种不同的衡量标准：WW、SA、DELAYCON 和综合衡量标准 $AGG\_FC$；$N\_CPXAF$ 被定义为是分析师在预测目标年第一季度的三个月内发布的资本支出预测数量的自然对数。

在表3-4中，$N\_CPXAF$ 与列（2）～列（4）$FC$ 的交互项系数均为负，分别为–0.015，–0.006和–0.024，且在10%或更好的水平上显著。列（1）的 $FC$ 与 $N\_CPXAF$ 交互项系数为–0.011，在10%水平上略低于统计学意义。这些结果表明，对于投资不足的公司来说，分析师的资本支出预测对减少投资不足的影响比财务紧张的公司更强。

表3-4　分析师资本支出预测和投资效率：融资渠道

| | INVEST_INEFF | | | |
| --- | --- | --- | --- | --- |
| | SA | WW | DELAYCON | AGG_FC |
| | （1） | （2） | （3） | （4） |
| N-CPXAF | −0.004 | −0.002 | −0.007** | 0.001 |
| | (−1.856) | (−0.855) | (−3.421) | (0.304) |
| N_CPXAF×FC | −0.011 | −0.015** | −0.006* | −0.024** |
| | (−1.528) | (−2.420) | (−1.889) | (−2.908) |
| FC | 0.032*** | 0.038*** | −0.001 | 0.036** |
| | (5.427) | (5.643) | (−0.100) | (3.250) |
| Controls | Yes | Yes | Yes | Yes |
| Observations | 6026 | 6026 | 6026 | 6026 |
| Adjusted $R^2$ | 0.199 | 0.200 | 0.195 | 0.198 |

注：括号内为 $t$ 统计量；***、**、*分别表示在1%、5%和10%的水平下显著。

（2）监管渠道

文章认为，分析师资本支出预测中传达的信息可以促进投资者更有效地监管。文章考察了分析师的资本支出预测是否对降低因持有现金和高估股权而产生较高代理成本公司的过度投资有更强的影响。

文章使用过度投资样本估计以下回归模型：

$$INVEST\_INEFF_{i,t} = \beta_0 + \beta_1 N\_CPXAF_{i,t} + \beta_2 N\_CPXAF_{i,t} \times AC_{i,t} + \beta_3 AC_{i,t} + \beta_4 CONTROLS_{i,t-1} + Industry_j + Year_t + \varepsilon_{i,t}$$

其中，AC 为代理成本；AGG_AC 为现金持有和高估股权的平均值；N_CPXAF 为分析师在预测目标年第一季度的三个月内发布的资本支出预测数量的自然对数。

如表 3-5 所示，列（1）中 AC 与 N_CPXAF 之间的交互项系数在 10%水平时为-0.016 且显著；列（2）中 AC 与 N_CPXAF 之间的交互项系数为-0.008，但不显著；列（3）中 AC 与 N_CPXAF 交互项系数为–0.023，且在 10%水平上显著。总的来说，这些结果表明，提供分析师资本支出预测在抑制代理成本高的公司的过度投资方面有更强的效果。

表 3-5　分析师资本支出预测和投资效率：监管渠道

|  | INVEST_INEFF | | |
| --- | --- | --- | --- |
|  | CASHHOLD | OVERVALUATION | AGG AC |
|  | （1） | （2） | （3） |
| N_CPXAF | −0.027*** | −0.031*** | −0.023** |
|  | （−4.815） | （−3.661） | （−2.625） |
| N_CPXAF×AC | −0.016* | −0.008 | −0.023* |
|  | （−2.071） | （−0.915） | （−1.948） |
| AC | 0.018* | 0.025 | 0.039** |
|  | （1.997） | （1.819） | （2.677） |
| Controls | Y | Y | Y |
| Observations | 4917 | 4917 | 4917 |
| Adjusted $R^2$ | 0.177 | 0.177 | 0.178 |

注：括号内为 t 统计量；***、**、*分别表示在 1%、5%和 10%的水平下显著。

## 3.2　中介效应

### 3.2.1　中介效应基本原理

在会计研究中，我们常常需要探索自变量 X 对因变量 Y 产生的影响，得到 X 和 Y 在实际或理论上的关系，进而我们试图探索二者之间关系的内部机制或作用渠道，中介效应分析为回答这一问题提供了可能性。

考虑自变量 X 对因变量 Y 的影响，如果 X 通过影响变量 M 来影响 Y，则称 M 为中介变量。例如，叶莹莹等（2022）研究股权质押对机构投资者羊群行为影响时引入信息质量的中介效应，股权质押虚拟变量通过公司内部信息质量（盈余管理质量和信息披露质量）对机构投资者羊群行为产生正向的间接作用，股权质押率通过公司内部信息质量和分析师盈利预测质量对机构投资者羊群行为产生正向的间接作用。考虑使用下列方程描述中介效应之间的关系及变量之间的关系：

$$Y = cX + e_1 \quad (3\text{-}9)$$

$$M = aX + e_2 \quad (3\text{-}10)$$

$$Y = c'X + bM + e_3 \quad (3\text{-}11)$$

具体的路径如图 3-3 所示。

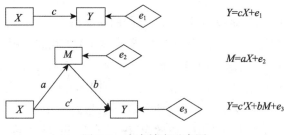

图 3-3　中介效应示意图

其中方程（3-9）的系数 $c$ 为自变量 $X$ 对因变量 $Y$ 的总效应，方程（3-10）的系数 $a$ 为自变量 $X$ 对中介变量 $M$ 的效应，方程（3-11）的系数 $b$ 是在控制了自变量 $X$ 的影响后中介变量 $M$ 对因变量 $Y$ 的效应，系数 $c'$ 是在控制了中介变量 $M$ 的影响后自变量 $X$ 对因变量 $Y$ 的直接效应，$e_1 - e_3$ 是回归残差。对于这样的简单中介模型，中介效应等于间接效应（indirect effect），即等于系数乘积 $ab$，它与总效应和直接效应的关系为：$c = c' + ab$，其中 $c$ 为总效应，$c'$ 为直接效应，$ab$ 为我们需要检验的中介效应或者说间接效应。

## 3.2.2　中介效应的检验

这里首先介绍一种常见的中介效应的检验思路，中介效应的检验经过多年的发展越来越完善，也呈现出越来越多的方法与新思路。我们从最简单的开始讲起，抽丝剥茧来介绍中介效应的基本检验思路。

**1. 逐步检验回归系数**

逐步检验回归系数的方法分为三步（温忠麟等，2004）。

第一步：检验方程（3-9）的系数 $c$，也就是自变量 $X$ 对因变量 $Y$ 的总效应。

第二步：检验方程（3-10）的系数 $a$，也就是自变量 $X$ 和中介变量 $M$ 的关系。

第三步：控制中介变量 $M$ 后，检验方程（3-11）的系数 $c'$ 和系数 $b$。

判定依据如下。

系数 $c$ 显著，即 $H_0: c = 0$ 被拒绝。

系数 $a$ 显著，即 $H_0: a = 0$ 被拒绝，且系数 $b$ 显著，即 $H_0: b = 0$ 被拒绝。

同时满足以上两个条件，则中介效应显著。

如果满足以上两个条件的同时，在方程（3-11）中，系数 $c'$ 不显著，则称为完全中介。

这里需要注意几点事项：（1）逐步检验回归系数方法简单易懂，是检验中介效应最常用的方法，但逐步检验的检验力在各种方法中是最低的（Fritz et al., 2007；Hayes, 2009）。就是说，当中介效应较弱时，逐步检验回归系数的方法很难检验出中介效应显著，但反过来理解，温忠麟等（2014）提出，如果研究者用依次检验已经得到显著的结果，检验力低的问题就不再是问题；（2）方程（3-9）的系数 $c$ 显著是逐步检验回顾系数方法的基础，但是这一点也受到了后来研究的挑战，因为在有些情况下，$c$ 不显著恰恰是受到了中介效应的影响，如考虑遮掩效应的存在。例如，工人的智力（$X$）按理说应该和工人在产线中犯的错误数量（$Y$）反向相关，但是数据呈现二者之间的并不相关，也就是方程（3-9）的系数 $c$ 不显著。经过分析，发现是工人在工作中的无聊程度（$M$）在起作用。在所有其他条件相同的情况下，越聪明的工人会表现出越高的无聊水平，$X$ 和 $M$ 正相关，方程（3-10）的系数 $a$ 符号为正，而无聊与错误的数量呈正相关，$M$ 和 $Y$ 正相关，方程（3-11）的系数 $b$ 符号为正，越聪明的工人将犯越少的错误，即 $X$ 和 $Y$ 负相关，方程（3-11）的系数 $c'$ 符号为负。这样，虽然中介变量在发挥作用，总效应 $c(=ab+c')$ 却因为直接效应 $c'$ 和间接效应 $ab$ 的相互抵消而不再显著，即所谓的抑制/遮掩模型（suppression model）。在实践中，直接和间接效应完全抵消的情况并不常见，但是在直接和间接效应大小相似或符号相反必然存在，甚至会影响因变量和自变量之间的整体关系，所以逐步检验法可能会错过一些实际存在的中介效应。

### 2. Sobel 检验

目前最常用的就是 Sobel（1982，1988），检验统计量为 $z = \hat{a}\hat{b}/s_{ab}$，其中 $\hat{a}$ 和 $\hat{b}$ 分别是 $a$ 和 $b$ 的估计值，$\hat{a}\hat{b}$ 的标准误为：$se(ab) = \sqrt{\hat{a}^2 se_b^2 + \hat{b}^2 se_a^2}$，$se_a$ 和 $se_b$ 分别是 $\hat{a}$ 和 $\hat{b}$ 的标准误。

模拟研究发现，Sobel 法的检验力高于依次检验回归系数法（MacKinnon et al., 2002；温忠麟等，2004），也就是说，Sobel 可以检验出比前者更多的中介效应，但如果两种方法检验的结果都显著，依次检验结果要强于 Sobel 检验结果（温忠麟等，2004）。

检验系数乘积的统计量推导需要假设 $\hat{a}\hat{b}$ 服从正态分布，这一点是很难保证的，因为即使 $\hat{a}$ 和 $\hat{b}$ 服从正态分布，也无法保证二者的乘积服从正态分布，因而 Sobel 检验也存在一定的局限性。

### 3. Bootstrap 检验

Bootstrap 检验的也是 $H_0: ab = 0$，它根据标准误的理论概念，将样本容量很大的样本当作总体，进行有放回抽样（抽样次数可以自己定），从而得到更为准确的标准误。例如，将一个容量为 500 的样本当作 Bootstrap 总体，从中有放回地重复取样，可以得到一个 Bootstrap 样本（容量还是 500）。对这 500 个 Bootstrap 样本，可以得到 500 个系数乘积的估计值，其全体记为 $\hat{a}\hat{b}$，将它们按数值从小到大排序，其中第 2.5 百分位点和第 97.5 百分位点就构成 $ab$ 的一个置信度为 95%的置信区间，如果这个置信区间不包含 0，则说明拒绝原假设 $H_0: ab = 0$，系数乘积显著（方杰等，2012；Preacher et al., 2007）。Bootstrap 的前提条件是样本能够代表总体。模拟研究发现，与其他中介效应检验方法相比，Bootstrap 具有较高的统计效力，Bootstrap 法是公认的可以取代 Sobel 方法而直接检验系数乘积的方法（温忠麟等，2014）。

### 4. 一个简单的中介效应检验程序

为了使一个中介效应检验的第一类错误率和第二类错误率都比较小，既可以检验部分中介效应，又可以检验完全中介效应，我们先考虑如图 3-4 所示的中介检验程序。

具体步骤如下。

（1）检验回归系数 $c$，如果显著，继续下面的步骤（2）。否则停止分析。

（2）做部分中介检验，即依次检验系数 $a$、$b$，如果都显著，意味着 $X$ 对 $Y$ 的影响至少有一部分是通过了中介变量 $M$ 实现的，第一类错误率小于或等于 0.05，继续步骤（3）。如果至少有一个不显著，由于该检验的功效较低（即第二类错误率较大），所以还不能下结论，转到步骤（4）。

（3）做完全中介检验中的第三个检验（因为前两个在上一步已经完成），即检验系数 $c'$，如果不显著，说明是完全中介过程，即 $X$ 对 $Y$ 的影响都是通过中介变量 $M$ 实现的；如果显著，说明只是部分中介过程，即 $X$ 对 $Y$ 的影响只有一部分是通过中介变量 $M$ 实现的。检验结束。

（4）做 Sobel 检验，如果显著，意味着 $M$ 的中介效应显著，否则中介效应不显著。检验结束。

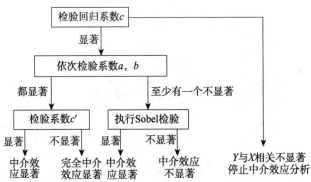

图 3-4 简单的中介效应检验程序

### 5. 更为全面的中介效应检验流程

对于系数乘积的检验，温忠麟等（2004）早就意识到，如果检验结果都显著，依次检验结果强于 Sobel 检验结果，所以在他们提出的检验流程中，先进行依次检验，不显著才需要做 Sobel 检验。现在，Sobel 法由 Bootstrap 法取代，同时，遮掩效应也应纳入考虑的框架体系内，基于前面的讨论，在上述的基础上对中介效应的检验流程进行相应的修改（见图 3-5），步骤如下。

（1）检验方程（3-9）的系数 $c$，如果显著，按中介效应立论，否则按遮掩效应立论。

但无论是否显著,都进行后续检验。

(2)依次检验方程(3-10)的系数 $a$ 和方程(3-11)的系数 $b$,如果两个都显著,则间接效应显著,转到步骤(4);如果至少有一个不显著,进行步骤(3)。

(3)用 Bootstrap 法直接检验 $H_0: ab=0$。如果显著,则间接效应显著,进行步骤(4);否则间接效应不显著,停止分析。

(4)检验方程(3-11)的系数 $c'$,如果不显著,即直接效应不显著,说明只有中介效应。如果显著,即直接效应显著,进行步骤(5)。

(5)比较 $ab$ 和 $c$ 的符号,如果同号,属于部分中介效应,报告中介效应占总效应的比例 $ab/c$。如果异号,属于遮掩效应,报告间接效应与直接效应的比例的绝对值 $|ab/c'|$。

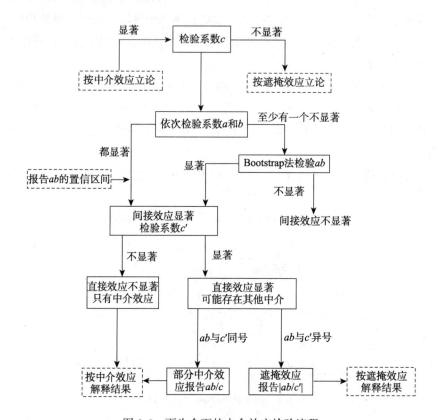

图 3-5　更为全面的中介效应检验流程

### 3.2.3　中介效应模型的发展

随着统计理论的发展和分析软件的进步,中介效应分析模型也有了长足的发展,包括多重中介效应模型、有中介的调节模型与有调节的中介模型等。这些模型的分析方法一般都基于简单中介模型分析方法或者思路,并受到简单中介模型分析方法发展的影响。

**1. 多重中介效应模型**

上述只讨论只有一个中介变量存在的情况，但很多时候 X-Y 的机制并不是那么简单。如果在自变量和因变量之间的关系中存在多个中介变量 $M$，则称为多重中介分析（multiple mediation analysis）。多重中介模型又可按照中介变量之间是否存在顺序关系，分为并行多重中介模型（parallel multiple mediation）以及链式多重中介模型（serial multiple mediation）。并行多重中介模型，也称为单步多重中介模型，是指中介变量之间不存在相互影响。链式多重中介模型，也称为多步多重中介模型，是指中介变量之间存在影响关系，中介变量表现出顺序性特征，形成中介链。

1）并行多重中介分析

如图 3-6 所示，并行多重中介分析表示 $X \rightarrow Y$ 路径不仅可以由 $M_1$ 中介，也可由 $M_2$ 中介，可以在控制其他中介变量的前提下，研究每个中介变量的特定中介效应，如分析 $X \rightarrow M_1 \rightarrow Y$ 时控制 $M_2$ 以及 $M_3$。此外也可以得到总的中介效应。

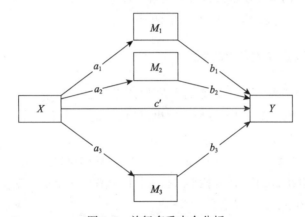

图 3-6　并行多重中介分析

（1）$X \rightarrow M_1 \rightarrow Y$：间接效应 $= a_1 \times b_1$；

（2）间接效应 $= X \rightarrow M_2 \rightarrow Y = a_2 \times b_2$；$M_3$ 同理；

（3）直接效应 $= c'$；

（4）总间接效应 $= a_1 b_1 + a_2 b_2 + a_3 \times b_3 = c - c'$（总效应–直接效应）。

2）链式多重中介分析

链式多重中介模型表示中介变量之间存在顺序关系，即 $X \rightarrow M_1 \rightarrow M_2 \rightarrow Y$ 路径（见图 3-7）。

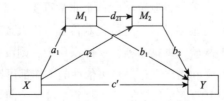

图 3-7　链式多重中介分析

（1）$X \rightarrow M_1 \rightarrow M_2 \rightarrow Y$：链式间接效应 $= a_1 d_{21} b_2$；

（2）总间接效应 $= a_1 d_{21} b_2 + a_2 b_2 + a_1 b_1$；

（3）直接效应 $= c'$；

（4）总效应 $== a_1 d_{21} b_2 + a_2 b_2 + a_1 b_1 + c'$。

**2. 有调节的中介模型和有中介的调节模型**

如果一个模型包含不止三个变量，可能同时包含调节变量和中介变量，这些变量在模型中的位置和作用不同会产生不同的模型，有中介的调节模型（mediated moderation model）和有调节的中介模型（moderated mediation model）都是同时包含调节变量和中介变量的模型。有中介的调节模型意味着自变量对因变量的效应受到调节变量的影响，而调节效应（至少部分地）通过中介变量而起作用。有调节的中介模型意味着自变量通过中介变量对因变量产生影响，而中介过程受到调节变量的调节。

扩展阅读 3.2 两个模型的会计研究例子

### 3.2.4 中介效应模型的学术讨论

中介效应早期是心理学研究领域广泛采用的研究方法，后来被引入经济学研究领域，在会计实证研究中也得到了普遍的应用。但是关于中介效应的适用性一直在学术圈广为讨论，大多数的质疑聚焦点在于第三个方程（即 $M \rightarrow Y$）的内生性怎么解决的问题。《当代财经》期刊也在 2021 年用专栏形式提出不同学者对中介效应的质疑，现摘录如下，以飨读者。

扩展阅读 3.3 除了温中麟三步法，中介模型还有哪些方法？

**1. 华中科技大学杨继生教授**

我个人认为用中介效应模型做机制分析可能有问题。比如，如果认为第三个方程是正确设定的，那么第一个方程就拟合不足，其估计结果就不具有一致性。而第三个方程统计显著性的变化主要是受新解释变量与原解释变量之间相关性的影响。所以，经济变量传导机制的实证还是要基于经济理论来进行，不能只是单纯地依靠数据实验。

**2. 浙江大学张川川教授**

第一，我不喜欢中介效应这个表述，我更喜欢叫机制分析。中介效应是其他学科的术语，不是经济学学科的术语。关于机制分析，这个非常重要，因为我们希望知道二者之间的影响逻辑。怎么检验呢？有很多种方法进行机制检验，但大致就是两个思路：一是理论推导，即讲道理；二是经验检验，即摆事实。实际操作中，则没有特定方法做机制分析，所有有助于阐述清楚理论逻辑和增进理论逻辑可信性的工作都可以称作机制分析。

第二，经济学权威刊物上的论文几乎都只是做了 $X$ 对 $Y$ 的回归，而没有做 $M$ 对 $Y$ 的回归。为了研究 $X$ 通过 $M$ 影响 $Y$，先直接用 $X$ 对 $M$ 回归，再通过文献分析 $M$ 对 $Y$ 的影响，可以吗？可以的。目前来讲，经济学大部分文章都是这么做的。为什么不直接在论文中研究 $M$ 对 $Y$ 的影响？因为文章的重点是处理 $X$ 对 $Y$ 的因果效应，如果还做 $M$ 对 $Y$ 的影响，就要讨论 $M$ 的内生性啊！这差不多是两篇论文的工作量了。一般情况下，一篇论文难以处理两个内生性变量。所以借助文献就好咯。如果已有文献论证了 $M$ 对 $Y$ 的因果影响，直接用这个结论就行了。如果现有文献没有论证 $M$ 对 $Y$ 的影响，就完全应该值得写一篇新的文章了。中间机制可能不止一个，可能好几个 $M(M_1、M_2\cdots)$。如果还要研究每个中介变量对 $Y$ 的影响，就得分别论证了，如分别找工具变量或者使用其他因果推断方法，这就是多篇新的文章了。总之，直接拿 $M$ 对 $Y$ 做回归的结果都不可信，因为没有解决内生性。一篇好的论文不能以不可信的结果作为结论。所以好的论文只是做了 $X$ 对 $Y$ 的回归，而没有同时做 $M$ 对 $Y$ 的回归。

### 3. 江西财经大学王岳龙副教授

近年来，中介效应模型在社会科学中被广泛用来做机制分析。国内不少学者，如中国人民大学的江艇老师和浙江大学的张川川老师都在不同场合批评过这种做法，这里我还想再多说两句。三段式的中介分析最大问题在于第三步，即把因变量（$Y$）同时对核心自变量（$X$）和机制变量（$M$）回归。由于机制变量一般是发生在原因变量之后、结果变量之前的变量，很大程度上也是内生的，所以这里就有 2 个内生变量了。原本的基准回归只需要集中精力处理原因变量的内生性就好，这时机制分析中多出来的机制变量内生性我们其实是很难处理的。那应该怎么进行机制分析呢，参考国际权威经济学文献，个人认为主要有以下两种情况：

第一，直接拿机制变量（$M$）对核心自变量（$X$）回归，机制变量（$M$）对结果变量（$Y$）的作用主要依赖于文献和逻辑。例如，范子英教授发表在《美国经济评论》上的那篇关于上山下乡的文章，就是把主回归中因变量由各地区孩子的教育程度换成各地区的老师数量，发现上山下乡运动增加了当地选择当老师的数量。而老师数量对学生教育的影响这个则主要依赖于常识，而无须再用计量检验。

第二，异质性分析有时也可以认为是机制分析。例如，Nancy Qian 发表在《美国经济评论》上的那篇关于援助与冲突的文章，在做机制分析时就冲突分为两种，一种是当地以前从来没有爆发冲突的新冲突，另一种是在当地原来爆发冲突基础上再发生的旧冲突，结果发现美国对非洲的粮食援助主要是激发了新冲突。再比如克拉克奖得主 Dell 发表在《美国经济评论》上的那篇关于墨西哥扫毒之战的文章，采用断点回归发现，执政党在地方选举中获胜的州虽然配合总统的扫毒行动，但是当地杀人等刑事案件的发生率不降反升。作者提出的解释是扫毒主要打击了此前势力最大的毒贩，在大毒贩被打击后，当地黑社会一下子群龙无首，导致中小毒贩纷纷起来斗争以重新瓜分势力范围。为了验证这一点，作者通过加入核心变量与当地是否接近美国、之前是否具有高犯罪率、是否有其他主要黑恶势力的竞争对手这三者的交互项，通过交互项的显著性验证作者的猜想。

## 3.2.5 线性与非线性的调节效应与中介效应总结

借鉴 2022 年期刊《南开管理评论》的《管理学领域的曲线效应及统计检验方法》论文分析，线性与 U 型曲线的调节效应与中介效应总结如表 3-6 和表 3-7 所示。

表 3-6 线性曲线的调节效应和中介效应总结

| 效应 | 线性效应 | | |
|---|---|---|---|
| | 简单线性效应 | 中介效应 | 调节效应 |
| 数学模型 | $Y = \beta_0 + \beta_1 X$<br>$dY/dX = \beta_1$ | $M = \beta_1 + \beta_2 X$<br>$Y = \beta_3 + \beta_4 M + \beta_5 X$<br>$IND = \beta_2 \times \beta_4$ | $Y = \beta_0 + \beta_1 X + \beta_2 Z + \beta_3 XZ$<br>$\dfrac{\partial Y}{\partial X} = \beta_1 + \beta_3 Z$ |
| 关系模式 | 线性正相关（$\beta_1>0$）；<br>线性负相关（$\beta_1<0$） | 正间接效应（IND>0）；<br>负间接效应（IND<0） | 增强效应（$\beta_1$ 与 $\beta_3$ 符号相同）；<br>削弱效应（$\beta_1$ 与 $\beta_3$ 符号相反） |
| 检验要点 | 线性回归；<br>一次项系数系数 $\beta_1$ 显著 | Bootstrap 法；<br>参数 IND 显著 | 线性回归；<br>交互项系数 $\beta_3$ 显著 |

表 3-7 U 型曲线的调节效应和中介效应总结

| 效应 | U 型曲线效应 | | | | |
|---|---|---|---|---|---|
| | 倒 U 型效应 | U 型效应 | 中介效应 | | 调节效应 |
| | | | 中介模型 1 | 中介模型 2 | |
| 数学模型 | $Y = \beta_0 + \beta_1 X + \beta_2 X^2$<br>$dY/dX = \beta_1 + 2\beta_2 X$ | $Y = \beta_0 + \beta_1 X + \beta_2 X^2$<br>$dY/dX = \beta_1 + 2\beta_2 X$ | $M = \beta_0 + \beta_1 X + \beta_2 X^2$<br>$Y = \beta_3 + \beta_4 X + \beta_5 X^2 + \beta_6 M$<br>$IND = \beta_2 \times \beta_6$ | $M = \beta_0 + \beta_1 X$<br>$Y = \beta_2 + \beta_3 X + \beta_4 M + \beta_5 M^2$<br>$IND = \beta_1 \times \beta_5$ | $Y = \beta_0 + \beta_1 X + \beta_2 Z + \beta_3 XZ + \beta_4 X^2 + \beta_5 X^2 Z$<br>$Y = \beta_0 + \beta_2 Z + (\beta_1+\beta_3 Z)X + (\beta_4+\beta_5 Z)X^2$<br>$= Intercept + Slope \times X + Curvature \times X^2$ |
| 关系模式 | 倒 U 型<br>（$\beta_2<0$） | U 型<br>（$\beta_2>0$） | U 型间接效应<br>（IND>0）；<br>倒 U 型间接效应<br>（IND<0） | U 型间接效应<br>（IND>0）；<br>倒 U 型间接效应<br>（IND<0） | 增强效应，即 U 型（倒 U 型）变得陡峭（$\beta_4$ 与 $\beta_5$ 符号相同）；<br>削弱效应，即 U 型（倒 U 型）变得平缓（$\beta_4$ 与 $\beta_5$ 符号相反） |
| 检验要点 | 线性回归；<br>二次项系数 $\beta_2$ 显著 | 线性回归；<br>二次项系数 $\beta_2$ 显著 | Bootstrap 法；<br>参数 IND 显著 | Bootstrap 法；<br>参数 IND 显著 | 线性回归；<br>二次交互项系数 $\beta_5$ 显著 |

## 3.2.6 中介效应代码实现

```
*================================================================
*                         中介效应代码
*================================================================
      ******第一种方法检验中介效应******    （逐步回归）
      reg y x x1 x2 x3
      reg M x x1 x2 x3          // M 为中介变量
```

```
    reg y x M x1 x2 x3
```

******第二种方法检验中介效应是否存在****** （Sobel-Goodman 检验）
```
sgmediation y, mv(x) iv(M) cv(x1 x2 x3)    // Indirect effect:中介
效应；Direct effect:直接效应；Proportion of total effect that is mediated:
中介效应在总效应中的占比
```
//sgmediation2 诞生，扩展新功能

*1.允许加权。若在之前使用 svyset 命令设置过调查权重，则可以 sgmediation2 y, mv(x) iv(M) cv(x1 x2 x3) prefix(svy：)

*2.可以使用聚类标准误。sgmediation2 y, mv(x) iv(M) cv(x1 x2 x3) vce(cluster id)

******第三种方法检验中介效应是否存在****** （Bootstrap 检验）
```
bootstrap r(ind_eff) r(dir_eff), reps(1000): sgmediation y, mv(x)
iv(M) cv(x1 x2 x3)   //计算间接效应 ind_eff(_bs_1)、直接效应 dir_eff(_bs_2)
    estat bootstrap, percentile bc
//计算间接效应(_bs_1)的置信区间（检验中介效应：若该置信区间不包括 0，则拒绝 H0）
//若直接效应(_bs_2)的置信区间不包括 0 就表明是【部分中介效应】
//若直接效应(_bs_2)的置信区间包括 0 就表明是【完全中介效应】
    di "中介（间接）效应 ab = "_b[_bs_1]    //中介效应

    di "直接效应 c' = "_b[_bs_2]    //直接效应
    di "中介效应占比 ab/c = "_b[_bs_1]/(_b[_bs_1]+_b[_bs_2])    //中介效应的占
比: _bs_1/(_bs_1+_bs_2)
```

### 3.2.7　中介效应权威期刊应用举例

利用何瑛等（2019）发表在《中国工业经济》期刊上的《CEO 复合型职业经历、企业风险承担与企业价值》一文，来讲解中介效应的应用。根据高层梯队理论，管理者的人口统计学特征能够影响其制定企业财务决策，进而会对企业价值创造发挥重要作用，丰富的职业经历作为其中重要的异质性特征，可能会对企业价值产生重要影响。拥有丰富职业经历的管理者在资源配置、管理技能迁移能力等方面都具有优势。文章采用中介效应检验（见图 3-8），判断 CEO 丰富的职业经历能否通过促进企业风险承担水平进而提升企业价值。

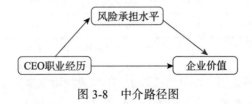

图 3-8　中介路径图

文章中介效应的检验参考了温忠麟等（2004）经典的中介检验三步法：第一步，检验

CEO 丰富的职业经历是否能够显著提升企业价值；第二步，检验 CEO 职业经历丰富程度是否能够显著提升企业风险承担水平，此结果已在前文进行验证；第三步，检验企业风险承担水平和 CEO 职业经历同时对企业价值的作用。其中，企业风险承担水平 Risktaking 为中介变量，以 TobinQ 衡量被解释变量企业价值，即企业市场价值与资产比值。鉴于 CEO 对企业价值会产生滞后作用，此中介效应检验使用 $t$ 至 $t+2$ 期的 TobinQ 分别进行检验，其他变量不变，如表 3-8 所示。

表 3-8 CEO 职业经历、企业风险承担水平与企业价值

| 变量 | TobinQ$_t$ | | TobinQ$_{t+1}$ | | TobinQ$_{t+2}$ | |
| --- | --- | --- | --- | --- | --- | --- |
| | （1） | （2） | （3） | （4） | （5） | （6） |
| CEO CERI | 0.1269*** | 0.1268*** | 0.1061*** | 0.1061*** | 0.0926*** | 0.0924*** |
| | （3.9455） | （3.9395） | （3.2775） | （3.2775） | （2.8111） | （2.8037） |
| Rish1 | 0.0518*** | | 0.0601*** | | 0.0648*** | |
| | （10.6435） | | （12.7069） | | （12.8467） | |
| Rish2 | | 0.0277*** | | 0.0601*** | | 0.0350*** |
| | | （10.6955） | | （12.7069） | | （12.9109） |
| Controls | 是 | 是 | 是 | 是 | 是 | 是 |
| Year | 是 | 是 | 是 | 是 | 是 | 是 |
| Industry | 是 | 是 | 是 | 是 | 是 | 是 |
| Constant | 16.0021*** | 15.9984*** | 15.0724*** | 15.0724*** | 13.9816*** | 13.9637*** |
| | （29.1996） | （29.2012） | （28.0799） | （28.0799） | （25.5828） | （25.5810） |
| Observations | 20421 | 20421 | 20318 | 20318 | 20235 | 20235 |
| Adj-R² | 0.4996 | 0.4995 | 0.4841 | 0.4841 | 0.4578 | 0.4582 |
| Sobel Z | 4.7360*** | 4.7870*** | 4.3440*** | 4.3440*** | 4.3520*** | 4.3860*** |
| Sobel Z-p 值 | （0.0000） | （0.0000） | （0.0000） | （0.0000） | （0.0000） | （0.0000） |
| Goodman-1 Z | 4.7330*** | 4.7840*** | 4.3420*** | 4.3420*** | 4.3500*** | 4.3840*** |
| Goodman-1 Z-p 值 | （0.0000） | （0.0000） | （0.0000） | （0.0000） | （0.0000） | （0.0000） |
| Goodman-2 Z | 4.7390*** | 4.7900*** | 4.3460*** | 4.3460*** | 4.3540*** | 4.3880*** |
| Goodman-2 Z-p 值 | （0.0000） | （0.0000） | （0.0000） | （0.0000） | （0.0000） | （0.0000） |
| 中介效应占比 | 0.1122 | 0.1133 | 0.1372 | 0.1391 | 0.1630 | 0.1654 |

注：非特别说明的括号内为 $t$ 统计量；***、**、*分别表示在 1%、5% 和 10% 的水平下显著。

由结果可知，$t$ 至 $t+2$ 期企业价值都与 CEO 职业经历丰富程度呈正相关，CEO_CERI 的回归系数均在 1% 统计水平下显著为正；此外，CEO_CERI 与 TobinQ$_t$、TobinQ$_{t+1}$、TobinQ$_{t+2}$ 的估计系数依次下降，可见 CEO 职业经历特质对于企业价值的影响会随时间减弱。

1. 介绍调节效应与中介效应基本原理。
2. 调节效应可以分几种情况讨论?
3. 谈一谈中介效应的检验思路。
4. 请找一篇权威期刊中最近发表的且较感兴趣的文献,谈一谈其中介效应的检验思路。

自学自测　扫描此码

# 第4章 工具变量法

**【教学要求】**

通过本章教学，学生能够了解工具变量的基本原理，掌握实证分析中是否适宜使用工具变量以及选取的工具变量是否恰当等一系列检验，在进行实证研究时能够科学地选取恰当的工具变量，并掌握工具变量法在论文写作的应用。

**【教学重点】**

工具变量基本原理；工具变量的检验。

**【教学难点】**

工具变量的检验；工具变量的选择。

**【思政元素】**

勇于创新和挑战，追求真理和知识。

## 4.1 基 本 原 理

毫无疑问，内生性在几乎所有非实验性实证会计研究中导致了大量的计量经济学问题。会计研究人员意识到了这些计量经济学问题，他们通常使用工具变量（Ⅳ）方法，希望减轻参数估计的不一致性。在盈余管理、信息披露、公司治理、高管薪酬等相关会计研究中，工具变量被广泛地用于处理内生性问题。尽管工具变量是一种"教科书式"的解决内生性变量的方法，但是会计研究领域内使用工具变量的合理性和科学性有待进一步发展完善。工具变量法常被称为定量分析中因果推断的"圣杯"。这是因为，好的工具变量非常难以寻觅，寻找它的逻辑和数据挖掘过程充满艰辛、难以驾驭，甚至往往需要研究者的灵感。但它在模型上的简洁性，它对社会科学想象力、逻辑力和诠释力的要求，既为定量分析提供了因果推断的重要武器，也让分析的过程充满趣味和奇思妙想。工具变量可以用来解决遗漏变量偏差、测量误差和联立性（逆向因果）等内生性问题，因此在实证会计研究中得到了广泛的应用。

采用工具变量法进行实证会计研究的基本步骤如下。

（1）充分描述所研究问题的经济理论基础。只有对所研究问题的理论背景进行充分了解，才能明确内生问题出现在什么地方，从而在后面的研究设计中有针对性地处理内生性问题。

（2）探索可能解决该问题的不同方法，如符合条件的情况下可考虑添加控制变量、控制固定效应或采取自然实验法，而不是局限于工具变量法。

（3）若综合考量后发现工具变量法依然是较为合适的方法，即进入选取工具变量的阶段。选取的工具变量必须是从经济理论推导而来，而不是先主观选定工具变量后再试图自圆其说。并最好在论文中讨论可能导致该工具变量不符合外生性假设的原因，并说明这些因素的影响是可以忽略的或者已经通过其他控制变量进行了控制。

（4）进行第一阶段回归并报告第一阶段回归结果，就工具变量的系数符号是否符合预期，系数大小是否合理以及系数是否显著等进行讨论。第一阶段回归后还应该通过偏$R^2$和偏$F$统计量判断所选用工具变量是否为弱工具变量（即与解释变量的相关性较弱）。与此同时，第一阶段回归的$R^2$也限制了可以接受的工具变量非外生性程度。因此第一阶段回归结束后，如果工具变量与解释变量相关性较弱，必须能够证明工具变量具有足够强的外生性，才能说明研究中采用的工具变量法是优于OLS的。

（5）第一阶段回归中的相关问题论述清楚之后，可以进入第二阶段回归。如果第一阶段回归发现工具变量和解释变量的相关性较弱，第二阶段回归中除关注回归系数的符号和显著性以外，还应关注回归系数的大小，如果回归系数过大或过小，也说明采用工具变量回归代替OLS是不可靠的。如果有多个可能的工具变量，需要进行过度识别检验来选取合适的工具变量。同时，还应该将OLS回归的结果与采用工具变量法的回归结果进行比较，此时可用Hausman检验来检测工具变量法回归和OLS回归的结果是否具有显著差异。如果在分析研究结果的过程中对上述问题都进行了充分考虑与论证，且内生性假设成立，OLS和工具变量回归的结果差别很大，此时应更相信工具变量法的估计结果。如果OLS和工具变量的估计结果相似，差别不显著，此时不能用工具变量法有效替代OLS。

工具变量的原理最早由菲利普·莱特（Philip Wright）在20世纪20年代末提出（Stock et al., 2003），这里仅作扼要介绍和基本的模型推演。我们先给出一个典型的线性回归模型：

$$y = \beta_0 + \beta_1 x_1 + \beta X + \varepsilon \tag{4-1}$$

这里$y$为因变量，也即"果"；$x_1$为自变量，或者解释变量，也即"因"。大写的$X$为外生控制项向量（也即一组假定为外生的其他控制变量，如年龄、性别等），$\varepsilon$则为误差项。如果$\varepsilon$与$x_1$不相关，那么我们可以利用OLS模型对方程进行无偏估计。然而，如果一个重要变量$x_2$被式（4-1）遗漏了，且$x_1$和$x_2$也相关，那么对$x_1$的OLS估计值就必然是有偏的。此时，$x_1$被称作"内生"的解释变量，这也就是著名的"内生性"问题。

要解决这一内生性问题，我们需要引入更多信息来进行无偏估计。工具变量的方法就是引入一个外生变量$Z$，且$Z$必须满足以下两个条件：与$\varepsilon$不相关，但与$x_1$相关。或者说，$Z$仅仅通过影响$x_1$来影响$y$。这样，根据工具变量的必备条件，我们可以得到：

$$\text{Cov}(Z, x_1) \neq 0; \text{Cov}(Z, \varepsilon) = 0 \tag{4-2}$$

由式（4-1）我们可以推导出：

$$\text{Cov}(Z, y) = \beta_1 \text{Cov}(Z, x_1) + \beta \text{Cov}(Z, X) + \text{Cov}(Z, \varepsilon) \tag{4-3}$$

再根据式（4-2）和 $X$ 是外生向量的假设，我们得到 $\text{Cov}(Z, y) = \beta_1 \text{Cov}(Z, x_1)$，也即：

$$\beta_1 = \text{Cov}(Z, y) / \text{Cov}(Z, x_1) \tag{4-4}$$

故此，我们可以对 $\beta_1$ 进行无偏估计：

$$\hat{\beta}_1 = \frac{\sum_{i=1}^{n}(Z_i - \bar{Z})(y_i - \bar{y})}{\sum_{i=1}^{n}(Z_i - \bar{Z})(x_{1i} - \bar{x}_1)} \tag{4-5}$$

式（4-5）里的 $\hat{\beta}_1$，也就是工具变量估计量。

如果用上述公式还不能直观清晰地表达工具变量的原理，那么我们可以用如图 4-1 所示的示意图来做一简要说明，模型的范围用虚线框来表示。工具变量 $Z$ 处于模型之外（也即在虚线框之外），因此是完全外生的。此时，工具变量 $Z$ 只能通过影响自变量 $x_1$ 而间接影响因变量 $y$。如果工具变量 $Z$ 和自变量 $x_1$ 密切相关，那么，只要工具变量 $Z$ 有了增量变化，就必然会对自变量 $x_1$ 产生一个来自模型之外的冲击。如果自变量 $x_1$ 和因变量 $y$ 之间真的存在因果关系，那么 $Z$ 对 $x_1$ 带来的冲击也就势必传递到 $y$。这样，在一系列的假说之下，只要 $Z$ 对 $y$ 的间接冲击能够被统计证明是显著的，我们就可以推断出 $x_1$ 对 $y$ 必然有因果关系。利用对 $Z$ 与 $x_1$ 相关的估算以及 $Z$ 与 $y$ 的间接相关的估算，理论上我们就可以推导出 $x_1$ 和 $y$ 之间真实关系的大小。图 4-1 非常清晰地展示了工具变量的原理，利用来自模型之外的外生差异进行无偏估计。

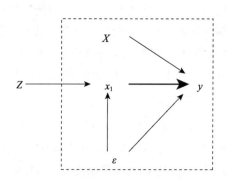

图 4-1　工具变量的基本原理

较为常见的工具变量估算方法是两阶段最小二乘法（two-stage-least-squares，2SLS）。在回归的第一阶段，内生的因变量 $x_1$ 放在模型左侧，而右侧则为原模型中全部 $X$ 以及工具变量 $Z$。然后对每一个 $x_1$ 进行预测赋值。在第二阶段，模型左侧是因变量 $y$，右侧则为 $X$ 和 $x_1$ 的第一阶段预测值。工具变量估计量肯定是一致的。不过其估计方差也比相应的 OLS 估计方差要大。工具变量 $Z$ 和自变量 $x_1$ 之间的关系越紧密，则估计方差越小。

同时要注意的是，假设我们有 $n$ 个内生解释变量，引入了 $m$ 个工具变量，$n$ 和 $m$ 的关系是什么？

当 $n = m$ 时，属于恰好识别；当 $n < m$ 时，属于过度识别；当 $n > m$ 时，属于不可识别。只有恰好识别和过度识别才能用 IV 方法估计。

## 4.2 工具变量的选择

扩展阅读 4.1 工具变量法选择的思路

第一，IV 应该尽量是外生的（如历史/自然/气候/地理之类），它应该在理论上对被解释变量（以下称 $Y$）没有直接影响，但应该通过影响被工具的变量（以下称 $X$）而间接影响被解释变量 $Y$。

第二，如果上述理论逻辑讲得通，将内生变量 $X$ 作为被解释变量，IV 和其他变量（$X_2$）作为解释变量，看 IV 是否显著，理论上 IV 应该显著。如果选了多个 IV，就用 $F$ 检验看其是否都不显著。同时，如果在多个 IV 中，有一个是确定为外生的，那么，可以用 Sargan test of overidentifying restrictions 来检验其他的 IV 是不是确实是外生的。

第三，如果上述都没有问题，做一下 IV 回归。完成后，用 Hausman 检验，这个检验的原假说是 IV 回归与原回归（不用 IV 的回归）的变量的系数并没有显著的不同。看一下 $P$ 值，如果 $P$ 小于 0.1，或者 0.05，那么，说明 IV 回归与原来的回归显著不同，原来的方程的确有内生性问题导致的估计偏误。反之，如果 $P$ 很高，超过 0.1，或 0.05，那说明 IV 回归与原来的回归没有显著不同，无法拒绝原来的回归没有显著的内生问题导致的估计偏误的原假设。

第四，如果选择的 IV 本身就影响 $Y$，那它就不能被作为 IV。例如，$Y$ 在左边，右边是 $X$（被工具的）、$X_2$、IV。当 IV 被放在方程右边时，它最好是不显著影响 $Y$ 的。Acemoglu（2001）检验了他们的 IV 是否直接影响被解释变量，结果说明不直接影响，于是这个 IV 是好的。当然，一个好的 IV 在前面的回归中也可能是显著的（如果理论和逻辑上 IV 是通过被工具的内生解释变量间接影响被解释变量的话，一般来说应该是被工具的内生解释变量使得 IV 不显著，或者由于二者相关性很高，二者都不显著），但判断的标准还只是 $t$ 值。这个变量显著可能是因为它影响了其他显著的变量（如被工具的变量），如果是这样，当包括了 IV 在原方程中以后，其他变量（特别需要注意的是被工具的变量 $X$）的系数可能发生明显变化。

## 4.3 工具变量的检验

是否适宜使用工具变量法以及选取的工具变量是否恰当需要通过一系列的检验。

### 4.3.1 OLS 还是 IV？

以上我们讲的是方程中的解释变量为内生变量，也就是发生了内生性，但是如何检验方程中的解释变量包含内生变量呢？因为如果方程中不包含内生变量，那么我们可以认为 OLS 估计是最好的，也就不需要在使用工具变量 IV 估计了。

Hausman 检验的一个假设就是，若解释变量具有内生性，则两种方法的估计量并不相同。通俗来说，就是 Hausman 检验是通过对内生解释变量与随机误差项相关的检验，来帮助我们判断一个变量是否为内生变量，原假设为 $Cov(X, u_i) = 0$，意思是若 $X$ 为外生变量，若是拒绝原假设，则说明内生性问题的存在，可以使用工具变量法。

### 4.3.2 工具变量有效性的检验

工具变量相关性越强，也就是工具变量能解释越多的 $X$ 变动，则 IV 回归中能用的信息就越多，因此利用相关性更强的工具变量得到的估计量也更精确。因此，工具变量的有效性问题的关键在于工具变量与内生解释变量必须相关。对于相关性的检验主要看是否存在弱工具变量的问题，所谓弱工具变量即虽然满足 $Cov(Z_i, X_i) \neq 0$ 但是也出现 $Cov(Z_i, X_i) \approx 0$ 这种弱工具变量几乎不能解释 $X$ 变动的问题。相关性问题则集中于弱工具变量的检验，弱工具变量检验的方法如下。

①偏 $R^2$（Shea's partial $R^2$）。在第一阶段回归中，在控制外生变量影响的前提下，看其他变量对某内生变量的解释力，或者说，在第一阶段回归中，剔除掉外生变量的影响。②最小特征值统计量 F：经验上 F 应该大于 10。③Cragg-Donald Wald F 统计量，应显著拒绝原假设才说明不存在弱工具变量的问题。④Kleibergen-Paap Wald rk F 统计量应显著拒绝原假设，与上述相同。

如果存在弱工具变量该怎么办？如果有很多工具变量，有部分强工具变量和部分弱工具变量，可以舍弃较弱的工具变量而选用相关性较强的工具变量子集。如果系数是恰好识别的，则不能略去弱工具变量。在这种情况下，有两个选择：第一个选择是寻找其他较强的工具变量。第二个选择是利用弱工具变量继续进行实证分析，但采用的方法不再是 TSLS，而是对弱工具变量不太敏感的有限信息极大似然法（LIML）。在大样本下，LIML 与 2SLS 是渐近等价的，但在存在弱工具变量的情况下，LIML 的小样本性质可能优于 2SLS。

### 4.3.3 工具变量外生性的检验

刚才我们提到，只有恰好识别和过度识别才能用 IV 方法估计。一个很重要的命题是：只有过度识别情况下才能检验工具变量的外生性，而恰好识别情况下无法检验。

如果存在 $m$ 个内生解释变量，那么每一个内生解释变量都需要至少一个工具变量。如果我们确定模型中的一些解释变量是内生的，那么我们可以选择 $k$ 个工具变量，$k > m$。但实践中我们可能并不确定模型中哪些解释变量是内生的。这种不确定性使我们经常错误地选择过多的工具变量，即部分工具变量不恰当。

对于 $m$ 个内生解释变量，如果工具变量的个数大于 $m$，则存在过度识别约束（overidentifying restriction）。过度识别约束的个数为=（工具变量的个数－内生解释变量的个数）。如果存在 $m$ 个工具变量，则不存在过度识别约束的问题；如果存在（$m+q$）个工具变量，则存在 $q$ 个过度识别约束。过度识别约束检验就是检验这 $q$ 个过度识别约束是否成立，或者说（$m+q$）个工具变量是否合适。检验的核心即是这些工具变量是否与 $u$ 相关，如果这些工具变量与 $u$ 相关，则过度识别约束无效，否则过度识别约束有效。

工具变量的两个基本条件中，第一个条件（即 $z$ 与 $x$ 相关）可以比较容易地通过 $x$ 对 $z$ 回归方程的 $F$ 检验来完成，即前述的有效性检验。而第二个条件也是至关重要的，如何检验第二个条件是否成立呢？如果内生解释变量（设为 $x$）只有一个工具变量（设为 $z$），对第一个条件（即 $z$ 与 $u$ 不相关）的检验则无法实现。但如果存在多个工具变量，则可以通过以下统计量进行判断：Sargan 统计量、J 统计量和 C 统计量等。

工具变量法检验方法整理如表 4-1 所示。

表 4-1　工具变量法检验方法整理

| 检验方法 | 检验目的 | 检验统计量 |
| --- | --- | --- |
| 偏 $R^2$（Shea's partial $R^2$） | 弱工具变量检验 | 查看其他变量对内生变量的解释力 |
| 最小特征值统计量 $F$ | 弱工具变量检验 | 经验上 $F$ 应大于 10 |
| Cragg-Donald Wald $F$ 统计量 | 弱工具变量检验 | 拒绝原假设说明不存在弱工具变量的问题 |
| Kleibergen-Paap Wald rk $F$ 统计量 | 弱工具变量检验 | 拒绝原假设说明不存在弱工具变量的问题 |
| Sargan 统计量 | 工具变量外生性检验 | 检验工具变量与误差项的相关性 |
| J 统计量 | 工具变量外生性检验 | 检验工具变量与误差项的相关性 |
| C 统计量 | 工具变量外生性检验 | 检验工具变量与误差项的相关性 |

## 4.4　应用举例及代码实现

### 4.4.1　实证会计经典文献的工具变量

在实证会计经典文献中，常见的工具变量包括但不限于以下几种。

（1）自然实验变量。这是一种利用自然界或制度上的变动来作为工具变量的方法。例如，某些法律、政策或其他制度的改变可以被视为自然实验变量，用于评估特定会计变量与其他经济变量之间的因果关系。

（2）经济历史事件。历史事件也可以被用作工具变量。例如，某个行业的突发事件、自然灾害、金融危机等都可以作为工具变量，以分析其对会计变量的影响。

（3）公司治理相关指标。一些已知和与感兴趣的变量相关的指标也可以被用作工具变量。例如，研究人员可能使用一个与公司治理相关的指标，如董事会规模、独立董事比例等，作为工具变量来评估会计信息的质量。

扩展阅读 4.2　工具变量法的缺点

（4）地理距离。将两个相关联的指标之间的空间距离作为工具。例如，可以使用两个城市之间的距离来代表这两个城市之间的财务联系紧密度，以供公司报告缺口的影响。

（5）滞后变量。使用内生变量的滞后期作为工具变量。

（6）地形变量。研究人员可以使用地形特征作为工具变量来评估地理位置对公司财务绩效和会计信息的影响。例如，可以使用某个地区的海拔高度、山脉数量或地形起伏度等变量作为工具变量，以研究地形对公司盈利能力、投资决策等方面的影响。

（7）气候变量。研究人员也可以使用气候相关的变量作为工具变量，以评估气候因素对会计信息和财务决策的影响。例如，可以使用降水量、温度、季节性变化等气候指标作为工具变量，研究其对公司生产活动、销售收入等方面的影响。

（8）解释变量行业和年份均值等。部分利用行业（年份、省份）均值，或者是扣除自身公司的行业（年份、省份）均值来作为工具变量。

我们需要根据具体研究问题和数据可用性来选择合适的工具变量。合理使用工具变量可以帮助解决内生性问题，并提高实证研究的可靠性和有效性。在选择工具变量时，研究人员应该考虑其合理性、相关性和外生性，并结合适当的统计方法进行分析。

### 4.4.2 工具变量法代码实现

```
*===========================================================================
*                              工具变量法
*===========================================================================
    **计算同行业同年度内其他公司（剔除本身）的均值，这是一种比较粗糙的工具变量选取，但是也在较多的论文中得以应用
    //方法一：分步计算
    *计算年度行业内所有公司X总和
    bys Industry year: egen sumx=sum(X)
    *计算年度行业内所有公司数据量
    bys Industry year: egen numx=count(X)
    *用年度行业所有公司X总和减去公司本身的数值再除以公司数量，即可得所要的结果
    gen IV1=(sumx-X)/(numx-1)
    //方法二：使用rangestat命令计算
    * 使用rangestat的excludeself选项来求均值，可以剔除公司自身
    rangestat (mean) IV2=X, by(Industry) interval(year 0 0) excludeself
    //方法三：使用asrol命令计算
    *使用asrol的xf(focal)选项可以剔除公司自身
    bys Industry year: asrol X, gen(IV3) stat(mean) xf(focal)

    **IV还是OLS（Hausman检验）
      reg y x1 x2
      estimates store ols
```

```
ivregress 2sls y x1 (x2=z1, z2)
estimates store iv
hausman iv ols,constant sigmamore   //如果 Hausman 统计量的值显著大于临界
```
值（根据显著性水平确定），则可以拒绝原假设，即存在内生性问题

**\*\*工具变量法回归**
```
ivregress 2sls y x1 (x2=z1, z2),r first
```
\*若怀疑存在自相关或异方差可使用更有效的 GMM 估计（过度识别时使用，如果是非过度识别等价于 2SLS）
```
ivregress gmm y x1 (x2=z1, z2)
```
\*当样本较小且工具变量较弱时，使用有限信息最大似然估计
```
ivregress liml y x1 (x2=z1, z2)
```

**\*\*工具变量法检验**
//相关性检验
\*弱工具变量检验一：Shea's partial R2 和最小特征值统计量 F
```
estat firststage ,all forcenonrobust
```
\*estatfirststage：该命令用于获取工具变量回归中第一阶段回归结果的统计摘要。第一阶段回归是指将工具变量与内生解释变量进行回归，得到工具变量的预测值（即第一阶段预测值），然后将这些预测值作为解释变量代入原始回归模型中

\*all：该选项用于显示所有的第一阶段回归结果，包括估计系数、标准误、t 统计量、p 值等。

\*force nonrobust：该选项用于强制报告非鲁棒（non-robust）的标准误和 t 统计量。在工具变量回归中，由于存在内生性问题，通常会使用异方差稳健标准误（heteroscedasticity-robust standard errors）来进行推断。然而，使用 force nonrobust 选项可以报告普通标准误，以便比较不同标准误所得到的估计结果。all forcenonrobust 可以根据需要予以删除

\*弱工具变量检验二：Cragg-Donald Wald F 统计量和 Kleibergen-Paap Wald rk F 统计量

\*ivreg2 命令会直接报告 Cragg-Donald Wald F 统计量和 Kleibergen-Paap Wald rk F 统计量，当两个 F 统计量大于 Stock-Yogo weak ID test critical values 中 10%偏误的临界值时，可以拒绝原假设，认为不存在弱工具变量问题
```
ivreg2  y x1 (x2=z1, z2),r first
```

//外生性检验
\*检验是否过度识别
```
estat overid
```
\*在恰好识别的情况下，即工具变量数=内生变量数，此时公认无法检验工具变量的外生性，即工具变量与扰动项不相关。这种情况下只能进行定性讨论或依赖于专家的意见。在过度识别的情况下，可以进行"过度识别检验"。可以通过以下统计量进行判断：Sargan 统计量、Hensen J 统计量、C 统计量等

\*在使用 ivreg2 命令进行工具变量回归时，默认提供 Sargan 统计量，而在命令后加入 robust、bw、cluster 等选项时，Stata 默认提供 Hansen J 统计量。若要报告 C 统计量，

只须在命令后加入 orthog(varlist_ex) 选项,其中 varlist_ex 为需要检验外生性的变量

```
*-Sargan 检验
  use http://fmwww.bc.edu/ec-p/data/hayashi/griliches76.dta
  ivreg2 lw s expr tenure rns smsa i.year (iq=med kww age mrt)
*-Hansen J 检验
  ivreg2 lw s expr tenure rns smsa i.year (iq=med kww age mrt), robust
*-C 统计量
  ivreg2 lw s expr tenure rns smsa i.year (iq=med kww age mrt), orthog(s)

//冗余检验
  ivreg2 y x1 (x2= z1 z2), r redundant(varlist)    //异方差稳健标准误、冗余检验
  xtivreg2 y x1 (x2= z1 z2), fe r redundant(varlist)   //异方差稳健标准误、冗余检验、固定效应+2SLS
```

## 4.4.3 工具变量法权威期刊应用举例

下面引用来自 JFE 期刊的论文 *Does customer-base structure influence managerial risk-taking incentives*？来介绍工具变量法的应用。该研究的主要结论为：当一家公司的客户基础更加集中时，该公司的首席执行官（CEO）在薪酬方案中获得更多的冒险激励。此外，当 CEO 不愿意承担风险、公司拥有更多投资机会、公司更容易承受失去大客户的成本时，客户集中度对 CEO 冒险激励规定的正向影响更为突出。

文章认为，客户集中度与 CEO 冒险激励的正向关系可能会受到几个内生性问题的影响。第一，由于在某种程度上，薪酬凸性被认为会加剧股东和其他关键利益相关者之间的利益冲突（Kuang et al., 2013），所以客户可能会在签订合同之前评估供应商的薪酬方案，主要客户可能会避开具有高 CEO 冒险激励的供应商，使这些供应商难以发展重要的贸易关系。这种由客户驱动的潜在选择会使客户集中度和 CEO 冒险激励之间的正向关系被低估，这是存在逆向因果的内生性问题。第二，有一些未观察到的公司特征会影响客户基础结构和管理者风险激励。例如，具有包容性利益相关者战略的公司可能对主要客户更有吸引力，然而，这些公司可能对提供凸性回报更谨慎（Leung et al., 2019）。另外，在竞争更激烈的商业环境中运营的公司会提供更多的风险激励（Karuna, 2007），这样的公司在维持主要客户关系方面也面临更大的挑战，因此也存在遗漏变量的内生性问题。在这两种情况下，客户集中度和 CEO 冒险激励之间都可能存在虚假的负相关关系，可能会使客户集中度的正向系数估计趋近于零。

为了缓解内生性问题，文章构建了两个工具变量。第一，Customer industry M&A，利用了客户行业并购活动强度（下游并购）的变化，因为客户与同一行业的其他公司合并，会导致更强的联合买家地位，反过来会导致供应商更集中的客户基础（Fee et al., 2004）。

第二，Customer regulation index，利用了客户行业总体监管导致的外生变化，因为日益严格的监管引入了行业壁垒，限制了实际和潜在竞争对手的进入，这些障碍对现有公司是有利的，并可能最终将市场力量转移到少数规模可观的公司，增加客户基础的集中度。

这两个工具变量都可能导致客户集中度的变化，从而满足工具变量方法的相关条件（相关性）。此外，除了对公司客户基础结构的影响之外，很少有证据表明这些工具可以直接影响供应商的首席执行官（CEO）薪酬方案（外生性）。因此，这些工具合理地满足了工具变量方法的排除限制。我们再次发现（工具化的）客户关注对 CEO 冒险激励有积极而显著的影响（见表 4-2）。

表 4-2　工具变量法回归结果

| | 第一阶段回归 | | | | | |
| --- | --- | --- | --- | --- | --- | --- |
| | Dependent variable | | | | | |
| | （1） | （2） | （3） | （4） | （5） | （6） |
| Customer industry M&A | 12.902*** | 10.245*** | | | 9.780*** | 6.877*** |
| | （7.28） | （8.31） | | | （4.57） | （5.72） |
| Customer regulation index | | | 0.009*** | 0.011*** | 0.006** | 0.007*** |
| | | | （4.87） | （720） | （2.31） | （537） |
| All controls | Yes | Yes | Yes | Yes | Yes | Yes |
| Industry-Year FE | Yes | Yes | Yes | Yes | Yes | Yes |
| $N$ | 4157 | 4157 | 3653 | 3653 | 2917 | 2917 |
| F-statistic | 53.06 | 68.98 | 23.70 | 51.89 | 23.41 | 37.28 |
| Hansen's J test p-value | | | | | 0.753 | 0.160 |
| | 第二阶段回归 | | | | | |
| | Dependent variable: Ln（1 + Vega） | | | | | |
| | （1） | （2） | （3） | （4） | （5） | （6） |
| Major customer sales | 2.277*** | | 2.898** | | 2.753*** | |
| | （2.87） | | （2.51） | | （3.50） | |
| Customer HHI | | 2.868*** | | 2.582** | | 2.784*** |
| | | （2.84） | | （2.50） | | （321） |
| All controls | Yes | Yes | Yes | Yes | Yes | Yes |
| Industry-Year FE | Yes | Yes | Yes | Yes | Yes | Yes |
| $N$ | 4157 | 4157 | 3653 | 3653 | 2917 | 2917 |
| Adjusted $R^2$ | 0.342 | 0.343 | 0.351 | 0.336 | 0.372 | 0.352 |
| Hausman test p-value | 0.013 | 0.007 | 0.018 | 0.082 | 0.081 | 0.066 |

注：括号内为 $t$ 统计量；***、**分别表示在 1%、5%的水平下显著。

第一阶段回归的结果：因变量是客户集中度变量，解释变量包括上述工具和基线模型中的同一组控制。回归（1）和回归（2）使用客户行业并购作为工具，回归（3）和回归（4）使用客户监管指数，回归（5）和回归（6）使用两种工具。结果表明，供应商的客户集中度与客户行业的并购强度以及客户行业的监管指数呈显著正相关关系。报告的 $F$ 统计量对于所有 6 种回归也都很大,这表明工具变量都不弱。最后,Hansen(1982)的 J 过度识别检验的 $p$ 值很大,这表明不能否定工具有效的零假设。

第二阶段回归的结果:解释变量是第一阶段回归中客户集中度变量的预测值。在所有 6 个回归中,解释变量的系数估计均为正且显著,证实了客户集中度对供应商 CEO 冒险激励的正向影响。工具变量方法的结果进一步支持了前文的发现。

1. 请读者简要谈一谈对工具变量法的理解。
2. 弱工具变量检验的方法通常有哪些?请简要概述。
3. 工具变量法的选择需要满足什么条件?

自学自测　扫描此码

# 第5章 样本选择模型

【教学要求】

通过本章教学,学生可以了解Heckman模型以及处理效应模型基本原理,并比较样本选择模型和处理效应模型的估计思路的异同点。对比分析这两个模型,有助于同学在会计实证分析中"对症下药",掌握Heckman模型以及处理效应模型在实证论文中的应用。

【教学重点】

Heckman模型基本原理;处理效应模型基本原理。

【教学难点】

样本选择偏差与自选择偏差;样本选择模型和处理效应模型的估计思路的异同点。

【思政元素】

科学精神、批判性思维和社会责任意识。

## 5.1 Heckman模型

### 5.1.1 样本选择偏差与自选择偏差

样本选择性偏差和自选择偏差都属于选择偏差(selection bias),只是侧重的角度不同:一个侧重的是样本的选择不随机,另一个侧重的是变量的选择不随机。但都表明一个观点:非随机化实验将导致内生性。

扩展阅读5.1 样本选择偏差和自选择偏差在会计实证研究中的经典应用例子

(1)样本选择偏差。样本选择偏差的非随机选择机制在于对样本的选择不随机。在样本数据的采集过程中,只对某部分群体进行调查,但这部分群体与其他群体在某些方面的特征差异较大,因此,根据这样的样本做回归得到的普适性结论并不可信。体现在具体的数据集中就是,数据集中只有特定群体的样本,或者,虽然有全部群体的所有解释变量数据,但除特定群体之外的其他群体的被解释变量数据缺失,在这两种情况下进行的回归,都将直接忽视其他群体的样本信息($y$缺失的样本在参与回归时将被剔除)。实质上,样本选择偏差说的就是参与回归的样本不能代表总体从而产生估计偏误的问题。

(2)自选择偏差。自选择偏差的非随机选择机制在于对自变量的选择不随机。在使用DID方法评估政策效应时,一个明显的事实就是,相对于未实施政策的地区(控制组),实施政策的地区（处理组）通常情况下经济发展都较为发达、各类基础设施建设都较为完善，而所谓的"政策效果评估"也即考察政策的经济效应，因此，地区是否参与政策这一行为是内生的。体现在回归方程中就是，经济指标（如 GDP、人均 GDP、GDP 增长率等）作为被解释变量 $y$，地区（在某时点）是否实施该项政策的哑元变量 $D$ 作为核心解释变量，但由于政策内生，因此某些影响地区是否参与决策 $D$ 的（可观测或不可观测）因素也将同时影响经济指标 $y$。由于这些因素或者无法穷尽，或者影响形式未知，或者不可测度，因此被放到随机扰动项中，造成解释变量 $D$ 与扰动项 $\varepsilon$ 相关，即 $Cov(D, \varepsilon) \neq 0$。实际上，自选择偏差说的就是实验组与控制组的先验条件存在较大差异从而导致估计偏误的问题。

（3）二者的区别。非随机选择机制的不同是二者最大的区别，体现在具体回归方程中就是，样本选择偏差中被解释变量 $y$ 是否被观测到或是否取值（而非取值大小）是非随机的；而自选择偏差中哑元解释变量 $D$ 的取值是非随机的。样本选择问题通常不考虑某项目或政策的效应，故个体间的差异并不在于是否得到处理，而在于是否能进入样本（即被解释变量 $y_i$ 是否可观测），通常 $D_i=1$ 意味着 $y_i$ 可观测，而 $D_i=0$ 则意味着 $y_i$ 不可观测。而在处理效应模型中，无论 $D_i=1$ 或 0，结果变量 $y_i$ 均可观测。这种说法基本概括了二者的区别，但有一个小问题，在样本选择偏差中，$D_i$ 的取值与 $y_i$ 是否可观测并不存在必然的关系，因为 $D_i$ 是一个确定并可准确测度的因素，而影响 $y_i$ 是否可观测的却是一个不可观测的潜变量，这个潜变量由一系列控制变量与外生变量决定。

### 5.1.2　Heckman 模型基本原理

对于样本选择偏差导致的估计偏误，将使用样本选择模型（sample selection model）来缓解。样本选择偏差与样本选择模型（或称 Heckman 两步估计法、Heckit）由诺贝尔经济学奖获得者 Heckman 教授于 1979 年提出。

本质上，样本选择偏差其实是一个因遗漏变量而导致内生性的特例。回归方程中被遗漏的变量称为逆米尔斯比率（inverse mill's ratio，IMR 或 $\lambda$），也被称为风险函数（hazard function），计算公式为

扩展阅读 5.2　Heckman 模型 all-in-one 和 step-by-step 的联系和区别

$$\mathrm{IMR}_i (或 \lambda_i) = \frac{\phi(\hat{y}_i)}{\Phi(\hat{y}_i)} \tag{5-1}$$

其中，$\hat{y}_i$ 为第 $i$ 个样本在第一步回归（选择方程）的拟合值；$\phi(\cdot)$ 为标准正态的概率密度函数（probability density function, PDF）；$\Phi(\cdot)$ 为累积分布函数（cumulative distribution function, CDF）。

因此，样本选择模型的估计思路是：第一，计算全部样本的 IMR；第二，将遗漏变量 IMR 代入原回归方程中。具体步骤如下。

（1）用 probit 方法估计选择方程，其中原回归方程的被解释变量 $y$ 是否被观测到或是

否取值的虚拟变量 y_dummy 作为 probit 的被解释变量，解释变量包括原回归方程所有解释变量和至少一个外生变量，该外生变量只影响 $y$ 是否取值，而不影响 $y$ 的大小，即满足相关性和外生性的要求（但不是工具变量）。估计出所有变量的系数后，将样本数据代入 probit 模型中，计算出拟合值 $\hat{y}$，再将 $\hat{y}$ 代入风险函数［式（5-1）］中计算出 IMR。这里有四点需要注意：第一，选择方程的被解释变量是原回归方程中被解释变量 $y$ 是否被观测到或是否取值的虚拟变量，即 y_dummy，当 $y$ 取值不为空（包括取值为 0）时，y_dummy 等于 1，只有当 y_dummy 取值为空（missing）时，y_dummy 才等于 0。关于这一点，现实应用中存在的问题是，即便我们十分清楚存在样本选择偏差，但由于前期数据搜集过程中直接忽视了 $y$ 取值为空的样本，因此无法采用样本选择模型，因为样本选择模型的第一步选择方程使用的是所有样本，包括 $y$ 取值为空的样本和取值不为空的样本。由于数据搜集过程存在问题，因此许多文献使用的所谓 Heckman 两步估计法实际上是一种"伪样本选择模型"，与 Heckman 提出的两步估计法完全不同，而且也不是下文将要介绍的处理效应模型。第二，选择方程的被解释变量只能是原回归方程中被解释变量 $y$ 是否被观测到或是否取值的虚拟变量，而不能是其他变量，更不能是解释变量是否取值的虚拟变量。如果第一步回归的被解释变量是原回归中解释变量是否取值的虚拟变量，那么该模型就不再是样本选择模型了，而变成了下文将要介绍的处理效应模型，关于这一点，实际应用中经常被弄混。第三，第一步选择方程的解释变量必须包括原回归中所有解释变量和至少一个外生变量，也就是说，原回归的解释变量是选择方程解释变量的真子集。如果只使用原回归中一部分的解释变量或不引入外生变量，那么就不能确保 IMR 与原回归的随机干扰项不相关，从而造成估计系数依然存在偏误。实际应用中，多数文献并未引入外生变量，部分文献甚至没有汇报第一步选择方程中的解释变量，这样的做法不推荐。此外，论文中如果引入了外生变量，就需要对相关性与外生性进行具体说明，其中相关性不能只从外生变量的回归系数显著这一个方面进行说明，还要从其他文献和理论上进行分析；外生性的说明与之类似。第四，第一步选择方程只能使用 probit 模型进行回归，不能使用 logit 模型。在选择方程中，假设扰动项服从正态分布，从而可以推导出将 IMR 代入原回归方程可以缓解样本选择偏差问题，因此，对于被解释变量为 0-1 型的虚拟变量，只能使用 probit 模型而不能使用 logit 模型，因为 logit 模型不具有扰动项服从正态分布的假设。但问题是，probit 假设时间效应和个体效应与扰动项不相关，即第一步选择方程中只能使用随机效应模型，不能使用更一般化的固定效应模型。实际应用中，多数文献在汇报第一阶段回归结果时，在末尾加上"时间固定效应-Yes""个体固定效应-Yes"等，这样的做法是有待商榷的，因为这根本就不是固定效应模型。

（2）将步骤（1）回归计算得到的 IMR 作为控制变量引入原回归方程中。如果 IMR 显著，说明原回归中存在样本选择偏差，需要使用样本选择模型进行缓解，而其余变量的回归系数则是缓解样本选择偏差后更为稳健的结果；如果 IMR 不显著，说明原回归存在的样本选择偏差问题不是很严重，不需要使用样本选择模型，当然，使用了也没关系，因为引入控制变量的回归结果可以与原回归结果比较，作为一种形式的稳健性检验。这里有两点需要注意：第一，两步估计法中第二步回归代入的是第一步回归的结果，因此第一步回归的估计误差也将被代入第二步，造成效率损失，最终导致第二步估计系数的标准误存在偏差，影响 $p$ 值进而影响系数显著性。解决方法有两种：一是对第二步回归的标准误进行校正处理，但标准误的校正方法相对复杂，因此现阶段采用这种解决方案的文献几乎没有；二是使用极大似然估计（maximum likelihood estimate，MLE），直接对两阶段回归进行整体估计，这种方法在实际应用中使用较多，但问题在于如果样本量太大，计算会非常耗时。因此，考虑到操作的简便性、理解的直观性以及对分布的假设更为宽松，目前国内流行使用的还是两步估计法。第二，第二步回归使用的样本数目少于第一步。假设所有的解释变量（包括第一步的外生变量）都没有缺失值，仅被解释变量 $y$ 存在缺失值，那么第一步回归中使用的样本数目是全样本，因为第一步选择方程的被解释变量 y_dummy 设置为当 $y$ 取值不为空（包括 $y$ 取值为 0）时 y_dummy 等于 1，$y$ 取值为空时 y_dummy 等于 0，故所有样本的 y_dummy 都有取值，因此都参与了第一步回归。而第二步回归中的被解释变量 $y$ 存在缺失值，存在缺失值的样本在参与回归时将直接被剔除。因此第二步回归使用的样本数目少于第一步，这也是样本选择模型一个最直观的特征，与下文介绍的处理效应模型形成比较。

## 5.2 处理效应模型

### 5.2.1 处理效应模型基本原理

对于自选择偏差导致的估计偏误，将使用处理效应模型（treatment effects model）来缓解，该模型由 Maddala（1983）提出。事实上，使用处理效应模型也只是一定程度上缓解自选择偏差问题。决定个体是否参与实验的因素可以分为两种。

一种是可观测因素，如果个体参与实验的决策依赖于可观测因素，就说明该个体的决策依可测变量选择。

扩展阅读 5.3 Maddala（1983）处理效应模型的诞生故事

另一种是不可观测因素，如果个体参与实验的决策依赖于不可观测因素，就说明该个体的决策依不可测变量选择。

相应地，解决自选择偏差问题的方法也大致可以分为两类。

一是解决依可测变量选择问题的方法如 PSM，通过控制处理组与控制组协变量的取值大致相等，从而达到变量选择近似随机的目的。

二是解决依不可测变量选择问题的方法，包括 PSM-DID 方法、断点回归方法（RDD）以及这里的处理效应模型等。需要注意的是，单纯的 PSM 只能解决依可测变量选择的内生问题，而将 PSM 和 DID 结合（即 PSM-DID）就可以缓解一部分由不可观测因素带来的自选择偏差问题。

处理效应模型的构建基于 Heckman 两步法的思想，但与 Heckman 两步估计法或者样本选择模型有着本质上的区别，最明显的区别在于，样本选择模型第一阶段回归的被解释变量是第二阶段被解释变量 $y$ 是否取值的虚拟变量 y_dummy，并且 y_dummy 不参与第二阶段回归；而处理效应模型第一阶段回归的被解释变量是第二阶段的核心解释变量 $D$，并且 $D$ 的取值为 0 或 1，不存在缺失值。

同样，自选择偏差本质上也是一个因遗漏变量而导致的内生性问题，被遗漏的变量也是 IMR，但其计算公式与样本选择偏差存在区别。具体而言，存在自选择偏差的回归方程中被遗漏的 IMR 计算公式为：

$$\mathrm{IMR}_i (或 \lambda_i) = \begin{cases} \dfrac{\phi(y_i)}{\Phi(y_i)}, & \text{if } D_i = 1 \\ \dfrac{-\phi(y_i)}{\Phi(-y_i)}, & \text{if } D_i = 0 \end{cases} \quad (5\text{-}2)$$

式（5-2）中各字母的解释同公式（5-1）。明显可以看到，式（5-1）说明在样本选择模型中，所有样本的 IMR 均用一个公式来计算；式（5-2）说明在处理效应模型中，$D$ 取值为 1 的样本与 $D$ 取值为 0 的样本的 IMR 计算公式不同，而且由于处理效应模型第二阶段回归中所有样本均参与了回归，因此，如果混用了计量模型将直接导致变量 IMR 的取值错误，进而影响第二步回归的估计结果。

同样，处理效应模型的估计思路是：先计算全部样本的 IMR，然后将遗漏变量 IMR 代入原回归方程中，具体步骤如下。

（1）使用 probit 模型估计选择方程，其中选择方程的被解释变量是第二步回归中的核心解释变量 $D$，该解释变量为虚拟变量且不存在缺失值；选择方程的解释变量包括由第二阶段回归中所有解释变量组成的控制变量集以及一个或多个外生变量组成的工具变量集 $Z$，这里之所以直接说 $Z$ 是工具变量，是因为要求 $Z$ 满足相关性与外生性，而相关性说的是 $Z$ 与原回归方程中的解释变量 $D$ 相关，而非样本选择模型中的要求外生变量与 y_dummy 相关。同样，回归模型只能使用 probit 方法，此外，也不能使用固定效应模型，在汇报时只能说是"个体效应-Yes"或"时间效应-Yes"。

需要注意的是，选择方程中的工具变量应尽量避免使用 $D$ 的滞后项 D_lag，原因在于如果是普通 DID，对于所有处理组来说政策实施时点都是一致的，那么在第一步回归中，D_lag 会因为多重共线性而被移除；如果是多期 DID，尽管政策实施时点不固定，但总共的实施时点必然不会过多，D_lag 同样也会因为多重共线性而被移除。而对于非 DID 的 $D$ 而言，滞后项 D_lag 则有可能作为一个良好的工具变量。

（2）将样本数据代入步骤（1）选择方程中，得到各个样本的拟合值 $\hat{y}$，再将 $\hat{y}$ 代入处理效应模型的风险函数［式（5-2）］中，计算得到各样本的 IMR，最后将 IMR 作为额外的控制变量引入原回归方程中，考察核心解释变量 $D$ 以及 IMR 的估计系数。如果 IMR 的估计系数显著，说明自选择偏差问题不可忽视，此时核心解释变量 $D$ 的系数就是考虑了自选择偏差后的估计结果，并可与基准回归结果对比构成稳健性检验；而如果 IMR 的估计系数不显著，则说明自选择偏差问题在原回归中不明显，基准回归结果本身就是可信的。

需要注意的是，核心解释变量 $D$ 在两步模型中均参与了回归，其中第一阶段回归中 $D$ 作为被解释变量，在第二阶段回归中作为解释变量，并且我们假设 $D$ 不存在缺失值，因此处理效应模型两步回归中的样本均是全样本，这不同于样本选择模型。

## 5.2.2 样本选择模型和处理效应模型估计思路的异同点

### 1. 样本选择模型与处理效应模型的相同点

第一，都是两步估计法。Heckman 于 1979 年提出的两步估计法最开始是用于解决样本选择偏差的，即最初的 Heckman 两步估计法指的就是样本选择模型，后来有学者借鉴这种两步估计法的思想，应用于解决自选择偏差的处理效应模型。这两个模型在估计思路上是一脉相承的，而正是因为这种相似性，才导致各个学者对这两个模型的错误理解与错误应用，这种错误在现阶段的文献中较为常见。

第二，都可以使用 MLE 进行模型的整体估计。两步估计法（如 2SLS、PSM-DID 以及这里的样本选择模型和处理效应模型等）一个明显的缺陷是，第一步估计的误差将被带入第二步，导致效率损失。而使用 MLE 从整体上进行参数估计可以避免这种问题，但如果样本量过大，MLE 估计耗时较长，且 MLE 对分布的假设较为严格，就需要在估计的精准性、操作的简便性等方面进行权衡。

第三，第一阶段回归需要引入外生变量，同时应包括第二阶段的所有外生解释变量。引入的外生变量需满足相关性和外生性的要求，即与选择方程中的被解释变量在理论上和统计上均具有相关性，而与第二步回归的被解释变量不具有直接的相关关系。引入外生变量的目的是确保第一步计算得到的 IMR 在引入原回归方程后不与干扰项相关。该外生变量在处理效应模型中可以直接称作工具变量。此外，如果核心解释变量 $D$ 是 DID 模型的 did 项，那么为了防止出现多重共线性，应该尽量避免使用 $D$ 的滞后项 D_lag 作为工具变量。事实上，如果找到了一个良好的工具变量，也完全能够使用 2SLS 解决内生性问题。此外，两个模型除了都需要在第一阶段引入至少一个外生变量，第一阶段回归中的其余控制变量也应该是第二阶段回归中所有的控制变量，即应该包括所有的外生解释变量，原因在于保证两阶段估计的一致性。然而，部分文献在第一阶段并未包括第二阶段所有的外生解释变量，少部分文献甚至根本不引入第二阶段的外生解释变量（例如，考虑滞后效应，直接引入第二阶段外生解释变量的滞后项），并且在 Stata 处理效应模型的官方命令 etregress 的 help 文件的演示案例中，第一阶段回归也并未包括所有的外生解释变量，原因可能在于 IMR 是一个非线性项，因此不包含所有外生解释变量引起的内生性问题可能并没有 2SLS 那么严重。

第四，第一步回归只能是 probit 模型。由于 logit 模型不具备扰动项服从正态分布的假设，如果使用 logit 模型估计选择方程，将直接导致 IMR 计算错误，因为 Heckman（1979）在推导 IMR 时，假设选择方程的随机扰动项服从正态分布。这与 PSM 不同，PSM 估计概率方程可以使用 logit 模型，也可以使用 probit 模型，并且实际使用中流行的是 logit 模型。

然而，选择方程使用 probit 模型进行估计有一个问题不可忽视，那就是 probit（包括 Stata 的 xtprobit）不能估计固定效应模型，因此，即便在回归方程中引入时间虚拟变量和个体虚拟变量，控制的也只是"时间效应"和"个体效应"，不能加入"固定"二字。

### 2. 样本选择模型与处理效应模型的不同点

第一，解决的问题不同。样本选择模型解决的是样本选择偏差导致的内生性问题，处理效应模型解决（或者"缓解"）的是依不可观测因素导致的自选择偏差问题。在实际应用中，部分文献在分析内生性问题时将样本选择偏差与自选择偏差混淆，从而使用的模型也是不恰当的。在数据搜集过程中，对被解释变量存在缺失值的样本，多数文献的做法是直接把这些样本剔除，因而即便文章中考虑到了样本选择偏差问题，我们也无法使用样本选择模型（或 Heckman 两步估计法）。事实上，囿于数据缺陷，大多数实证类论文都不具备实施 Heckman 两步估计法的条件。对于 DID 类的实证论文，对内生性的分析角度应该更多考虑从自选择偏差切入，而非样本选择偏差，因为各样本处理组虚拟变量 $D$ 的取值本身就提供了自选择偏差分析的条件，即 $D$ 取值为 1 的样本与 $D$ 取值为 0 的样本在某些方面是否存在明显的特征差异？或者，是否存在某些因素影响了各样本是否实施政策的决定，而这些因素在两组间又是否存在巨大差异？同时，这些因素是否在理论与统计意义上影响我们想研究的经济指标？在这样的分析之后，就可以使用处理效应模型来缓解因自选择偏差而导致的估计偏误。

第二，变量的设置不同。在样本选择模型第一阶段回归方程中，被解释变量是原方程中的被解释变量 $y$ 是否被观测到的虚拟变量 y_dummy，该变量不参与第二阶段回归，同时，第一阶段引入的外生变量直接影响的是 y_dummy。在处理效应模型第一阶段回归方程中，被解释变量是原方程的核心解释变量 $D$，$D$ 取值为 0 或 1，且不存在缺失值，该变量还同时参与了第二阶段回归，此外第一阶段引入的外生变量（或称工具变量）直接影响的是 $D$。

第三，各阶段样本参与回归的数目不同。假设除关键变量，其余变量都不存在缺失值，那么对于样本选择模型来说，第一阶段回归的解释变量均不存在缺失值，被解释变量 y_dummy 取值为 0 或 1，也不存在缺失值，因此选择方程中参与回归的样本是全样本，第二阶段由于被解释变量 $y$ 本身就存在缺失值，因此参与第二阶段回归的样本不是全样本，从而第一阶段的样本多于第二阶段。对于处理效应模型来说，所有变量均不存在缺失值，因此两阶段参与回归的样本是相同的，虽然在第一阶段引入滞后项 D_lag 作为工具变量的情况下会损失一部分样本，但由于计算出来的 IMR 同样也存在缺失值，从而第二阶段参与回归的样本也将与第一阶段相同。

第四，IMR 的计算公式不同。从式（5-1）和式（5-2）就可以看出，对于样本选择模型，各样本的 IMR 计算公式相同；对于处理效应模型来说，$D$ 取值为 1 的样本和 $D$ 取值为 0 的样本 IMR 计算公式并不相同，并且所有样本的 IMR 均参与了第二步回归。所以，如果混淆了样本选择模型和处理效应模型，将直接导致变量 IMR 的计算错误，反而进一步造成了估计偏误。

### 5.2.3 样本选择模型和处理效应模型在会计学领域中应用的问题

现有会计文献应用样本选择模型和处理效应模型经常出现以下问题。

第一，选择方程中没有引入排他性约束（Exclusion restrictions）变量，也即上文所说的外生解释变量或工具变量。就算引入了外生变量，也没有对外生变量的相关性和外生性进行详细说明。

第二，没有汇报第一阶段的回归结果，因而无法判断是否包含外生变量，更无法判断外生变量的引入是否有效。

第三，混淆样本选择偏差和自选择偏差。如前文所述，样本选择偏差和自选择偏差有着本质上的不同，最关键的不同在于非随机选择的机制是不同的。由于数据缺陷，多数文献出现的内生性问题其实并非由样本选择偏差所导致，就算怀疑存在样本选择偏差，也囿于数据而无法进一步实施样本选择模型的回归操作。而论文中常见的做法是，通篇说的样本选择偏差，但实际出现的问题在于处理变量 $D$ 的取值不随机，也即本质上是自选择偏差；或者，样本选择偏差与自选择偏差这两种说法混着用。这样的做法也确实给读者造成了困扰。笔者之前阅读过多篇论文，确实感觉不同论文这对方面的说明大相径庭。而正是由于对问题的界定不清晰，造成了对模型使用的偏误。

第四，混淆样本选择模型和处理效应模型。现阶段文献对样本选择模型和处理效应模型的实际操作主要有三种：Heckman、Etregress 和手工两步法，其中 Heckman 和手工两步法用得最多，Etregress 几乎没有使用。但是，正如前面所说的，样本选择模型由于数据缺陷在应用中不具有可操作性，Heckman 在多数文献中本意是解决自选择偏差，因此部分文献在 Heckman 选择方程中设置被解释变量为 $D$ 而非 y_dummy 就不足为奇了。但这样的做法是有问题的，除了模型使用的混淆，更重要的是，两种模型在前后两步中参与回归的样本数目是不同的，并且两种模型在计算 IMR 时使用的公式也不同，因此，模型混用可能反而进一步导致估计偏误。此外，无论是 Heckman 还是 Etregress，以及手工操作，两步估计法都不推荐使用，比较而言，MLE 得出的结果更稳健。

### 5.2.4 Heckman 模型和处理效应模型代码实现

```
*================================================================
*                         样本选择模型
*================================================================
     *****Heckman 模型*****
     **两步估计法
     heckman y x1 x2, select( x1 x2 z1) twostep mills(newname)
     *等价于
     heckman y x1 x2, select(y_dummy = x1 x2 z1) twostep
     *select( ) 表示写入选择方程，括号内的是选择方程的具体变量，有两种写法。twostep 表
示使用两步估计法，默认使用 MLE。mills( ) 表示生成各个样本的 IMR，并以 newname 作为变
```

量名。nshazard( )的作用与 mills( )相同。

*—— 第一种写法：直接写入控制变量（x1 和 x2）和外生变量 z1。此时严格要求原回归的被解释变量 y 存在缺失值，且缺失不能以 0 作为标记。

*—— 第二种写法：首先写入 y 是否被观测到的虚拟变量 y_dummy（y 存在缺失值的样本 y_dummy 标记为 0，不存在缺失值的样本标记为 1，且 y 取值为 0 不作为缺失值处理）作为选择方程的被解释变量，等号后面为控制变量和外生变量。若选择这种写法，则要求提前生成 y_dummy。

**最大似然估计（MLE）
heckman y x1 x2, select(y_dummy = x1 x2 z1) nolog
**robust/cluster SE
heckman y x1 x2, select(y_dummy = x1 x2 z1) nolog vce(cluster varname)
*nolog 表示在使用 MLE 时回归结果不显示迭代过程。
*vce( ) 表示使用稳健标准误，括号内填入 robust 表示使用异方差稳健标准误；填入 cluster varname 表示使用聚类稳健标准误，以变量 varname 作为聚类标准，根据经验法则，要求聚类数目大于 30。需要注意的是，vce( ) 不能在两步法中使用。

*stata 的命令（z 为 0-1 变量）：
heckman y x1-xn, two sel(z=w1-wm)
*等价于以下命令：
prob z w1-wm
predict gw, xb
g lambda=normalden(gw)/normal(gw) if z==1
reg y x1-xn lambda if z==1


*****处理效应模型*****
**两步估计法
etregress y x1 x2, treat(D = x1 x2 z1) twostep hazard(newname)
**最大似然估计（MLE）
etregress y x1 x2, treat(D = x1 x2 z1) nolog
**robust/cluster SE
etregress y x1 x2, treat(D = x1 x2 z1) nolog vce(cluster varname)

/*第一，选择方程的写法是 treat( )，而非 select( )。

第二，选择方程中的被解释变量是原方程中的核心解释变量 D，该解释变量取值为 0 或 1，且不存在缺失值。在 etregress 语法中，变量 D 不可省略。

第三，选择方程中的工具变量 z1 直接影响变量 D，而非样本选择模型中的 y_dummy。

第四，对于工具变量 z1 的选择，尽量避免使用 D 的滞后项 D_lag，如果确实找不到一个好的工具变量而选择使用 D_lag，也应该要确保面板结构中不同个体 D 取值为 1 的时点是交错的，这样才能避免产生多重共线性问题。
*/

```
*stata 的命令（z 为 0-1 变量）：
etregress y x1-xn, tr(z=w1-wm) two
*等价于以下命令：
prob z w1-wm
predict gw, xb
g lambda=normalden(gw)/normal(gw) if z==1
replace lambda=-normalden(gw)/normal(-gw) if z==0
reg y z x1-xn lambda
```

### 5.2.5 自选择模型权威期刊应用举例

以 2019 年发表在 JAE 上的论文 *Agency costs and tax planning when the government is a major Shareholder* 为例。文章调查了控股股东和避税行为之间的关系，企业所得税是国家收入的主要来源，而税收筹划是公司管理层工作的重要组成部分，因此预期政府作为主要控股股东的国有企业管理者会更倾向于做出对国家有利的税务决策。在国有企业中，税收是国家作为控股股东的隐性红利，减少避税有利于国有企业的控股股东，而这也是对其他股东财富的剥夺。因此，控股股东直接受益于更高的有效税率。就中国整体薄弱的公司治理环境而言，文章预测国家所有权的控制会导致较少的避税和较高的对政府的税收支付。

作者在处理效应模型的基础上进行检验，以减轻对企业自我选择进入国有企业状态的担忧。处理效应模型使用两阶段方法，第一阶段为预测模型，以指标变量作为国有企业状态的因变量；第二阶段包括风险比率以纠正自选择偏差的影响。第一阶段回归使用了第二阶段回归中未包含的 5 个变量。相关结果见表 5-1。

表 5-1 自选择偏差回归结果

Table 7　Tests for self selection bias.

| Panel A: First stage of treatment effect model | | |
|---|---|---|
| | (1) *ETR* test sample | (2) *CETR* test sample |
| Dependent Variable= | SOE | SOE |
| Site | 0348*** | 0.346*** |
| | (11.4) | (11.1) |
| ROA | −2.485*** | −3.014*** |
| | (−5.4) | (−6.3) |
| MB | 0.000 | 0.002 |
| | (0.0) | (0.3) |
| Lev | −0.725*** | −0.732*** |
| | (−3.1) | (−3.1) |
| CAPEX | −0.870** | −0.866** |

续表

|  | (1) *ETR* test sample | (2) *CETR* test sample |
|---|---|---|
|  | (−2.1) | (−2.0) |
| CrossList | 0.748*** | 0.749*** |
|  | (2.9) | (29) |
| OwnConcen | 1.647*** | 1.628*** |
|  | (5.2) | (5.1) |
| MgmtOwn | 0.007 | −0.008 |
|  | (0.1) | (−0.1) |
| DualCEO | −0.470*** | −0.484*** |
|  | (−5.1) | (−5.4) |
| CPCMeeting | −0.592*** | −0.553*** |
|  | (−4.3) | (−4.4) |
| CPCMeeting*Regulated Industries | 0.519** | 0.513** |
|  | (2.4) | (2.5) |
| SplitShareReform | −1.192*** | −1.164*** |
|  | (−7.3) | (−7.4) |
| SplitfSharrReform*regulated Industries | 0.708*** | 0.621*** |
|  | (3.1) | (3.0) |
| Regulated Industries | 0.318 | o.407* |
|  | (1.4) | (1.8) |
| Intercept | −5.951*** | −5.897*** |
|  | (−9.2) | (−9.1) |
| Province Fixed Effects | YES | YES |
| Standard Errors Clustering | Firm,Year | Finn,Year |
| Observations | 16402 | 15706 |
| Pseudo $R^2$ | 0.23 | 0.23 |

Panel B: Second Stage of treatment effect model

|  | (1) | (2) |
|---|---|---|
| Dependent Variable= | ETR | CETR |
| SOE | 0.059** | 0.076*** |
|  | (2.0) | (2.9) |
| Size | −0.001 | −0.002 |
|  | (−0.2) | (−0.5) |
| ROA | −0.107 | −0.594*** |
|  | (−1.1) | (−7.4) |
| MB | −0.002* | −0.002* |
|  | (−1.8) | (−1.8) |
| Lev | 0.034** | −0.016 |
|  | −2.1 | (−0.9) |

续表

|  | (1) *ETR* test sample | (2) *CETR* test sample |
| --- | --- | --- |
| CAPEX | −0.099** | −0.034 |
|  | (−2.3) | (−0.8) |
| NOL | −0.024*** | −0.026*** |
|  | (−11.0) | (−8.8) |
| R&D | −1.188*** | −1.166*** |
|  | (−3.3) | (−2.6) |
| ForSale | −0.009 | 0.002 |
|  | (−0.6) | (0.2) |
| M&A | −0.003 | −0.009** |
|  | (−0.8) | (−2.4) |
| EquOffer | −0.018*** | −0.031*** |
|  | (−3.6) | (−4.2) |
| CrossList | −0.015* | −0.014 |
|  | (−1.9) | (−1.1) |
| OwnConcen | −0.039* | −0.038 |
|  | (−1.8) | (−1.6) |
| MgntOwn | −0.002 | 0.001 |
|  | (−0.4) | (0.2) |
| DualCEO | −0.000 | 0.002 |
|  | (−0.0) | (0.3) |
| TaxPreference | −0.056*** | −0.050*** |
|  | (−11.4) | (−9.1) |
| Lambda | −0.027 | −0.038* |
|  | (−1.5) | (−2.3) |
| Intercept | 0.134 | 0.194** |
|  | (1.5) | (2.3) |
| Industry Fixed Effects | YES | YES |
| Year Fixed Effects | YES | YES |
| Province Fixed Effects | YES | YES |
| Standard Errors Clustering | Firm,Year | Firm,Year |
| Observations | 16402 | 15796 |
| $R^2$ | 0.12 | 0.10 |

注：括号内为 $t$ 统计量；***、**、*分别表示在1%、5%和10%的水平下显著。

1. 介绍 Heckman 模型与处理效应模型基本原理。
2. 分析 Heckman 模型与处理效应模型二者的异同点。

3. 针对现有会计文献应用样本选择模型和处理效应模型经常出现的问题,请谈一谈自己的理解。

自学自测　扫描此码

# 第6章 匹配方法

【教学要求】

通过本章教学，学生可以了解倾向得分匹配、遗传匹配、熵平衡匹配、广义倾向得分匹配以及广义精确匹配等匹配方法的基本原理，了解上述匹配方法的对比分析，能够学习掌握这些内容且在实证分析中科学地应用。

【教学重点】

倾向得分匹配；遗传匹配；熵平衡匹配；广义倾向得分匹配；广义精确匹配。

【教学难点】

倾向得分匹配具体方法；熵平衡匹配的突出优势；广义倾向得分匹配的突出优势；广义精确匹配的突出优势。

【思政元素】

严谨的科学态度、批判性思维和精益求精的工匠精神。

## 6.1 倾向得分匹配

### 6.1.1 匹配估计量的思想

假设个体 $i$ 属于处理组，匹配估计量的基本思路是，找到属于控制组的某个体 $j$，使个体 $j$ 与个体 $i$ 的可测变量取值尽可能相似（匹配），$x_i \approx x_j$。

基于可忽略性假设，则个体 $i$ 与个体 $j$ 进入处理组的概率相近，具有可比性；故可将 $y_j$ 作为 $y_{0i}$ 的估计量，即 $\hat{y}_{0i} = y_j$。可将 $(y_i - \hat{y}_{0i}) = y_i$ 作为对个体 $i$ 处理效应的度量。

扩展阅读 6.1 常见匹配方法在会计研究的应用

对处理组中的每位个体都如此进行匹配；类似地，对控制组每位个体也进行匹配，然后对每位个体的处理效应进行平均，即可得到"匹配估计量"（matching estimators）。匹配估计量一般存在偏差（bias），除非在"精确匹配"（exact matching）的情况下，即对于所有匹配都有 $x_i = x_j$。更常见的为"非精确匹配"（inexact matching），只能保证 $x_i \approx x_j$。

## 6.1.2 倾向得分匹配基本原理

在经济学中，我们通常希望评估某项公共政策实施后的效应，为此，我们构建"处理组"和"控制组"以评估"处理效应"（treatment effect）。然而，我们的数据通常来自非随机的观察研究，处理组和控制组的初始条件不完全相同，故存在"选择偏差"（selection bias）问题。倾向得分匹配（PSM）法使用倾向得分函数将多维向量的信息压缩到一维，然后根据倾向得分进行匹配。这样可以在既定的可观测特征变量下，使处理组个体和控制组个体尽可能相似，因而可以缓解处理效应的选择偏差问题。

Rosenbaum 等（1983）提出使用"倾向得分"（propensity score, P-score）来度量距离。使用倾向得分作为距离函数进行匹配，称为"倾向得分匹配"（propensity score matching, PSM）。

为了能够进行匹配，需要在 $x$ 的每个可能取值上都同时存在处理组与控制组的个体，即"重叠假定"（overlap assumption）或"匹配假定"（matching assumption）。此假定意味着处理组与控制组这两个子样本存在重叠，故名"重叠假定"；它也是进行匹配的前提，故也称"匹配假定"。它保证了处理组与控制组的倾向得分取值有共同取值范围（common support），如图 6-1 所示。

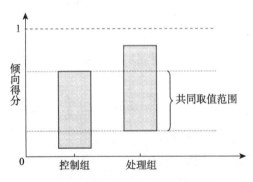

图 6-1 倾向得分的共同取值范围

在进行匹配时，为提高匹配质量，可仅保留倾向得分重叠部分的个体（但会损失样本容量）。如果倾向得分的共同取值范围太小，则会导致偏差。

倾向得分匹配之前应满足以下两个假设：①共同支撑假设（common support）。共同支撑假设要求处理组和控制组样本特征分布有一定的重叠以保证匹配质量，即需要满足 pscore[处理组]min<=pscore<=pscore[控制组]max。②平行假设（balancing）。平行假设要求匹配过后的处理组和控制组偏差（bias）在 5% 以下，或者是 T-test 检验结果显示匹配过后的处理组和控制组无显著差异。

通过倾向得分匹配计算平均处理效应的一般步骤如下。

（1）选择协变量 $x_i$。尽量将可能影响（$y_{0i}, y_{1i}$）与 $D_i$ 的相关变量包括进来，以满足可忽略性假设。

（2）估计倾向得分。Rosenbaum 等（1983）建议使用形式灵活的 logit 模型，比如包括 $x_i$ 的高次项与互动项。

（3）进行倾向得分匹配。如果倾向得分估计得较准确，应使 $x_i$ 在匹配后的处理组与控制组之间分布较均匀，比如，匹配后的处理组均值 $\overline{X}_{treat}$ 控制组均值 $\overline{X}_{control}$ 较接近，称为"数据平衡"（data balancing）。

$\overline{X}_{treat}$ 与 $\overline{X}_{control}$ 的差距与计量单位有关，故一般针对 $x$ 的每个分量 $x$ 考察"标准化差距"（standardized differences）或"标准化偏差"（standardized bias）：

$$\frac{|\overline{x}_{\text{treat}} - \overline{x}_{\text{contrl}}|}{\sqrt{(s^2_{x,\text{treat}} + s^2_{x,\text{control}})/2}}$$

其中 $s^2_{x,\text{treat}}$ 与 $s^2_{x,\text{control}}$ 分别为处理组与控制组变量 $x$ 的样本方差。一般要求此标准化差距不超过 10%；如果超过，则应回到步骤（2），甚至步骤（1），重新估计倾向得分；或者改变具体的匹配方法。

（4）根据匹配后样本（matched sample）计算平均处理效应。参加者平均处理效应（ATT）估计量的一般表达式为

$$\widehat{\text{ATT}} = \frac{1}{N_1} \sum_{i:D_i=1} (y_i - \hat{y}_{0i})$$

其中，$N_1 = \Sigma_i D_i$ 为处理组个体数。

未参加者平均处理效应（ATU）估计量的一般表达式为

$$\widehat{\text{ATU}} = \frac{1}{N_0} \sum_{j:D_j=0} (\hat{y}_{1j} - y_j)$$

其中，$N_0 = \Sigma_j (1 - D_j)$ 为控制组个体数。

平均处理效应估计量的一般表达式为

$$\widehat{\text{ATE}} = \frac{1}{N} \sum_{i=1}^{N} (\hat{y}_{1i} - \hat{y}_{0i})$$

$N = N_0 + N_1$；如果 $D_i = 1$，则 $\hat{y}_{1i} = y_i$；如果 $D_i = 0$，则 $\hat{y}_{0i} = y_i$。

### 6.1.3 倾向得分匹配具体的方法

方法一为"$k$ 近邻匹配"（k-nearest neighbor matching），即寻找倾向得分最近的 $k$ 个不同组个体。如果 $k = 1$，则为"一对一匹配"（one-to-one matching），但即使"最近邻居"也可能相去甚远。会计研究中最常见的匹配方法是 1∶1 匹配，但是在存在多个合理匹配样本时，"一对多"匹配可以降低抽样方差。与重复匹配一样，在"一对多"匹配时，也需要考虑加权。

方法二为限制倾向得分的绝对距离 $|p_i - p_j| \leqslant \varepsilon$，一般建议 $\varepsilon \leqslant 0.25 \hat{\sigma}_{\text{pscore}}$，其中 $\hat{\sigma}_{\text{pscore}}$

为倾向得分的样本标准差,称为"卡尺匹配"(caliper matching)或"半径匹配"(radius matching)。设定一个相对严格的"半径"值一般可以有效避免"糟糕"的匹配和提高协变量的平衡性。

方法三为"卡尺内最近邻匹配"(nearest-neighbor matching within caliper),在给定的卡尺范围内寻找最近匹配,此法较流行。

以上三种方法本质上都是近邻匹配法。还有一类匹配方式为整体匹配法,每位个体的匹配结果为不同组的全部个体(通常去掉在 common support 之外的个体),只是根据个体距离不同给予不同的权重(近者权重大,远者权重小,超出一定范围权重可为 0)。

比如,在估计 ATT 时,$\hat{y}_{oi}$ 的估计量为:

$$\hat{y}_{oi} = \sum_{j:D_j=0} w(i,j) y_j$$

其中,$w(i,j)$ 为适用于配对 $(i,j)$ 的权重;$\hat{y}_{oi}$ 可视为"核回归估计量"。

如果使用核函数来计算权重 $w(i,j)$,则为方法四"核匹配"(kernel matching)(Heckman et al,1997,1998),其权重表达式为

$$w(i,j) = \frac{K[(x_j - x_i)/h]}{\sum_{k:D_k=0} K[(x_k - x_i)/h]}$$

其中,$K(\cdot)$ 为核函数;$h$ 为带宽。

如用局部线性回归来估计 $w(i,j)$,则为方法五"局部线性回归匹配"(local linear regression matching)。

方法六使用更为光滑的"三次样条"(cubic spline)来估计 $w(i,j)$,称为"样条匹配"(spline matching)。

究竟应使用以上哪种具体匹配方法或参数(比如,$k$ 近邻匹配的 $k$ 取值,是否放回,如何处理并列),文献中尚无明确指南。不存在适用于一切情形的绝对好方法,只能根据具体数据来选择匹配方法。如果控制组个体并不多($N_0$ 较小),则应进行有放回的匹配。如果存在较多具有可比性的控制组个体,则可考虑"一对多"匹配或"核匹配",以提高匹配效率。实践中建议尝试不同的匹配方法,考察其稳健性。

### 6.1.4 PSM 的局限性

(1)PSM 不能被称为"准实验",也无法模拟实验条件。

(2)PSM 通常要求比较大的样本容量以得到高质量的匹配。

(3)PSM 要求处理组与控制组的倾向得分有较大的共同取值范围;否则,将丢失较多的观测值,导致剩下的样本不具有代表性。

(4)PSM 只控制了可测变量的影响,并没有从根本上解决由选择偏差或遗漏变量导致的内生性问题,更不能代替 Heckman 和 IV 等方法用于解决自选择、遗漏变量等问题。

## 6.2 遗传匹配

在做 PSM 倾向匹配时，首先需要使用政策发生前的变量（pretreatment covariates）去构建一个 logit 模型，其次使用这个倾向得分值在处理组和控制组进行一对一或一对多匹配、半径匹配和核匹配，最后通过匹配后的处理组结果变量均值减去控制组结果变量均值，就得到了 ATE。但是使用 PSM 进行匹配的前提，是用来进行匹配的协变量需要在控制组和匹配组保持分布平衡。如果不满足这个 covarites balance 条件，那我们就需要替换或剔除某些协变量，从而让这个模型在匹配后满足平衡性假设。这样的手动操作不仅麻烦，而且显得不够科学，因此导致很多学者批判 PSM，认为里面有暗箱操作的可能。

其实，这么多匹配的研究无非就是两种大类型匹配——以马氏距离为基础的多元变量匹配和把多维的数据转化为一维的倾向得分值匹配。马氏距离匹配比较擅长把每个用来匹配的协变量距离降到最小，而倾向得分值匹配比较擅长把两组间的倾向得分的差异降到最小。在倾向得分值匹配出现之前，实际上使用最多的还是马氏距离匹配。但当匹配协变量中出现很多不同类型的变量时，马氏距离在处理这种多维度数据问题面前显得有些棘手。因为马氏距离匹配能够达到优化的前提是，匹配的协变量需要满足"椭球分布"（ellipsoidal distributions），如满足正态分布和 t 分布。正是因为马氏距离有匹配协变量分布问题和维度问题，因此后面才出现了倾向得分值匹配，不过正如前面所说，倾向得分值匹配也有自身的问题。所以，Rosenbaum 和 Rubin 在 1985 年就建议，把这二者结合起来。

下面要引荐的遗传匹配实质上是二者的结合体，相对于之前的马氏距离匹配，遗传匹配多出了一个正定的权重矩阵 $W$。而这个权重矩阵主要是用来给倾向得分匹配和马氏匹配分配一定的权重，若所有有效的信息都包括在倾向得分值里，那这个模型中的其他匹配协变量的权重就为 0，若该模型能够更好地通过马氏距离进行匹配，那给予倾向得分值的权重就为 0。遗传匹配最大的好处就是能够通过机器学习快速地找到一个合适的权重，让参与匹配的协变量尽快地达到在处理组和控制组间的分布平衡。遗传匹配实际上是倾向得分和马氏距离匹配的一般化，属于非参数估计的匹配方法。也就是说，遗传匹配不需要提前去建一个模型预测倾向得分值，当然，若把包含匹配信息的倾向得分值引进来，会大大提高匹配的精准度。

## 6.3 熵平衡匹配

通过匹配来缓解非随机处理效应（non-random treatment assignment）是会计与金融实证研究中的常用方法。在过去的 10 年中，倾向得分匹配（propensity score matching，PSM）是最常用的匹配方法之一，而在近几年，熵平衡匹配（entropy balancing，EB）逐渐兴起，不少会计研究开始采用该方法辅助因果推断。它在数据预处理的匹配中有着得天独厚的优势。在处理"因果推断"（causal effects）的传统匹配方法中，马氏距离匹配、遗传匹配和倾向得分匹配在处理协变量平衡上效果不如熵平衡方法。

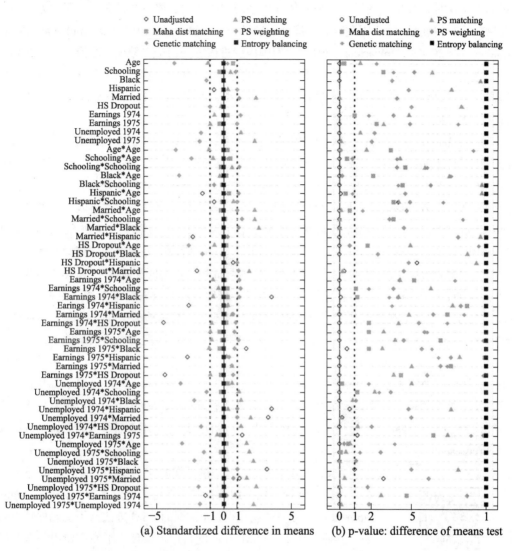

图 6-2  不同匹配方法下的标准化偏差和均值 T 检验

注：该图来源于 Hainmueller（2012）的研究

图 6-2 可视化了 Hainmueller 从不同匹配技术中获得的协变量平衡，通过两个常规平衡统计量测量出相关数据：处理组和控制之间的标准化均值差异[图 6-2（a）]和均值差异检验的 p 值[图 6-2（b）]。黑色方块表示熵平衡后得到的平衡统计量，协变量平衡得到显著改善，使重新加权的控制组在所有协变量上与处理组具有高度一致的均值（标准化偏差趋近于零，p 值接近于 1）。除了熵平衡方法，其他匹配方法几乎不可避免会留下几个协变量不平衡（标准化偏差绝对值超过 0.1，p 值很低）。更糟糕的是，一些变量经过 logistic 模型

倾向评分进行匹配或加权后，偏差实际上反而增加了，均值差异比未经匹配的数据更大。因此，熵平衡方法提供了比其他匹配技术水平更高的协变量平衡。近年来，国外研究人员对熵平衡这种直接将协变量平衡纳入估计程序的方法产生了浓厚的兴趣，基于此方法不需要反复检查协变量平衡，因此得到了广泛的应用（Graham et al.，2012；Diamond et al.，2013；Imai et al.，2014；Zubizarreta，2015）。而国内引进该方法的论文较少（李泽广等，2013；唐为等，2015；张海峰等，2019），集中于公司财务、公共管理和生物医药研究等领域，但国内外引用过熵平衡匹配方法的学者基本达到共识，即就匹配而言，熵平衡匹配（EB）的方法是优于倾向得分匹配（PSM）的。

Rosenbaum等（1983）虽然在"因果效应推断"研究领域开创性地提出了倾向得分匹配方法，但是在处理高维度数据中经常效果不佳，甚至归于失效（Hainmueller，2012；Zhao等，2016；李泽广等，2013）。此外，传统匹配方法还可能存在对后续处置效应的过度依赖问题，从而带来偏误。运用倾向得分匹配的统计技术进行协变量平衡性检验时，尤其在多个协变量的情况下，所得出的偏误水平常常会有个别高于5%的幅度。以PSM为例，若从控制组赋权的视角理解PSM，可以认为PSM是通过一阶段的处理模型计算倾向得分，然后基于倾向得分赋予控制组的观测权重1（即匹配成功，选为匹配观测），或0（即匹配失败）。譬如，一个1000个实验组观测与5000个控制组观测的数据集，在"一配一"不放回的PSM下，控制组观测将被筛选出1000个匹配观测进入后续检验（即赋权为1），而剩下4000个控制组观测则被舍弃（即赋权为0）。相反，熵平衡匹配是以约束条件下最优化解（constrained optimization）为思路，为控制组的每个观测赋予一个连续性（continuous）的权重，从而实现实验组与控制组在各个协变量上分布矩（distribution moments，如均值、方差、偏度等）的相近。譬如，在上例中，若采用熵平衡匹配，5000个控制组观测均将进入后续检验，但每个控制组观测被赋予了范围为0～1的连续权重用于后续分析（如Weighted OLS regression）。

扩展阅读6.2 熵平衡匹配在实证会计研究中的优势

较之PSM等匹配方法，熵平衡匹配主要存在两个优点。第一，熵平衡匹配保证了实验组与控制组在各协变量高阶矩（higher-order moments）上分布的相近性，而传统的PSM方法并不能确保这一效果。其原因在于，PSM在匹配目标上聚焦于平衡实验组与匹配后的控制组的倾向得分，协变量的矩差异缩小仅是"附带效果"。因此在实践中我们会发现，实验组与PSM匹配后的控制组在各协变量的一阶矩（均值）上都难以全部相近。而熵平衡匹配则是直接以最小化协变量的矩差异为优化目标，故能直接实现该效果。第二，在熵平衡匹配的实现过程中，研究者需要主观设定的参数几乎只有迭代算法结果的宽容度（tolerance level），而这规避了PSM实现过程中存在太多主观设定细节的弊端，包括但不限于：PSM一阶段倾向得分计算的变量选择与模型设定、观测是否放回匹配、"一对一"还是"一对多"匹配等。

当然，熵平衡匹配并非没有缺点。例如，熵平衡匹配有可能会对控制组中的少量观测赋予了极大的权重，这将导致类似于小样本偏差（small sample bias）的问题。此时，若稍微变换控制样本的整体，如剔除或增加一部分控制样本观测，那么研究估计就可能发生变化。但这一缺点可以通过一些敏感性分析予以侦测并缓解。

## 6.4 广义倾向得分匹配

传统的倾向得分匹配模型利用"反事实估计"进行政策效果的评估，主要包含协变量、控制变量、结果变量，下面进行简单的回顾。

（1）利用 logit 模型估计倾向得分，此时是协变量向控制变量做回归；
（2）$k$ 近邻匹配、核匹配、半径匹配算法找到相邻样本；
（3）T 检验确认控制组与处理组间的差异，得出显著性水平。

但传统倾向得分的问题在于 logit 模型只允许二分离散变量，也就是说处理组取 1，控制组取 0，但这样会出现很大问题，组内异质性不仅导致共同支撑假定可能受到挑战，更让处理效应估计不准确。显然，包含更细致信息的模型更接近现实情况。

广义倾向得分匹配（generalized propensity score matching，GPSM）是倾向得分匹配方法的一种扩展，它结合了倾向得分匹配和回归分析的优势。传统的倾向得分匹配方法最早在 20 世纪 70 年代被引入，旨在处理观察研究中潜在的选择偏差问题。该方法通过对处理组和对照组进行匹配，使它们在协变量上具有相似的分布，以减少选择偏差。然而，在实际应用中，倾向得分匹配方法也存在一些局限性。例如，它仅能处理一个干预变量和一个二元结果变量的情况。为了解决这些局限性，研究者开始探索将倾向得分匹配与回归分析相结合的方法，以便在处理多个干预变量和非二元结果变量时提供更灵活的分析框架。

于是，广义倾向得分匹配方法应运而生。广义倾向得分匹配方法通过在倾向得分匹配后进行回归分析，来评估干预对非二元结果变量（如连续变量或计数数据）的影响。它可以处理多个干预变量和非二元结果变量，并允许考虑干预和结果之间的潜在非线性关系。这种方法的核心思想是，通过在倾向得分匹配后使用回归模型，我们可以进一步控制潜在的混淆因素，减少选择偏差，提高因果效应的可靠性。随着时间的推移，广义倾向得分匹配方法逐渐被应用于各个领域的研究中，包括医学、经济学、教育学等，为研究者提供了一个更灵活和强大的工具来评估干预效果。

广义倾向得分匹配继承了倾向得分匹配的核心思想，与倾向得分匹配模型相比，其最大的优势就在于突破了 PSM 对处理变量必须是二元选择变量的约束，同时保留 PSM 消除处理组与控制组在接受政策处理前的异质性导致的测量误差，即自选择效应的特性。

借鉴 Hirano 等（2004）的做法，广义倾向得分匹配过程可分三阶段。

（1）在给定协变量的情形下估计处理强度的条件概率密度：

$$E(T_i|X_i) = F(X_i\beta) = \frac{\exp(X_i\beta)}{1+\exp(X_i\beta)}, \hat{R}_i = [F(X_i\beta)]^T[1-F(X_i\beta)]^{1-T}$$

（2）根据处理强度和广义倾向得分值构造估计产出变量条件期望的模型：

$$E(Y_i|T_i, R_i) = \alpha_0 + \alpha_1 T_i + \alpha_2 T_i^2 + \alpha_3 T_i^3 + \alpha_4 \hat{R}_i + \alpha_5 \hat{R}_i^2 + \alpha_6 \hat{R}_i^3 + \alpha_7 T_i \times \hat{R}_i$$

（3）在上式基础上执行处理强度值到处理变量、得分值到得分值估计函数的替换，可以拟合出平均剂量–反应函数和处理效应函数在取值范围的图像。

$$\mu(t) = \frac{1}{N} \sum_{i=1}^{N} \{\alpha_0 + \alpha_1 t_i + \alpha_2 t_i^2 + \alpha_3 t_i^3 + \alpha_4 \hat{r}(t,x) + \alpha_5 \hat{r}(t,x)^2 + \alpha_6 \hat{r}(t,x)^3 + \alpha_7 T_i * r(t,x)\hat{r}(t,x)\}$$

$$TE(t) = \frac{\mu(t) - \mu(t - \Delta t)}{\Delta t}, t = 0.01, 0.02, \cdots$$

需要说明的是，一般计量策略是无法直接估计函数标准差的，文献中运用 Bootstrap（自举抽样）方法的较多。

广义倾向得分匹配（GPSM）是一种用于处理选择性偏差的方法，它同时考虑了多个处理变量的影响。在实际应用中，广义倾向得分匹配通常包括以下步骤。

（1）收集数据：需要收集研究对象的数据，包括处理变量（如剂量、水平等）和结果变量（如效应大小、反应概率等）。

（2）计算广义倾向得分：使用 Stata 或其他统计软件，通过 gpscore 命令计算广义倾向得分。广义倾向得分是处理变量和结果变量之间的一个概率函数，它可以衡量研究对象在接受处理和未接受处理的情况下结果变量的可能取值。

（3）匹配处理组和对照组：根据计算出的广义倾向得分，将处理组和对照组的研究对象进行匹配。通常，我们会根据广义倾向得分将处理组的研究对象与对照组的研究对象进行配对，使处理组和对照组在处理前具有相似的特征。

（4）检查匹配效果：在匹配完成后，需要检查匹配效果，以确保处理组和对照组在处理后的结果变量分布相似。可以使用 Stata 或其他统计软件的命令（如 matching、kernel 等）来计算匹配后的处理组和对照组在结果变量上的均值、标准差等统计量，并比较这些统计量之间的差异。

（5）拟合剂量–反应模型：在完成匹配后，可以使用 Stata 或其他统计软件的回归命令（如 xtreg、areg 等）拟合剂量–反应模型。在模型中，自变量是处理变量，因变量是结果变量。通过拟合剂量–反应模型，可以探讨处理变量对结果变量的影响及其剂量效应。

广义倾向得分匹配方法的诞生是为了克服传统倾向得分匹配方法的局限性，其提供了一种更灵活和全面的分析框架，以便进行更准确的因果推断和政策评估。

## 6.5　广义精确匹配

匹配是一种文献中流行的方法，但是，匹配成功与否取决于是否通过平衡性检验。常用的 PSM 方法平衡性检验十分费力，而且严格来说，即使是发表的论文，协变量在匹配后也不一定更加平衡，往往是某些变量的平衡性得到提升，而另一部分变量的平衡性有所下降。因此，我们介绍一种无须检查协变量平衡性、模型依赖度更低的匹配方法——广义精确匹配/粗粒度精确匹配/粗糙精确匹配（coarsened exact matching，CEM）。

匹配本质上是一种控制处理组和控制组处理前差异的非参数方法，关键在于筛选样本、提高平衡性，换言之，处理组和控制组的协变量经验分布更加接近。常用的 PSM 方法往往无法确保在匹配后提升平衡性，而广义精确匹配可以通过控制观测数据中混杂因素对政策结果的影响，使处理组与控制组的协变量的分布尽可能保持平衡，从而增强两组数据之间的可比性。在 CEM 中，处理组和控制组之间的最大不平衡可以由用户事先选择，而不是通过那些费力的事后检查和重复评估的过程来发现，并且调整一个变量上的不平衡不会影响任何其他变量的不平衡。

CEM 通过预先的用户选择，将变量根据用户的标准分组，在保留基本信息的同时提升了匹配的效率，并限制了模型依赖程度和平均处理效应估计误差。它能够将数据限制在共同支持范围内，符合一致性原则，对测量误差的敏感度较低，能够很好地用多重插补方法处理缺失值数据。此外，它可以完全自动化地进行这一系列操作，即使对于非常大的数据集，计算处理速度也很快。

CEM 有一个非常重要的性质——单调不平衡边界。它通过变量事先分组的标准，确保匹配提升样本的平衡性，而且限制了模型依赖程度和平均处理效应估计误差，因此无须匹配后检查协变量的平衡性。

CEM 匹配与 PSM 匹配等传统匹配方法相比有以下突出优势。

（1）不需以两组数据的共同区域为基础进行匹配（common empirical support），满足一致性原则。例如，PSM 在匹配前需进行两组人群特征分数的重叠性检验并确定共同区域，进而根据特征分数进行匹配，而 CEM 直接根据原始数据的经验分布进行匹配，满足一致性原则。

扩展阅读 6.3 广义精确匹配的缺陷

（2）能最大限度地保留原有样本，进而在政策效果评估时反映真实情况。例如，PSM 匹配后处理组和对照组的数量必须相等，而 CEM 匹配后两组数量可以不相等，并在匹配过程中会产生权重变量（weight），以此来平衡每层中处理组和对照组的数量，因此能最大限度地保留原有样本，进而在政策效果评估时反映真实情况。

（3）减少对模型的依赖。例如，PSM 需利用 Logistic 等回归模型拟合特征分数后进行匹配，而 CEM 是直接根据每个变量的理论分布进行匹配，因此减少了对模型的依赖。

做 CEM 匹配的步骤如下。

（1）变量分组。将所有的自变量进行分组，形成一个或多个共享属性的变量组。这些共享属性可以是连续变量的区间，也可以是分类变量的不同取值。

（2）粗化匹配。对于每个分组，对处理组和未处理组进行粗化匹配。这意味着将处理组和未处理组的观测按照某种标准进行匹配，使两组之间更加相似。常见的匹配算法包括最近邻匹配、核密度匹配等。

（3）精确匹配。在完成粗略匹配后，对于每个分组内部，使用精确匹配来进一步提高匹配质量。精确匹配是指将处理组中的个体与未处理组中具有完全相同属性的个体进行匹配。

（4）评估平衡。通过比较处理组和未处理组在匹配后变量上的均衡性评估匹配的质量。常用的方法包括计算标准化差异（standardized mean difference）或检验两组之间的差异是否显著。

（5）效果估计。使用匹配后的数据，可以进行进一步的效果估计。例如，可以通过对匹配后的样本进行回归分析来估计处理效应。

CEM 匹配后两组数据的样本量可能会不相等，因此 CEM 匹配过程中会产生权重变量，以此来平衡每层中参与组和控制组的人数。

## 6.6 应用举例及代码实现

### 6.6.1 权威期刊应用举例

以 2022 年发表在 JAE 上的 *Government subsidies and corporate disclosure* 论文为例，介绍熵平衡匹配方法的引用。文章的研究建立在代理框架之上，负责补贴分配的自利政客被视为纳税人的代理人。代理问题之所以出现，是因为政客拥有补贴分配的自由裁量权，他们可能会滥用权力，滥用纳税人的资金。因此，纳税人有动机审查和监督补贴分配过程，并在发现政客滥用纳税人资金时对其进行处罚。因此，政客受到激励，表现出履行其公共责任并保持透明度的声誉。作为政府补贴的受益者，受补贴的公司可以从提供更多的信息中获益。第一，通过在接受补贴后提供更多的信息披露，受补贴企业可以帮助政治家保持透明的声誉，实现更负责任的公众形象，使政治家在公众监督下的潜在成本最小化。作为回报，公司可以从它们与那些政客的强化关系中获取后续利益。第二，增加信息披露也可能有助于受补贴的公司自身保持透明的声誉，这可能会降低公司在公众监督下的成本，使公司免受公众对补贴项目的监督。

PSM 方法的一个限制是它消除了样本的大部分。另一种解决处理公司和控制公司之间的差异，同时保留一个更大的样本的方法是熵平衡方法。熵平衡对样本观察值进行加权，以实现协变量平衡，并允许研究人员使用完全不匹配的样本，并通过施加一组潜在的大量平衡约束来获得高度的协变量平衡，这些约束允许协变量分布的更高矩以及相互作用（Hainmueller，2012；Wilde，2017）。利用这种方法，文章使用所有补贴企业年和所有控制企业年（在样本期内没有补贴的所有企业年）估计基准回归方程，报告结果见表 6-1 和表 6-2。A 组报告了加权平衡的结果。在平衡之前，控制变量对于受补贴和未受补贴的企业通常是不可比的。然而，平衡后，它们具有相同的均值，并且两组的方差和偏斜度变得更具可比性。因此，作者的主要发现是稳健地使用熵平衡方法的完全不匹配样本。

表 6-1 基于熵平衡方法的分析（平衡性检验）

| 变量 | Subsidized firms (N=6505) | | | Unsubsidized firms (N=35,121) | | | | | |
|---|---|---|---|---|---|---|---|---|---|
| | Mean | Variance | Skewness | Before balancing | | | After balancing | | |
| | | | | Mean | Variance | Skewness | Mean | Variance | Skewness |
| log(SIZE) | 8.263 | 2.933 | −0.184 | 5.661 | 3.716 | 0.380 | 8.263 | 3.342 | −0.299 |
| LEV | 0.220 | 0.031 | 1.001 | 0.160 | 0.041 | 1.462 | 0.220 | 0.036 | 0.965 |
| BTM | 0.484 | 0.176 | 4.810 | 0.709 | 0.513 | 3.175 | 0.484 | 0.155 | 2.445 |
| FOLLOW | 11.320 | 65.510 | 0.511 | 4.013 | 26.450 | 2.141 | 11.32 | 77.650 | 0.596 |
| ROA | 0.037 | 0.012 | −4.217 | −0.040 | 0.045 | −2.693 | 0.037 | 0.012 | −4.124 |
| LOSS | 0.141 | 0.121 | 2.065 | 0.357 | 0.230 | 0.598 | 0.141 | 0.121 | 2.065 |
| EARN_INCREASE | 0.591 | 0.242 | −0.371 | 0.548 | 0.248 | −0.191 | 0.591 | 0.242 | −0.371 |
| RETURN | 0.065 | 0.171 | 3.758 | 0.054 | 0.427 | 3.474 | 0.065 | 0.207 | 3.281 |
| EARN_VOL | 0.041 | 0.005 | 7.419 | 0.093 | 0.027 | 4.519 | 0.041 | 0.004 | 5.832 |
| BETA | 1.226 | 0.527 | 1.040 | 1.267 | 0.921 | 1.001 | 1.226 | 0.559 | 0.966 |
| NUM_SEG | 6.539 | 15.460 | 0.986 | 4.559 | 9.626 | 1.601 | 6.539 | 19.390 | 1.103 |
| MA | 0.307 | 0.213 | 0.839 | 0.150 | 0.128 | 1.957 | 0.307 | 0.213 | 0.839 |
| BIGAUDITOR | 0.939 | 0.057 | −3.667 | 0.617 | 0.236 | −0.480 | 0.939 | 0.057 | −3.666 |
| HHI | 0.195 | 0.032 | 1.931 | 0.142 | 0.025 | 2.572 | 0.195 | 0.040 | 2.046 |
| RD | 0.027 | 0.004 | 4.819 | 0.050 | 0.011 | 3.156 | 0.027 | 0.004 | 4.665 |
| log(EMPLOYEE) | 2.151 | 2.981 | −0.427 | −0.471 | 3.953 | 0.354 | 2.150 | 3.471 | −0.488 |
| PC | 0.346 | 0.226 | 0.649 | 0.063 | 0.059 | 3.600 | 0.346 | 0.226 | 0.650 |
| DOMESTIC_SALE | 0.688 | 0.124 | −0.985 | 0.713 | 0.167 | −1.045 | 0.688 | 0.143 | −0.917 |

表 6-2 基于熵平衡方法的分析（回归结果）

| | Panel B: Regression Results | | | | | | | |
|---|---|---|---|---|---|---|---|---|
| | Disclosure of General Firm Information | | | | Disclosure of Subsidy-Goal-Related Information | | | |
| Dependent Variable | log(1+PR) | | log(1+MF_EARN) | | log(1+PR_JOB) | | log(1+PRCAPITAL) | |
| | 1 | | 2 | | 3 | | 4 | |
| | Coefficient | p-value | Coefficient | p-value | Coefficient | p-value | Coefficient | p-value |
| Test Variable: SUBSIDY | 0.984*** | 0.000 | 0.228*** | 0.000 | 0.036*** | 0.000 | 0.052*** | 0.000 |
| log(SIZE) | −0.124*** | 0.000 | −0.087*** | 0.000 | 0.005** | 0.013 | 0.011*** | 0.000 |
| LEV | 0.108 | 0.222 | 0.117** | 0.021 | 0.013 | 0.162 | −0.010 | 0.496 |
| BTM | −0.238*** | 0.000 | −0.081*** | 0.000 | 0.000 | 0.965 | −0.002 | 0.643 |
| FOLLOW | 0.050*** | 0.000 | 0.038*** | 0.000 | 0.001*** | 0.000 | 0.003*** | 0.000 |
| ROA | 0.161 | 0.448 | 0.141 | 0.144 | −0.041*** | 0.005 | −0.071*** | 0.003 |
| LOSS | −0.057 | 0.235 | −0.221*** | 0.000 | −0.001 | 0.926 | −0.003 | 0.706 |
| EARN_INCREASE | 0.004 | 0.887 | 0.008 | 0.626 | 0.002 | 0.560 | 0.006 | 0.179 |
| RETURN | 0.090*** | 0.003 | 0.017 | 0.329 | 0.000 | 0.986 | 0.003 | 0.582 |

续表

| Dependent Variable | Panel B: Regression Results | | | | | | | |
|---|---|---|---|---|---|---|---|---|
| | Disclosure of General Firm Information | | | | Disclosure of Subsidy-Goal-Related Information | | | |
| | log(1+PR) | | log(1+MF_EARN) | | log(1+PR_JOB) | | log(1+PRCAPITAL) | |
| | 1 | | 2 | | 3 | | 4 | |
| | Coefficient | p-value | Coefficient | p-value | Coefficient | p-value | Coefficient | p-value |
| EARN_VOL | −1.467*** | 0.000 | −0.789*** | 0.000 | −0.040** | 0.020 | 0.015 | 0.663 |
| BETA | −0.072*** | 0.001 | −0.072*** | 0.000 | −0.005*** | 0.006 | 0.002 | 0.476 |
| NUM_SEG | −0.025*** | 0.000 | 0.010*** | 0.000 | 0.000 | 0.780 | 0.000 | 0.947 |
| MA | 0.151*** | 0.000 | 0.089*** | 0.000 | −0.010*** | 0.006 | −0.004 | 0.524 |
| BIGAUDITOR | 0.184*** | 0.000 | 0.148*** | 0.000 | −0.018*** | 0.000 | −0.019*** | 0.000 |
| HHI | 0.339 | 0.200 | −0.056 | 0.707 | 0.010 | 0.729 | −0.039 | 0.276 |
| RD | 1.046*** | 0.003 | −0.635*** | 0.001 | 0.121*** | 0.002 | 0.036 | 0.365 |
| log(EMPLOYEE) | −0.039** | 0.015 | 0.048*** | 0.000 | 0.006*** | 0.001 | 0.007*** | 0.002 |
| PC | 0.434*** | 0.000 | 0.103*** | 0.000 | 0.013*** | 0.001 | 0.026*** | 0.000 |
| DOMESTIC_SALE | 0.386*** | 0.000 | 0.154*** | 0.000 | −0.001 | 0.850 | 0.005 | 0.505 |
| Year fixed effects | Yes | | Yes | | Yes | | Yes | |
| Industry fixed effects | Yes | | Yes | | Yes | | Yes | |
| Observations | 41616 | | 41616 | | 41616 | | 41616 | |
| Adj.R-Squared | 0.322 | | 0.420 | | 0.100 | | 0.104 | |

表 6-1 和表 6-2 报告了使用熵平衡方法和企业年的全部样本（所有受补贴的企业年和从未有过补贴的企业年）估计政府补贴和企业信息披露之间关系的结果。表 6-1 报告了加权平衡的结果。表 6-2 报告了回归结果，标准误差在公司层面聚类。

## 6.6.2　匹配方法代码实现

```
*===============================================================
*                          匹配方法
*===============================================================
********倾向得分匹配*********
*x2 x3 x4 x5 x6是协变量，x是处理变量，Y是结果变量

//--数据预处理
global x1 "x2 x3 x4 x5 x6"

winsor2 $x1 ,replace cuts(1 99) trim //缩尾处理，删除极端值
logit x $x1
est store a
```

*输出回归结果至 Word 文档
```
  outreg2 a using $res_path/logit_result.rtf, tstat bdec(3) tdec(2) ///
addstat(Pseudo R-squared, 'e(r2_p)')  replace
```

//---倾向得分匹配
*将数据随机排序
```
  set seed 10101
  gen ranorder=runiform()
  sort ranorder
```

*----一对一匹配
```
set seed 10101
psmatch2 x $x1, outcome (Y) n(1) ate ties logit common quietly
```

*共同支撑假设验证
*匹配前
```
twoway(kdensity _ps if _treat== 1,legend(label(1 "虚拟变量 1")))(kdensity
_ps if _treat== 0, legend(label(2 "虚拟变量 0"))),xtitle(Pscore > ) title("Before Matching")
  graph export "一对一匹配前核密度函数图.png", as(png) replace
```

*匹配后
```
twoway(kdensity _ps if _treat== 1,legend(label(1 "虚拟变量 1")))(kdensity
_ps if(_weight!= 1&_weight!=.), legend(label(2 "虚拟变量 0"))), xtitle(Pscore) title("After Matching")
  graph export "一对一匹配后核密度函数图.png", as(png) replace
```

*数据平衡性检验
```
pstest $x1, both //检验匹配前后偏差绝对值的分布
```

*----一对三匹配
```
set seed 10101
psmatch2 x $x1, outcome (Y) n(3) ate ties logit common quietly
```

*---半径匹配
```
set seed 10101
psmatch2 x $x1, outcome (Y) radius cal(0.01) ate ties logit common quietly
```

*---核匹配
```
set seed 10101
psmatch2 x $x1, outcome (Y) kernel ate ties logit common quietly
```

*---局部线性回归匹配
```
set seed 10101
psmatch2 x $x1, outcome (Y) llr ate ties logit common quietly
```

*---卡尺内一对一匹配
```
set seed 10101
psmatch2 x $x1, outcome (Y) n(1) cal(0.01) ate ties logit common quietly
```

*样条匹配
```
psmatch2 x  $x1, outcome (Y) spline ate ties logit
bootstrap r(att): psmatch2 x $x1, outcome (Y) spline ate ties logit
```

*马氏匹配
```
psmatch2 x, outcome (Y) mahal($x1) ate ties logit
```

********遗传匹配*********
*运行遗传匹配命令。这将根据选定的匹配算法（如最近邻匹配或分层匹配）生成权重
```
genmatch treatment_var, method(match_method) out(weight_var)
```
*其中，"treatment_var"是处理组的变量名，"match_method"是选择的匹配算法（如nearest、exact 或 mahalanobis），而"weight_var"是用于保存生成的权重的变量名

*使用生成的权重分析处理效果。这可以包括计算平均处理效应（average treatment effect，ATE）或创建匹配后的对照组数据集进行进一步分析
```
gen te = treat_effect(treatment_var, weight_var)
summarize te
```
*在这里，"treat_effect"是计算处理效果的函数，"treatment_var"是处理变量，"weight_var"是生成的权重变量

********熵平衡匹配*********
```
use cps1re74.dta    //载入数据

ebalance treat age edu black, tar(1)    //tar(1)是tar(1 1 1)的缩写，表示对
```
控制组重新加权以满足 age、edu 和 black 的一阶矩（均值）与处理组数据中相同矩的值相匹配

```
ebalance treat age edu black, tar(3 2 1)    //控制组被重新加权以满足 age 的第
```
一、第二和第三阶矩（均值、方差和偏度）、edu 的第一和第二阶矩以及 black 的第一阶矩与处理组数据中相同矩的值相匹配。 由于 black 是二值变量，调整它的一阶矩足以同步满足更高阶的矩

```
ebalance treat age edu black, g(ebw1) tar(1)
ebalance treat age edu black, g(ebw2) tar(3 1 1)    //这两个命令分别将估计
```
的平衡权重存储在新生成的变量 ebw1 和 ebw2 中

```
gen ageXblack = age*black
ebalance treat edu age black ageXblack, tar(1)
bysort black: tabstat age [aweight=_webal], by(treat) s(N me v) nototal
```
//通过包含交互项，协变量将在子样本组之间得到平衡。 例如，在上述情况下，黑人和非黑人子群体的年龄是平衡的。也可以通过使用因子变量的功能来实现（详见 fvvarlist）

```
ebalance treat age edu black, tar(2) k(baltable) rep    //原始数据和重新加
```
权数据的处理组和控制组的平衡表保存为 baltable.dta 以供进一步使用

```
reg re78 treat age edu black re74 re75
ebalance treat age edu black re74 re75, tar(2)
svyset [pweight= _webal]
svy: reg re78 treat     //在控制了 Lalonde 数据集中的所有协变量后,首先做一个简
```
单的回归。处理效应的估计与实验目标值偏差较大。然后我们使用 ebalance 来调整对照组的协变量的一阶和二阶矩。以下基于加权数据的回归的估计偏差就要小得多（Hainmueller, 2012）

*加权重的另一种方式
```
reg re78 treat [aweight=_webal]

ebalance age edu black hisp if treat==0, manual(28 10 0.1 0.1)    //如果
```
用户只有一个数据组（处理组或控制组数据），如应重新加权以匹配某些已知目标矩的调查样本，则应使用 manualtargets() 选项来指定矩约束。在这里，我们使用此选项，以便对控制组进行重新加权，使 age、edu、black 和 hisp 的均值分别等于 28、10、0.1 和 0.1。请注意，在这种情况下没有指定处理变量，因为只有一组

```
gen basew=1
ebalance treat age edu black, tar(3) basewt(basew) norm(2)
```
//basewt(basew)选项用于为用户提供基础权重。此外，norm(2)选项用于将控制组的总权重设置为处理组总权重的两倍

```
replace basew=5 if treat==1 & age>30
ebalance treat age edu black, tar(3) basewt(basew) norm(2) wttr    //当
```
指定 wttreat 时，处理组的基础权重也来自于 basewt(basew)。因此，结果与上面略有不同。wttreat 指定应考虑处理组的调查权重。权重存储在 basewt() 指定的变量中

```
ebalance treat age edu black, tar(3) maxi(15)
ebalance treat age edu black, tar(3) maxi(15) tol(1)    //在第一个示例中,
```
优化不会在默认容忍度内收敛，因此 ebalance 返回上次迭代的权重。在第二个示例中，增加了容忍度 tol() 以放宽收敛标准

********广义倾向得分匹配*********
```
gpscore varlist [if] [in] [weight] , t(varname) gpscore(newvar)
predict(newvar) sigma(newvar) cutpoints(varname) index(string)
nq_gps(#) [t_transf(transformation) normal_test(test) norm_level(#)
test_varlist(varlist) test(type) flag(#) detail]
```
*gpscore：广义倾向得分的计算命令
*varlist：需要计算广义倾向得分的自变量列表。这些变量通常是研究对象的特征，如年龄、性别、教育水平等
*[if]和[in]：这两个选项用于指定计算广义倾向得分的条件。例如，可以设置某些变量取值范围、研究对象类型等

*weight：用于计算广义倾向得分的权重变量。权重变量通常是处理变量的一个函数，如处理概率

*t(varname)：这个选项用于指定生成倾向得分的变量。例如，可以指定倾向得分为处理概率

*gpscore(newvar)：这个选项用于指定计算广义倾向得分的新变量名

*predict(newvar)：这个选项用于预测新变量

*sigma(newvar)：这个选项用于计算新变量的标准差

*cutpoints(varname)：这个选项用于指定某个变量（如处理变量）的 cutpoints

*index(string)：这个选项用于指定生成的新变量名

*nq_gps(#)：这个选项用于指定生成的新变量数量

*[t_transf(transformation) normal_test(test) norm_level(#)：这些选项用于指定转换函数、正态检验类型和归一化水平

*test_varlist(varlist)：这个选项用于指定用于测试的变量列表

*test(type)：这个选项用于指定测试类型，如总体检验或配对检验

*flag(#)：这个选项用于指定测试的 flag 值

*detail：这个选项用于显示详细信息

doseresponse_model treat_var GPS_var [if] [in] [weight] , outcome(varname)
[cmd(regression_cmd) reg_type_t(string) reg_type_gps(type) interaction(#)]

*这是一个用于拟合剂量—反应模型（Dose-Response Model）的 Stata 命令。剂量—反应模型用于分析自变量对因变量的影响，其中自变量通常表示处理的剂量或水平。以下是对这个命令的详细解释

*doseresponse_model：这是剂量—反应模型的计算命令

*treat_var：这是表示处理的变量。在剂量—反应模型中，处理变量通常是自变量的函数，如剂量、水平等

*GPS_var：这是广义倾向得分（Generalized Propensity Score，GPS）的变量。广义倾向得分是一种用于处理观测数据中的选择性偏差的方法，它可以同时考虑多个处理变量的影响

*[if]和[in]：这两个选项用于指定计算广义倾向得分的条件。例如，可以设置某些变量取值范围、研究对象类型等

*weight：这是用于计算广义倾向得分的权重变量。权重变量通常是处理变量的一个函数，如处理概率

*outcome(varname)：这个选项用于指定因变量。在剂量—反应模型中，因变量通常是响应变量，如效应大小、反应概率等

*[cmd(regression_cmd)：这个选项用于指定回归命令。在 Stata 中，可以使用 xtreg、areg 等回归命令来拟合剂量—反应模型

*reg_type_t(string)：这个选项用于指定回归类型，如线性回归、逻辑回归等

*reg_type_gps(type)：这个选项用于指定广义倾向得分回归类型，如 GPS 线性回归、GPS 逻辑回归等

*interaction(#)：这个选项用于指定交互项。在剂量—反应模型中，可以添加交互项来考虑剂量和自变量之间的相互作用

```
doseresponse varlist [if] [in] [weight] , outcome(varname) t(varname)
gpscore(newvar) predict(newvar) sigma(newvar) cutpoints(varname)
index(string) nq_gps(#) dose_response(newvarlist)
[t_transf(transformation) normal_test(test) norm_level(#)
test_varlist(varlist) test(type) flag(#) cmd(regression_cmd)
reg_type_t(type) reg_type_gps(type) interaction(#) tpoints(vector)
npoints(#) delta(#) filename(filename) bootstrap(string) boot_reps(#)
analysis(string) analysis_level(#) graph(filename) detail]
```

*varlist：需要计算广义倾向得分的自变量列表。这些变量通常是研究对象的特征，如年龄、性别、教育水平等

*[if]和[in]：这两个选项用于指定计算广义倾向得分的条件。例如，可以设置某些变量取值范围、研究对象类型等

*weight：这是用于计算广义倾向得分的权重变量。权重变量通常是处理变量的一个函数，如处理概率

*outcome(varname)：这个选项用于指定因变量。在剂量—反应模型中，因变量通常是响应变量，如效应大小、反应概率等

*t(varname)：这个选项用于指定生成倾向得分的变量。例如，可以指定倾向得分为处理概率

*gpscore(newvar)：这个选项用于指定计算广义倾向得分的新变量名

*predict(newvar)：这个选项用于预测新变量

*sigma(newvar)：这个选项用于计算新变量的标准差

*cutpoints(varname)：这个选项用于指定某个变量（如处理变量）的cutpoints

*index(string)：这个选项用于指定生成的新变量名

*nq_gps(#)：这个选项用于指定生成的新变量数量

*dose_response(newvarlist)：这个选项用于指定剂量—反应模型的新变量列表

*[t_transf(transformation)：这个选项用于指定转换函数。在Stata中，可以使用log、logit、sqrt等函数进行转换

*normal_test(test)：这个选项用于指定正态检验类型，如总体检验或配对检验

*norm_level(#)：这个选项用于指定归一化水平

*test_varlist(varlist)：这个选项用于指定用于测试的变量列表

*test(type)：这个选项用于指定测试类型，如总体检验或配对检验

*flag(#)：这个选项用于指定测试的flag值

*cmd(regression_cmd)：这个选项用于指定回归命令。在Stata中，可以使用xtreg、areg等回归命令来拟合剂量—反应模型

*reg_type_t(type)：这个选项用于指定回归类型，如线性回归、逻辑回归等

*reg_type_gps(type)：这个选项用于指定广义倾向得分回归类型，如GPS线性回归、GPS逻辑回归等

*interaction(#)：这个选项用于指定交互项。在剂量—反应模型中，可以添加交互项来考虑剂量和自变量之间的相互作用

*tpoints(vector)：这个选项用于指定剂量—反应曲线上的点

*npoints(#)：这个选项用于指定在剂量—反应模型中使用的点数

*delta(#)：这个选项用于指定剂量变化的大小

*filename(filename)：这个选项用于指定输出文件的文件名

*bootstrap(string)：这个选项用于指定 bootstrap 选项，如 boot once、boot replicate 等

*boot_reps(#)：这个选项用于指定进行 bootstrap 的重复次数

*analysis(string)：这个选项用于指定分析类型，如 main、supplemental 等

*analysis_level(#)：这个选项用于指定分析水平，如 level1、level2 等

*graph(filename)：这个选项用于指定图形文件的文件名

*以中国工业经济的论文《"减碳"政策制约了中国企业出口吗》为例介绍该方法的应用
doseresponse2 lgross_value lnk tfp finan age ex RD subsidy NZ _I*, outcome(export_avg) ///
          t(treat)   gpscore(gps)   predict(t_hat)   sigma(sd)   cutpoints(cut)   index(mean) ///
     nq_gps(4)   flag_b(0)   dose_response(dose_res)   reg_type_t(cubic)   reg_type_gps(cubic) ///
     family(bin)   link(logit)   tpoints(tp)   bootstrap(yes)   boot_reps(100)   analysis(yes) ///
     analysis_level(0.95)   filename("output_avg_cubic_boostap_2010") ///
     graph("graph_avg_cubic_boostrap_2010")

*（1）doseresponse2 计算广义倾向得分的命令，当数据是非正态分布时，用得比较多，基本上都是非正态分布（正态分布用 doseresponse）

*（2）后面紧跟协变量，Outcome（结果变量，因变量），这里是衡量企业出口情况的变量

*（3）t(处理变量，因变量)，本文 treat 代表的就是衡量"减碳政策"水平的变量

*（4）gpscore(一个新名字)，把生成的 gps 值以括号里的名称命名，本文将生成的广义倾向得分值命名为 gps

*（5）predict(一个新名字)，设置保存拟合处理效应的值，本文把拟合处理效应的值命名为 t_hat

*（6）sigma(新名字)，设置保存处理变量拟合值的标准差，本文命名为 sd

*（7）cutpoints(起到切分作用的变量名字)，设置对处理变量进行切分的变量

*（8）flag_b(1 或 0 或 2)，是否进行平衡性检验和正态性检验，0 表示两个都不进行，1 表示只进行平衡性检验，2 表示只进行正态性检验

*（9）dose_response(一个新名字)，设置的保存剂量反应值（成绩）的变量，这里称为 dose_res

*（10）reg_type_t(quadratic 或者 cubic) 和 reg_type_gps(quadratic 或者 cubic)，模型回归的最高次数共有几次，2 次还是 3 次，就是设置产出变量的条件期望模型时，式子是用户自己设置的，可以自己决定最高次用 2 次还是 3 次，对于 2 个变量，最高都设置为 3 次

*（11）bootstrap(yes 或者 no)，是否用 bootstrap 算法进行计算，估计最后的剂量反应函数值

*（12）analysis(string) 剂量反应绘制估计的剂量反应函数，YES 就是画图，NO 就是不画图

*（13）analysis_level(#) 设置置信区间的水平，默认值是 0.95

*********广义精确匹配*********

*cem 命令的基本语法如下：
cem treatment_var, group(match_var) [options]
*其中，treatment_var 是二进制的处理变量，代表了个体是否接受了某种处理或干预；match_var 是用于匹配的自变量，可以是连续变量、分类变量或离散变量
/*cem 命令的一些常见选项包括：
strata(varlist)：指定用于分层的变量列表，将数据分成多个子群组，然后在每个子群组内执行 CEM
drop(matches)：在匹配完成后，将未匹配成功的观测从数据集中删除
keep(matches)：保留匹配成功的观测，从而生成一个新的数据集
*/
/*下面以一个实证会计应用例子来说明 cem 命令的使用
假设我们想研究企业财务报告中是否披露了非审计服务（Non-Audit Services, NAS）对财务报告质量的影响。我们有一个处理变量 treatment，其取值为 1 表示披露了 NAS，为 0 表示没有披露。我们还有一些自变量作为匹配变量，如企业规模、行业分类、资产负债比等。我们希望通过 CEM 方法来消除选择偏差

首先，我们可以使用 cem 命令进行匹配：
*/
cem treatment, group(match_var1 match_var2) strata(strat_var) drop(matches)
*上述命令将使用 treatment 作为处理变量，match_var1 和 match_var2 作为匹配变量，strat_var 作为分层变量。在匹配完成后，未匹配成功的观测将被删除
*然后，我们可以使用匹配后的数据进行进一步的分析，比如回归分析：
reg outcome_var treatment [other control variables]
*在这个例子中，我们使用匹配后的数据集，对因变量 outcome_var 进行回归分析，并控制其他可能的干扰变量
*通过以上步骤，我们可以利用 cem 命令进行广义精确匹配，并进一步研究处理效应

1. 分析倾向得分匹配的基本原理。
2. 简要介绍熵平衡匹配方法的突出优势。
3. 广义倾向得分匹配与传统倾向得分匹配的异同点有哪些？
4. CEM 匹配与 PSM 匹配等传统匹配方法相比有什么突出优势？

# 第7章 双重差分及其衍生模型

【教学要求】

通过本章教学，学生能够熟悉并掌握传统双重差分模型、多期双重差分模型、三重差分模型及PSM-DID模型等模型的基本原理。从模型的原理出发，根据不同应用场景选择适当的双重差分模型，再到模型的设定以及对所应用模型的改进，本章较为全面地向学生展示了主流双重差分模型的应用。本章教学最后为同学们拓展了一些其他新的衍生方法，学生需对其进行理解和熟悉。

【教学重点】

传统双重差分模型；多期双重差分模型；三重差分模型；PSM-DID模型。

【教学难点】

三重差分模型；PSM-DID模型；双重差分衍生方法。

【思政元素】

创新精神、批判性思维和实事求是。

## 7.1 应用背景

Ashenfelter等（1985）在研究CETA项目培训的收益时，首次引入DID模型，之后，该模型受到了学术界的极大重视，在计量经济学和社会学中广泛应用。计量经济学中的"可信性革命"对会计研究产生了深远的影响。正如第4章介绍的工具变量法、第6章介绍的匹配方法以及本章将要深入分析的双重差分模型，这些基于潜在因果模型的因果效应识别方法，正逐渐成为会计学领域实证研究的核心范式。其中，双重差分模型凭借其简单性和直观性等优势被学者广泛应用，其在会计研究的实证工作中的使用呈爆炸式增长。2011—2020年，五大会计杂志发表了500多篇文章，引用了双重差分模型（见图7-1）。

扩展阅读7.1 政策评估"三板斧"

也有许多中国学者借助双重差分模型（DID）研究分析各种政策的效果。例如，聂辉华等（2009）第一次利用全国企业层面的数据，构建面板双重差分模型，探究增值税转型政策对企业固定资产投资、雇佣和研发行为以及生产率的影响，研究发现，增值税转型显著地促进了企业对固定资产的投资，提高了企业的资本劳动比和生产率；叶丰滢等（2020）

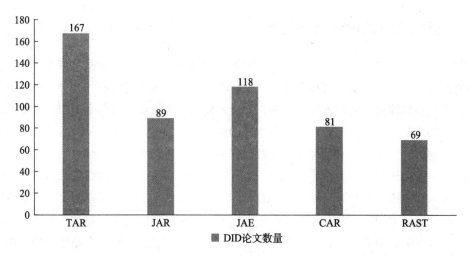

图 7-1　2011—2020 年发表在五大会计杂志的 DID 论文数量

注：五大会计杂志分别是 TAR(the Accounting Review)、JAR(Journal of Accounting Research)、JAE(Journal of Accounting and Economics)、CAR(Contemporary Accounting Research) 和 RAS(the Review of Accounting Studies)。

基于我国 2010 年颁布的审计收费限价政策的准自然实验，借助双重差分模型，考察审计收费对审计质量的影响，发现审计收费限价政策有助于提高小型会计师事务所的审计质量。而这些只是双重差分模型在中国会计研究领域中的应用的沧海一粟。

正如前文举例的文献所展示的，双重差分模型在会计研究领域主要被应用于评估各种政策或外部冲击的效应。而双重差分模型能够超越众多实证模型成为会计实证研究的主流方法之一，自然是因为其突出的优势。

### 7.1.1　模型设置更加科学

传统的回归方法评估政策的效果，主要是通过设置政策发生的虚拟变量，然后简单加入公式中进行回归。相较之下，双重差分模型通过设置分组虚拟变量与政策实施虚拟变量，并引入二者的交乘项加以评估，同时，双重差分模型借助个体数据进行回归，而非直接对比政策实施前后样本的均值变化，这种设置更加科学，对于政策效果的估计更为准确。

### 7.1.2　较大程度上避免内生性问题

因为政策相较于微观主体一般都是外生的，不存在反向因果关系，所以相较于简单的回归（OLS），双重差分模型可以很好地避免简单回归中常见的内生性问题。进一步地，如果采用的数据是面板数据，则引入双向固定效应，使双重差分模型可以同时控制样本之间难以观测的个体异质性和随时间变化的难以观察的总体因素的干扰，进而获得对政策效应的无偏估计。

### 7.1.3 模型原理的设计简单易懂

与其他实证模型相比，双重差分模型的原理简单易懂：首先比较受政策影响个体在政策实施前后的差异，其次比较同期未受政策影响个体在政策实施前后的差异，最后前者减去后者，就得到政策实施的效应。另外，双重差分模型实质就是将两个虚拟变量及其交乘项同时添加进公式中进行回归，不需要额外的复杂处理，操作简单方便，容易上手。

一般而言，只要一个外部冲击对于我们研究的因变量产生了两个维度的影响，我们就可以初步考虑采用双重差分模型（DID）来研究这个外部冲击对于因变量的影响。而随着研究的深入，传统的双重差分模型（DID）已经不能够满足学者的研究需要，于是在传统的双重差分模型（DID）的基础上，又进一步衍生出新的 DID 模型，以适应不断变化的研究需要，如多期 DID 模型、三重差分模型（DDD）等。因此，本章先介绍传统的双重差分模型（DID）的原理、适用情况、前提条件及稳健性检验，在此基础上介绍后续衍生 DID 模型的改进。

## 7.2 传统双重差分模型

### 7.2.1 基本原理

DID 设计是应用经济学研究中识别因果效应最常用的方法之一。在其最简单的形式中，DID 设计包括一个单一的政策（处理），两个不连续的时期（政策实施前和政策实施后），以及两组接受（处理组）和不接受（对照组）政策的单位。在这种"2×2"设计中，通过比较处理组平均结果的变化和对照组平均结果的变化，可以根据经验估计政策对因变量结果的影响。

我们先从计量角度解释 DID 模型的有效性。研究政策效果的实质是探究政策实施后受政策影响的个体的因变量结果（$Y_{i,t}(1)$）与同个体在政策实施后未受政策影响其因变量的结果（$Y_{i,t}(0)$，也称为反事实结果）之间的差异，研究者需要得到的因果估计量，是这些受政策影响的个体的平均处理效果（average treatment effect on the treated，ATT），定义为受政策影响的个体之间的平均差值，即 $Y_{i,t}(1) - Y_{i,t}(0)$。

但是准确识别 ATT 面临一个基本的数据缺失问题：对于任何一个个体，我们在同一时间只能观察到一个结果（$Y_{i,t}(1)$ 或 $Y_{i,t}(0)$），因此难以真正得到 $Y_{i,t}(1) - Y_{i,t}(0)$ 的准确值。但是 DID 模型利用政策实施后对照组的结果来替代政策实施后处理组未受政策影响的结果（$Y_{i,t}(0)$），巧妙地解决了这一问题。但这种替代并非无条件，而是必须满足一个关键假设：政策实施前对照组因变量的变化趋势与处理组未受政策影响的趋势相同（即平行趋势假设，也称共同趋势假设）。设 ATT = $\alpha$，$D$ 为是否受政策影响的虚拟变量，当个体受政策影响时取 1，否则取 0。

$$\begin{aligned}
\alpha &= E[Y_{i,1}(1) - Y_{i,1}(0)|D_i = 1] \\
&= E[Y_{i,1}(1) - Y_{i,0}(1)|D_i = 1] - E[Y_{i,1}(0) - Y_{i,0}(0)|D_i = 1] \\
&= E[Y_{i,1}(1) - Y_{i,0}(1)|D_i = 1] - E[Y_{i,1}(0) - Y_{i,0}(0)|D_i = 0]
\end{aligned} \quad (7-1)$$

式（7-1）中的第一个等号代表研究所要得到的估计量，但囿于现实数据缺失，不能直接估计得到；第二个等号通过加减 $Y_{i,0}(0)$ 得到，且假设没有预期的政策实施，因此 $Y_{i,0}(0) = Y_{i,0}(1)$，因为 $Y_{i,1}(0)$ 和 $Y_{i,0}(0)$ 难以直接观测到，因此第二个等号也不能直接估计得到；第三个等号来自平行趋势假设：$E[Y_{i,1}(0) - Y_{i,0}(0)|D_i = 1] = E[Y_{i,1}(0) - Y_{i,0}(0)|D_i = 0]$，如此就可以直接通过数据估计得到无偏的 $\alpha$。

了解了 DID 模型背后严密的逻辑构建，我们接下来从更为直观的表格形式了解 DID 模型的基本原理。DID 的全称是 Difference-in-Differences，顾名思义，即差分中的差分。因此存在两重差分，如表 7-1 所示。首先，我们将政策实施前处理组和对照组的因变量结果分别定义为 $Y = TF$、$Y = CF$，由于选择性偏差，所以二者并不相同；其次，我们将政策实施后对照组的因变量结果定义为 $Y = CF + T$，将政策实施后处理组的因变量结果定义为 $Y = TF + (T + A)$；再次，通过比较处理组与对照组在政策实施前后各自的结果差异，得到两个第一重差分，分别是 $T + A$、$T$，前者包含处理组的时间变化趋势和政策效果，后者指对照组的时间变化趋势；最后，如果平行趋势假设成立，即处理组的时间变化趋势与对照组的时间变化趋势相同，则通过两个第一重差分的比较，可以得出第二重差分（$A$），即政策实施效果。

表 7-1 传统 DID 的双重差分

| 组别 | 政策实施前后 | 因变量结果 | 第一重差分 | 第二重差分 |
|---|---|---|---|---|
| 处理组 | 前 | $Y = TF$ | $T + A$ | $A$ |
| | 后 | $Y = TF + (T + A)$ | | |
| 对照组 | 前 | $Y = CF$ | $T$ | |
| | 后 | $Y = CF + T$ | | |

## 7.2.2 适用条件

由 DID 的基本思想可知，使用传统的 DID 模型必须同时满足以下五个必要条件。

一是研究的政策必须是试点型政策，如房地产税试点、减免个人所得税的实施等，不可以是一刀切、全面铺开的政策，因为如果是全面铺开的政策，我们难以找到未受政策影响的控制组。

二是所使用的数据集不可以是横截面数据，必须是至少包括政策实施前后各一年的面板数据，否则难以实现时间维度的差分。

三是必须满足平行趋势假设：处理组的时间变化趋势与对照组的时间变化趋势相同，在政策实施之前，处理组和对照组的因变量变化趋势应保持一致。

四是需要满足单位处理变量值稳定假设（SUTVA）条件：不同个体是否受到政策冲击是相互独立的，某一个体受政策冲击的情况不影响任何其他个体的结果。简单来说，即政策的实施只影响处理组，不会对对照组产生交互影响，或者政策干预不会产生外溢效应，否则无法通过对照组的时间趋势来替代处理组的反事实趋势。

五是应该满足线性形式条件：潜在因变量同处理变量和时间变量之间需要满足线性条件。

### 7.2.3 模型设定

根据时期与组别数量的不同，DID 模型又进一步分为标准 DID 模型和双向固定效应（TWFE）DID 模型。

**1. 标准 DID 模型**

标准 DID 模型适用于两组/两个时期（2×2）的情况，研究人员通常通过普通线性回归（OLS）获得 DID 估计值。其模型形式如下：

$$Y_{i,t} = \alpha_0 + \alpha_1 \text{Treat}_i + \alpha_2 \text{Post}_t + \alpha_3 \text{Treat}_i \times \text{Post}_t + \gamma \text{Controls} + \varepsilon_{i,t} \quad (7\text{-}2)$$

其中，$\text{Treat}_i$ 是分组变量，处理组取 1，控制组取 0；$\text{Post}_t$ 是政策时点变量，政策实施之后取 1，政策实施之前取 0；交乘项 $\text{Treat}_i \times \text{Post}_t$ 是政策效果变量，政策实施之后处理组取 1，否则取 0；Controls 代表模型中的所有控制变量；$\varepsilon_{i,t}$ 为随机误差项。

表 7-2 直观地说明了传统 DID 模型中的主要系数含义，从个体维度（纵向）出发，第一重差分 $\alpha_1$、$\alpha_1 + \alpha_3$ 分别表示政策实施前后处理组与控制组的差异（个体差异），从时间维度（横向）出发，第一重差分 $\alpha_2$、$\alpha_2 + \alpha_3$ 分别表示控制组与处理组在政策实施前后的差异（时间差异），而无论是先从个体维度出发还是先从时间维度出发，我们都得到相同的第二重差分 $\alpha_3$，其表示政策实施后处理组与控制组的差异，即政策的净效应。

**表 7-2 传统 DID 模型的主要系数含义**

| 系数 | 政策实施前（Post =0） | 政策实施后（Post =1） | 差分 |
|---|---|---|---|
| 控制组（Treat =0） | $\alpha_0$ | $\alpha_0 + \alpha_2$ | $\alpha_2$ |
| 处理组（Treat =1） | $\alpha_0 + \alpha_1$ | $\alpha_0 + \alpha_1 + \alpha_2 + \alpha_3$ | $\alpha_2 + \alpha_3$ |
| 差分 | $\alpha_1$ | $\alpha_1 + \alpha_3$ | $\alpha_3$ |

**2. 双向固定效应 DID 模型**

在多于两个时期和组别的情况下，形成面板数据，而面板数据通常采用双向固定效应，因为固定效应能够更为精确地反映两个维度上的变异性，并且可以在一定程度上帮助研究者缓解遗漏变量偏误问题，因此研究者一般习惯在简单 DID 模型中引入双向固定效应，形成双向固定效应 DID 模型，模型形式如下：

$$Y_{i,t} = \alpha_0 + \alpha_1 \text{Treat}_i \times \text{Post}_t + \lambda_i + \mu_t + \gamma \text{Controls} + \varepsilon_{i,t} \quad (7\text{-}3)$$

其中，$\lambda_i$ 是个体固定效应，取代了式（7-2）中的 $\text{Treat}_i$，能够更准确地反映个体特征（前者控制到个体层面，而后者仅控制到组别层面）；$\mu_t$ 是时间固定效应，取代了式（7-2）中的 $Post_t$，对于时间特征的衡量更为精准（前者控制了每一期的时间效应，而后者仅控制处理期前后的时间效应）；交乘项 $Treat_i \times Post_t$ 仍是政策效果变量，政策实施之后处理组取 1，否则取 0；Controls 代表模型中的所有控制变量；$\varepsilon_{i,t}$ 为随机误差项。需要说明的是，同一个公式中，$\lambda_i$ 与 $Treat_i$，$\mu_t$ 与 $Post_t$ 不能同时存在，因为前者比后者包含了更多的信息，如果同时加入，会导致严重的多重共线性。

### 7.2.4 稳健性检验

为了充分验证 DID 模型估计的所有效应均由政策实施所导致，必须再进行稳健性检验，传统 DID 模型的稳健性检验主要分为两步。

**1. 平行趋势检验**

前文提到 DID 模型必须满足平行趋势假设才能得到准确无偏的估计量，这是 DID 模型最为重要的假设前提，因此必须对是否存在平行趋势进行检验。对于两组两期的简单 DID 模型，平行趋势假设是无法被验证的，对于时期较多的数据，可以采用以下两种方法进行检验。

1）趋势图法

以时间为横坐标，因变量均值为纵坐标，绘制政策实施前后处理组与控制组的因变量均值随时间变化的趋势图，通过比较二者的时间趋势来初步判断，如果趋势完全一致或者基本一致，可以说明平行趋势假设成立。这种方法比较适用于时间序列较长且结果变量均值跨期波动平缓的情形。趋势图还有助于展示政策冲击的强度，为后续的统计检验做铺垫。

2）回归法

将模型中的变量 Post 替换为年份虚拟变量，年份虚拟变量个数与政策实施前的年份数保持一致，同时形成同样个数与 Treat_year 的交乘项。此时交乘项反映政策实施前某个年份处理组与对照组之间的差异。如果所有交乘项的系数均不显著，表明政策实施前处理组与对照组不存在显著差异，因此满足平行趋势假设。一般而言，即使个别交乘项的系数显著，但只要所有交乘项的系数联合不显著，平行趋势假设也还是成立的。

**2. 安慰剂检验**

即使满足了平行趋势假设，还不能够立刻下结论认为所得出的结果是完全由所研究的政策实施所导致的，因为现实中同时期可能还存在其他影响因变量的因素。为了排除这些因素影响结果的可能性，需要进行安慰剂检验，其中心思想就是通过构造虚拟的处理组进行回归检验。

第一步：选取政策实施之前的年份进行处理。例如，政策发生在 2018 年，研究区间为 2016—2020 年。我们可以把研究区间向前移动到 2012—2016 年，并假定政策实施年份为 2014 年，然后进行回归。

第二步：选取已知的并不受政策实施影响的群组作为处理组进行回归。如果不同虚构方式下的 DID 估计量的回归结果依然显著，说明原来的估计结果很有可能出现了偏误。

此外，还可以利用不同的对照组进行回归，看研究结论是否依然一致，或者选取一个完全不受政策干预影响的因素作为被解释变量进行回归，如果 DID 估计量的回归结果依然显著，说明原来的估计结果很有可能出现了偏误。如果以上回归结果显著，说明原结果是一定有问题的，而如果回归结果不显著，并不一定能表明原结果没问题。

## 7.3 多期双重差分模型

在传统 DID 模型中隐含着一个前提条件，即处理组中所有个体必须同时接受同一政策冲击。但现实中许多政策往往是先在某些地方试点，有所成效之后再逐步推行，如央企的强制性分红政策、增值税转型、土地确权、新农保实施等，此时政策是从不同时间冲击不同的处理个体的。针对这种情况，可以考虑采用多期 DID 模型。

多期 DID 模型又称异时 DID、多时点 DID、渐进 DID、交叠 DID 和交错 DID（staggered DID），是传统 DID 模型的拓展。与传统 DID 模型政策实施时点单一的特点不同，多期 DID 模型适用于同一政策在受影响个体中分时点实施的情况，其高度的灵活性满足了众多学者的研究需要，因此被广泛使用。据 Baker 等（2022）统计，2000—2019 年在国际前五大金融期刊和五大会计期刊上共计 744 篇论文使用 DID 模型，其中，407 篇（占地 55%）论文使用了多期 DID 模型，而这 407 篇中又有 394 篇（占地 97%）是 2010 年以来发表的。由此可见近十年间多期 DID 模型逐渐成为主流实证方法之一。

### 7.3.1 多期双重差分模型的原理

在多期 DID 中，不同个体的政策实施时点（$Post_t$）是不同的，所以政策时间变量 $Post_t$ 会变成 $Post_{i,t}$，表明政策实施时间因个体而异。但是，我们一般不需要生成政策分组变量和政策时间变量的交互项 $Treat_i \times Post_t$，而仅仅使用一个虚拟变量 $Policy_{i,t}$ 予以替代就可以了，用以表示个体 $i$ 在 $t$ 期是否实施政策。所以对于多期 DID，我们见到更多的会是下面这个模型：

$$Y_{i,t} = \alpha_0 + \alpha_1 Policy_{i,t} + \lambda_i + \mu_t + \gamma Controls + \varepsilon_{i,t} \tag{7-4}$$

其中，$\lambda_i$ 表示个体固定效应；$\mu_t$ 表示时间固定效应；Controls 代表模型中的所有控制变量；$\varepsilon_{i,t}$ 为随机误差项，变量 $Policy_{i,t}$ 的系数 $\alpha_1$ 就是研究关注的整体的平均效应。系数 $\alpha_1$ 为：

$$\begin{aligned}\alpha_1 &= \{E[Y_{i,t} | Treat_i = 1, Post_{i,t} = 1] - E[Y_{i,t} | Treat_i = 1, Post_{i,t} = 0]\} \\ &\quad - \{E[Y_{i,t} | Treat_i = 0, Post_{i,t} = 1] - E[Y_{i,t} | Treat_i = 0, Post_{i,t} = 0]\} \\ &= (Y_1 - Y_0) - (C_1 - C_0) = (\alpha_1 + \mu_t) - \mu_t \\ &= (Y_1 - C_1) - (Y_0 - C_0) = (\alpha_1 + \lambda_i) - \lambda_i\end{aligned} \tag{7-5}$$

童盼等（2022）基于强制性分红政策"分批分次、逐步推行"的特点，以受强制性分红政策影响的央企上市公司为处理组，以从未受政策影响的民企上市公司为对照组，运用多期双重差分模型，研究强制性分红政策给央企集团带来的分红压力如何通过内部资本市场传导给下属子公司。

$$\text{NET}_{i,t} = \alpha_0 + \alpha_1 \text{DID}_{i,t} + \alpha_n \text{Ctrl}_{i,t} + \sum \text{Firm} + \sum \text{Year} + \varepsilon_{i,t} \quad (7\text{-}6)$$

其中，被解释变量 $\text{NET}_{i,t}$ 为公司 $i$ 于第 $t$ 年的内部资本市场母公司资金净流入量。解释变量 DID 为 PY 与 State 的交乘项：PY 表示强制性分红政策实施及上缴比例提高带来的分红压力，State 表示股权性质。在多期双重差分模型中，PY 与 State 分别被年度固定效应（Year）和个体固定效应（Firm）所吸收，因此在该模型中只保留交乘项 $\text{DID}_{i,t}$。$\text{Ctrl}_{i,t}$ 表示上市公司层面控制变量。$\varepsilon_{i,t}$ 为残差项。

回归结果显示 $\text{DID}_{i,t}$ 的系数 $\alpha_1$ 均在 1% 水平上显著为正，这说明在开始向国资委上缴一定比例的收益后，相对于民营企业，央企的母公司资金净流入量更高，即资金的净流向更多表现为流入母公司。

## 7.3.2 多期双重差分的偏误

多时期 DID 的广泛应用反映了学者对于这种模型的信赖，学者普遍认为与简单的 2×2 DID 设计相比，多期 DID 模型的优势源于处理周期的变化，设计更加稳健，而且可以减轻同时期趋势对于政策效果估计的干扰。

但是，计量经济学最新的研究成果（de Chaisemartin et al.，2020；Goodman-Bacon，2021；Sun et al.，2021）表明存在处理效应异质性（Heterogeneous Treatment Effect，同一处理对于不同个体产生的效果存在差异）时，传统的双向固定效应多期 DID 模型存在偏误。

**1. TWFE 在估计静态模型时的潜在问题**

式（7-4）展示的模型属于静态模型，Goodman-Bacon（2021）将静态模型中的估计系数 $\alpha_1$ 进行分解，解释了这种偏误的来源。

假设多期 DID 模型存在三个组：早期处理组（$k$）、后期处理组（$l$）和从未处理组（$U$）。如图 7-2 所示，组 $k$ 和组 $l$ 是相似的，因为它们都被处理过，但是它们的处理时间不同，组 $k$ 比组 $l$ 被处理得早。而处理时间的长短非常关键，将会决定处理组的处理方差，从而影响特定一组 2×2 比较在通过 TWFE 回归得出的 DID 估计中的权重。

式（7-4）得到的 $\alpha_1$ 估计值可以分解为若干 2×2 DID 估计量的加权平均数。这些 DID 估计量按照处理组和控制组的相互处理状态可以分为四类：早期处理组（$k$）对比从未处理组（$U$）；后期处理组（$l$）对比从未处理组（$U$）；早期处理组（$k$）对比后期处理组（$l$）；后期处理组（$l$）对比早期处理组（$k$）。如图 7-3 所示。

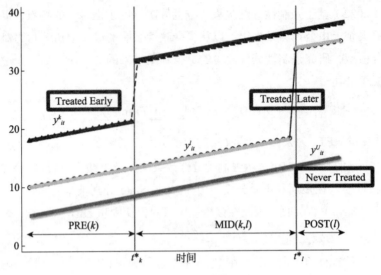

图 7-2　三组的多期 DID

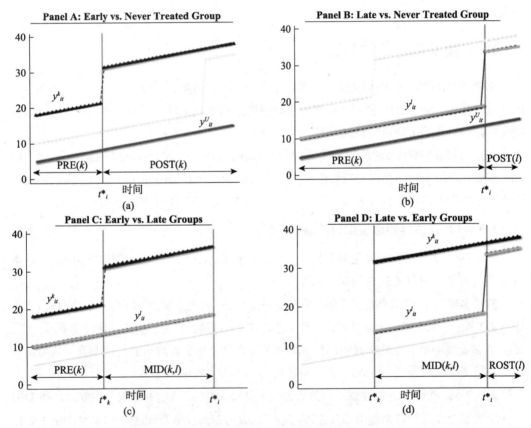

图 7-3　三组比较多时期 DID 设计中的四个 2×2 DID

注：此图绘制了在早期处理组、晚期处理组和未处理组的情况下产生四个简单 2×2 DID 估计值的组和时间段。图 7-3(a)比较了早期处理的单位和未处理的单位，而图 7-3(b)比较了晚期处理的单位和未处理的单位。图 7-3(c)比较了晚期组前期早期处理单位和晚期处理单位，而图 7-3(d)比较了早期组后期晚期处理单位和早期处理单位。

可以看出，如果满足平行趋势假定，前三种情况的控制组都是合理的。但第四种情况中，早期处理组（$k$）作为后期处理组（$l$）的控制组，此时，控制组的趋势掺杂了处理效应，因而不是一个好的控制组（"不良比较"）。当第四类在所有 2×2 DID 估计量中占有较大比例时，便可能导致 $\alpha_1$ 估计值与实际的处理效应相差很大，甚至可能具有相反的符号。

对此，Goodman-Bacon 提出：根据上述 DID 分解定理，可以计算这四类 2×2 DID 估计量的具体大小和权重，并考察第四类估计量的权重和大小情况。如果第四类估计量的估计系数与其他三类估计量相比相差不大，且权重很小，则不会对结果产生显著影响，此时可以接受 TWFE 的估计结果。但如果第四类估计量的权重很大，便需要采取其他估计方法，以获得对真实处理效应的更优估计。

**2. TWFE 在估计动态模型时的潜在问题**

实证中，学者会采用动态双向固定效应模型（dynamic TWFE）进行事件研究。通常做法是，在样本期 $[T_1, T_2]$ 中加入一系列表示相对于接受处理时点时长的虚拟变量，公式如下：

$$Y_{i,t} = \alpha_i + \lambda_t + \sum_{-T_1 \leq r \leq T_2, r \neq -1} 1[\text{Policy}_{i,t} = r] \beta_r + \varepsilon_{i,t} \quad (7\text{-}7)$$

其中，$1[\text{Policy}_{i,t} = r]$ 是一个指示变量，指示个体 $i$ 观测时点 $t$ 距离接受处理时点是否为 $r$ 期。实际操作中，研究者一般会根据样本总时期长短对 $r$ 进行部分归并（Bin）处理，并且为了避免多重共线性问题常会将"−1"期排除在外作为基期。$\beta_r$ 则是我们感兴趣的估计系数，即动态平均处理效应（dynamic treatment effect）。

Sun 等（2021）指出，当存在处理效应异质性时，TWFE 的估计动态模型估计系数也可能会存在偏误并很难解释，原因有三点：首先，与静态估计一样，动态估计也可能因为存在"不良比较"问题而产生偏误；其次，$\beta_r$ 系数可能给予一些非 $r$ 期的样本正的权重，使得每个 $\beta_r$ 可能受到来自其他时期的系数的"交叉污染"（cross-lag contamination）；最后，处理效应异质性还可能导致平行趋势检验方法失效。即便是所有时期在事实上都满足平行趋势，使用传统的动态双向固定效应估计量也可能得到不满足平行趋势的结论。

### 7.3.3 诊断与解决其偏误

综上所述，导致多期 DID 模型存在偏误的主要原因是处理效果异质性的存在，包含接受处理的时间长度不同和接受处理的时间点不同。为解决该问题，学者研究出不同的方法，刘冲等（2022）经总结得出结论，现有文献中有三种解决思路。第一种：计算组别—时期处理效应并进行加权平均。其中心思想是避免"不良比较"，只选取非"不良比较"计算组别—时期处理效应，再通过组别和时期两个维度进行加权平均得到平均处理效应。代表作者有 de Chaisemartin 等（2020，2022）、Sun 等（2021）、Callaway 等（2021）。第二种：利用插补的方法插补出合理的反事实对照组。核心思想是从对照组样本中估计出每个处理组个体每个时期的反事实结果变量，从而避免"不良比较"。代表作者有 Borusyak 等（2022）、

Xu（2017）、Liu 等（2022）、Gardner（2022）和 Wooldridge（2021）。第三种：利用堆叠回归的方式。重点是给每个处理组选择非"不良比较"组成数据集，按照相对事件时间（而不是日历时间）堆叠数据集并进行回归估计。代表作者是 Cengiz 等（2019）。此处不再展开详细的介绍。

在文章的最后，刘冲等（2022）给应用研究者提供了一份更为全面的操作建议，摘录在此供大家学习参考。

第一，研究者在进行实证分析之前尽量提供样本中个体接受处理时间的分布图。交错 DID 引发偏误的关键原因就在于样本接受政策处理的时点存在差异，进而导致"坏的控制组"进入实证估计中。在开展研究前绘制处理时间分布图有利于直观地判断样本中较早接受处理组、较晚接受处理组和从未接受处理组的分布情况，从而初步判断异质性的严重程度。

第二，研究者应首先使用双向固定效应模型进行估计。TWFE 可以作为一个比较基准，用以判断是否存在潜在的处理效应异质性问题及其严重性。建议研究者不仅用 TWFE 估计平均处理效应，还应采用事件研究法绘制系数图像，获得动态效应的基准估计。

第三，研究者应结合适用场景，使用多种估计量进行实证分析和稳健性检验。在做研究方法选择时，研究者应当结合政策和观测数据的特点重点关注以下几个维度：①试点政策是不是全面铺开，即数据中是否存在"从未接受处理组"；②是否存在政策"退出情形"；③"处理状态发生转换"的样本数量是否过少；④是否存在不可观测的随时间变化的混杂因素；⑤是否是高频面板数据等。研究者在进行实证分析的过程中，应同时结合政策和数据的特点，综合判断估计方法的选择，并呈现方法的稳健性。当然，必须强调的是，由于各种方法的前提假设不尽相同，研究者在稳健性检验中，不必过分追求过多使用新方法，而是要根据数据和政策的特点决定。

第四，研究者应根据不同估计量的特点，谨慎解释回归结果。由于包括 de Chaisemartinet 等（2020，2022）在内的多个估计量在估计时会丢失较多样本，因此在应用中，我们可能会发现不同方法在点估计以及置信区间上存在较大差异。此时，我们建议研究者不仅要关心估计系数的符号和显著性与 TWFE 的差异，还要关注估计系数大小的差别，并谨慎解读回归结果。

第五，研究者在使用新的估计方法时要格外关注平行趋势检验的问题。首先，研究者应注意并非所有异质性—稳健估计量都采用绘制事件研究图的方式进行平行性趋势检验，如 Borusyak 等（2022）采用了 F 检验；其次，若使用绘制事件研究图的方式检验平行趋势则应注意基期选择，Freyaldenhoven 等（2021）建议选择政策发生的前一期作为基期；再次，使用绘制事件研究图的方式检验平行趋势时，研究者应谨慎应对时间窗口的选择问题，Baker 等（2022）建议尽量避免对时间窗口进行归并处理；最后，研究者也可以参照 Roth 等（2023）的建议，在事件研究基础上增加效力分析和敏感性分析，提升平行趋势检验的稳健性。

## 7.4 三重差分模型

通过第 2 节的学习,我们认识到,在使用双重差分模型时,必须满足平行趋势假设,否则得到的估计量将会是有偏的。但是针对平行趋势假设不成立的情形,我们仍然可以通过进一步修改双重差分模型来得到对于政策效果的有效估计。目前有两种方法可以解决这一类问题,一种是合成控制法(synthetic control method),通过对多个对照组进行加权平均构建新的虚拟对照组;另一种方法是构筑三重差分模型(DDD),其操作相较于合成控制法更为简单,本节先介绍三重差分模型。

扩展阅读 7.2 三重差分模型的提出背景

### 7.4.1 基本原理

平行趋势假设无法满足的表象是政策实施前处理组与对照组的因变量变化趋势不同,本质是导致其变化趋势不一致的因素进而影响了对照组与处理组因变量的结果,使估计出的政策实施效果还包含了这些因素的干扰。针对这种情况,三重差分模型先分析最可能影响平行趋势假设不同且与政策实施无关的因素,然后通过构建一个新的虚拟变量,在原先的样本基础上设置一对新的处理组和对照组,以反映该因素的影响,最后将原先的处理组和对照组的差异(包含政策效应和其他因素影响)减去新的处理组和对照组的差异(其他因素影响),得到"干净"的政策效应。这恰好是"三重差分"思想的体现。

### 7.4.2 模型构建

接下来通过举例来进一步理解三重差分模型的基本原理,并学习如何构建三重差分模型。

假设 B 地区针对重污染行业(处理组)试点一项新的环保政策,其他行业不适用。研究该环保政策对于公司的盈余管理的影响,将 B 地区其他行业的公司作为对照组。因为公司的盈余管理水平并不是随时间线性变化的,且不同行业的盈余管理水平随时间变化的趋势也不尽相同,这使双重差分模型的关键假设——平行趋势假设无法满足。而这种由行业引起的差异可以通过比较 A 地区重污染行业和其他行业的盈余管理水平时间变化趋势的差异来得到。

据此构建三重差分模型:

$$Y_{i,j,t} = \alpha_0 + \alpha_1 D_i \times \text{Treat}_j \times \text{Post}_t + \alpha_2 D_i \times \text{Treat}_j + \alpha_3 D_i \times \text{Post}_t + \alpha_4 \text{Treat}_j \times \text{Post}_t + \gamma_1 D_i + \gamma_2 \text{Treat}_j + \gamma_3 \text{Post}_t + \varepsilon_{i,t} \tag{7-8}$$

其中,$D_i$ 是地区分组变量,B 地区取 1,A 地区取 0;$\text{Treat}_j$ 是行业分组变量,重污染行业取 1,其他行业取 0;$\text{Post}_t$ 是政策时点变量,政策实施之后取 1,政策实施之前取 0;交乘

项 $D_i \times \text{Treat}_j \times \text{Post}_t$ 是政策效果变量；$\varepsilon_{i,t}$ 为随机误差项。

$$E(\overline{Y_{BP2}}) = \alpha_0 + \alpha_1 + \alpha_2 + \alpha_3 + \alpha_4 + \gamma_1 + \gamma_2 + \gamma_3$$
$$E(\overline{Y_{BP1}}) = \alpha_0 + \alpha_2 + \gamma_1 + \gamma_2$$
$$E(\overline{Y_{BN2}}) = \alpha_0 + \alpha_3 + \gamma_1 + \gamma_3$$
$$E(\overline{Y_{BN1}}) = \alpha_0 + \gamma_1$$
$$E(\overline{Y_{AP2}}) = \alpha_0 + \alpha_4 + \gamma_2 + \gamma_3$$
$$E(\overline{Y_{AP1}}) = \alpha_0 + \gamma_2$$
$$E(\overline{Y_{AN2}}) = \alpha_0 + \gamma_3$$
$$E(\overline{Y_{AN1}}) = \alpha_0$$

其中，$E(\overline{Y_{BP2}})$（$E(\overline{Y_{BP1}})$）表示 B 地区重污染行业（Treat）在实施新的环保政策之后（前）（Post）的平均盈余管理水平。$E(\overline{Y_{BP2}})$（$E(\overline{Y_{BP1}})$）表示 B 地区非重污染行业（Treat）在实施新的环保政策之后（前）（Post）的平均盈余管理水平。其他变量以此类推，此处不再一一说明。

通过 B 地区的双重差分可以得到环保政策差异和行业差异对于公司盈余管理水平的平均影响：

$$\begin{aligned}
&\left[E(\overline{Y_{BO2}}) - E(\overline{Y_{BO1}})\right] - \left[E(\overline{Y_{BY2}}) - E(\overline{Y_{BY1}})\right] \\
&= [(\alpha_0 + \alpha_1 + \alpha_2 + \alpha_3 + \alpha_4 + \gamma_1 + \gamma_2 + \gamma_3) - (\alpha_0 + \alpha_2 + \gamma_1 + \gamma_2)] - \\
&\quad [(\alpha_0 + \alpha_3 + \gamma_1 + \gamma_3) - (\alpha_0 + \gamma_1)] \\
&= [(\alpha_1 + \alpha_3 + \alpha_4 + \gamma_3) - (\alpha_3 + \gamma_3)] \\
&= \alpha_1 + \alpha_4
\end{aligned} \quad (7\text{-}9)$$

通过 A 地区的双重差分得到的仅仅是行业差异对于公司盈余管理水平的平均影响：

$$\begin{aligned}
&\left[E(\overline{Y_{AO2}}) - E(\overline{Y_{AP1}})\right] - \left[E(\overline{Y_{AY2}}) - E(\overline{Y_{AY1}})\right] \\
&= [(\alpha_0 + \alpha_4 + \gamma_2 + \gamma_3) - (\alpha_0 + \gamma_2)] - [E(\alpha_0 + \gamma_3) - \alpha_0] \\
&= [(\alpha_4 + \gamma_3) - \gamma_3] = \alpha_4
\end{aligned} \quad (7\text{-}10)$$

而新环保政策的平均效应就是以上两个差分的差分，即交乘项 $D_i \times \text{Treat}_j \times \text{Post}_t$ 的系数 $\alpha_1$。

### 7.4.3 三重差分模型的其他应用——应用机制的检验

三重差分模型的核心思想即在双重差分模型的基础上再次构建一重差分，这种方法其实不仅能够用于解决平行趋势假设不成立的问题，还能够在平行趋势假设成立的情况下通过构建新的分组变量来进行作用机制的检验。

钱雪松等（2019）在平行趋势假设成立的前提下，采用双重差分模型，研究发现，以《中华人民共和国物权法》（以下简称《物权法》）出台为标志的担保物权制度改革能够显著降低固定资产占比较低企业的债务融资成本，之后在拓展性研究中，从地区制度环境和企业特征角度切入，通过三重差分模型进一步探究《物权法》对企业债务成本的作用机制。

双重差分模型：

$$\text{Debtcost}_{i,t} = \alpha_0 + \beta_1 \text{Low}_i \times \text{After}_t + \beta_2 X_{i,t} + \mu_i + \lambda_t + \varepsilon_{i,t} \quad (7\text{-}11)$$

其中，$\text{Debtcost}_{i,t}$ 是企业 $i$ 在时间 $t$ 的债务融资成本；$\text{Low}_i$ 是分组变量，处理组取 1，对照组取 0；$\text{After}_t$ 是时间分组变量，《物权法》出台后取 1，出台前取 0；$X_{i,t}$ 代表所有控制变量的集合。回归结果显示，Low×After 的系数估计值在 5%的显著性水平下为负（–0.0626）。

作者分别从法律制度环境、金融市场化程度和企业融资约束程度三个角度研究作用机制。

加入法律制度环境虚拟变量（Law）（如果企业所在省份"市场中介组织的发育与法律制度环境指数"在 2006 年排名全国前十则 *Law* 取 1，否则取 0）的三重差分模型：

$$\begin{aligned}\text{Debtcost}_{i,t} = & \alpha_0 + \beta_1 \text{Low}_i \times \text{After}_t \times \text{Law}_i + \beta_2 \text{Low}_i \times \text{After}_t + \\ & \beta_3 \text{Low}_i \times \text{Law} + \beta_4 \text{After}_t \times \text{Law} + \beta_5 X_{i,t} + \mu_i + \lambda_t + \varepsilon_{i,t}\end{aligned} \quad (7\text{-}12)$$

回归结果表明，在双重交互项 $\text{Low}_i \times \text{After}_t$ 系数仍显著为负的基础上，$\text{Low}_i \times \text{After}_t \times \text{Law}_i$ 的系数显著为正，这表明，与法律制度环境较好地区相比，《物权法》对债务成本的降低作用在法律制度环境较差地区相对更大。

加入金融市场化程度虚拟变量（Fin）（如果企业所在省份"金融业的市场化指数"在 2006 年排名全国前十则 Fin 取 1，否则取 0）的三重差分模型：

$$\begin{aligned}\text{Debtcost}_{i,t} = & \alpha_0 + \beta_1 \text{Low}_i \times \text{After}_t \times \text{Fin}_i + \beta_2 \text{Low}_i \times \text{After}_t + \\ & \beta_3 \text{Low}_i \times \text{Fin}_i + \beta_4 \text{After}_t \times \text{Fin}_i + \beta_5 X_{i,t} + \mu_i + \lambda_t + \varepsilon_{i,t}\end{aligned} \quad (7\text{-}13)$$

回归结果表明，在双重交互项 $\text{Low}_i \times \text{After}_t$ 回归系数仍显著为负的基础上，三重交互项 $\text{Low}_i \times \text{After}_t \times \text{Fin}_i$ 的系数显著为正，这表明，与金融市场化程度较高地区相比，《物权法》对债务成本的降低作用在金融市场化程度较低地区相对更大。

加入企业融资约束程度（*SA*）（*SA* 指数越大意味着融资约束程度越高）的三重差分模型：

$$\begin{aligned}\text{Debtcost}_{i,t} = & \alpha_0 + \beta_1 \text{Low}_i \times \text{After}_t \times SA_i + \beta_2 \text{Low}_i \times \text{After}_t + \\ & \beta_3 \text{Low}_i \times SA_i + \beta_4 \text{After}_t \times SA_i + \beta_5 X_{i,t} + \mu_i + \lambda_t + \varepsilon_{i,t}\end{aligned} \quad (7\text{-}14)$$

在双重交互项 $\text{Low}_i \times \text{After}_t$ 回归系数显著为负的基础上，三重交互项 $\text{Low}_i \times \text{After}_t \times SA_i$ 的系数估计值也显著为负。这表明，《物权法》出台后，与融资约束程度较低企业相比，融资约束程度较高企业的债务成本降低幅度相对更大。

通过这三个三重差分模型的分析，作者得出结论，担保物权制度改革对于企业债务融资成本的降低作用在法律制度环境、金融市场化程度和企业融资约束程度三个方面呈现出较大的差异度。在法律制度环境较好、金融市场化程度较高的地区，担保物权制度改革对企业债务融资成本的降低作用更大，担保物权制度改革对于融资约束程度较高的企业的债务成本降低作用更大。

通过学习钱雪松等（2019）这篇文章，我们可以更加明确三重差分模型在作用机制研究中的使用方法。

## 7.5 倾向得分匹配双重差分模型

倾向得分匹配双重差分模型（propensity score matching difference in differences，PSM-DID），是由倾向匹配得分模型（PSM）和双重差分模型（DID）结合而成。由 Heckman 等（1997，1998）首次提出，作者认为，PSM 模型可以为 DID 模型筛选对照组，同时在文中提出了严格的识别条件，并进行了理论证明，为 PSM-DID 模型奠定了一定的理论基础。

### 7.5.1 选择偏差与内生性

虽然相较于简单的回归（OLS），双重差分模型可以很大程度上避免简单回归中常见的内生性问题，但传统的双重差分模型在实际运用过程中不可避免会遇到选择偏差（selection bias）问题，而选择偏差恰恰会产生内生性。选择偏差又进一步分为样本选择性偏差（sample selection bias）和自选择偏差（self-selection bias）。

样本选择性偏差是指样本的选择不随机，选择样本过程是受到某些因素影响的，如果这些因素同样也会影响研究的自变量，但在模型设计时没有准确识别出这些影响因素，那么它们将会被随机误差项所包含，使随机误差项与样本选择相关，形成内生性问题。针对样本选择性偏差，目前主流的解决办法是第 5 章学习的 Heckman 两步估计法。

自选择偏差是指变量的选择不随机，即政策实施与否并不是随机的，而是受其他因素影响，而若没有能够准确捕捉这些因素，则它们同样会进入随机误差项，导致随机误差项与解释变量（$Treat_i$）相关，进而产生内生性问题。

虽然样本选择性偏差和自选择偏差强调的重点不同，前者强调样本选择的非随机性，后者侧重于变量选择的非随机性，但是二者都表明非随机实验会产生内生性。

在前面的学习中，我们明确了 DID 模型实质是准确估计受政策影响的个体的平均处理效应（ATT），那么认识到选择偏差的存在之后，我们需要将之前得到的估计量（此处称为 ATE）分解成两个部分，一个部分是真正的 ATT，另一部分则是选择偏差。当我们仍按照传统 DID 模型进行估计时，由于选择偏差的存在，即使平行趋势假设成立，ATE 也始终不是 ATT 的有效估计。

### 7.5.2 倾向得分匹配

要想得到 ATT 的无偏估计，必须先解决选择偏差，因为样本选择性偏差可以由 Heckman 两步估计法解决，我们只需要解决自选择偏差。但现实中处理组的选择很多时候难以做到完全随机，因为在有选择的情况下，每个个体决定是否实施政策的行为是内生化的。因此，我们可以采取手动匹配的方式，通过识别影响每

扩展阅读 7.3 PSM 后使用权重非空的样本和使用满足共同支撑假设的样本的优劣

个个体决定是否实施政策的因素,再通过识别对照组中这些因素与处理组相等的样本作为最后的对照组,就能够做到处理组的选择近似随机。根据是否可观测,可以将这些影响因素分为可观测变量和不可观测变量,不可观测变量只能归入随机误差项中,可观测变量(协变量)就是我们寻找真正的对照组的依据。

影响个体实施政策的可观测变量可能是单一的协变量,也可能是由多个协变量组成的多维向量,前者可以直接匹配,后者如果直接匹配得到的数据可能比较有限,因此需要通过降维方法来解决。主要有两种方法:一种是使用距离函数,如马氏函数;另一种就是倾向匹配得分(PSM),本节主要介绍后者。

### 7.5.3 经典倾向得分匹配双重差分模型的基本步骤

在两期面板中,基于条件平行趋势假设,PSM-DID 的基本做法是,先使用处理前的第 1 期数据(横截面数据),进行倾向得分匹配(PSM);然后根据匹配结果,针对两期面板进行双重差分估计。具体地讲,在两期面板中,经典 PSM-DID 的步骤如下:

(1)倾向匹配得分。

①选择协变量。囿于现实条件的各种约束,学者目前主要是从控制变量中选择能够真正影响处理变量($Treat_i$)的协变量。

②估计倾向得分值。使用处理前的第一期数据,将处理变量($Treat_i$)作为因变量,协变量作为自变量,运用 logit 回归或 probit 回归生成估计倾向得分值($P_i$)。

③根据倾向得分值进行匹配。卡尺最近邻匹配是最常用的匹配方法。通过控制邻居数($N$)和阈值,选择阈值范围内与处理组最接近的 $N$ 个对照组样本。

(2)对于处理组的每个个体 $i$,计算其政策实施前后的变化($Y_{i,t} - Y_{i,t'}$)。

(3)对于对照组的每个个体 $j$,计算其政策实施前后的变化($Y_{j,t} - Y_{j,t'}$)。

(4)利用公式计算 PSM-DID 估计量作为处理组的 ATT 的一致估计。

$$\widehat{ATT} = \frac{1}{N_1} \sum\nolimits_{Treat_i=1} [(Y_{i,t} - Y_{i,t'}) - \sum\nolimits_{Treat_j=1} \omega(i,j)(Y_{j,t} - Y_{j,t'})] \quad (7-15)$$

其中,$N_1$ 为处理组的个体总数;$\omega(i,j)$ 是处理组个体 $i$ 与对照组 $j$ 这一配对的权重,其计算公式为

$$\omega(i,j) = \frac{K[(P_j = P_i)/h]}{\sum\nolimits_{Treat_k=0} K[(P_k - P_i)/h]} \quad (7-16)$$

其中,$K(\cdot)$ 为核函数;$h$ 为带宽。

虽然经典 PSM-DID 方法假设两期面板数据,但事实上也可应用于多期面板,只要每次仅选取两期即可(政策冲击前后各一期)。这样做的好处在于,不仅可作为稳健性检验(robustness checks),还可考察处理效应的动态变化。

于鹏等（2019）采用 PSM 和双重差分模型研究了 2012 年证交所推出的退市制度对于审计延迟的影响。为了减少内生性问题的干扰，作者借鉴前人研究，以 2012 年的企业规模、资产负债率、营业收入周转率、审计意见作为协变量对样本进行了倾向匹配，协变量对 Treat 变量进行回归的结果中发现，上述四个变量都是显著的，同时还发现，在进行匹配后样本之间的差距（ATT）$T$ 值变小，说明效果较好，最后进行了协变量平稳性检验和共同支撑检验，以使匹配后的数据更具可比性，各个协变量匹配前与匹配后相比的两组之间的差异显著减小。再通过双重差分模型进行回归，研究发现退市制度的实施显著降低了审计延迟。

### 7.5.4 倾向得分匹配双重差分模型的局限性

PSM-DID 模型由 PSM 和 DID 组成，但二者适用的数据范围有所不同，前者适用于截面数据，后者适用于面板数据，因此，如何恰当地在面板数据上进行倾向匹配成为国内外学者都需要面对的问题。针对这一问题，学者一般有两种解决方法，一种是直接将面板数据转化为截面数据进行处理（混合匹配），另一种方法是在面板数据的每期截面上进行逐期匹配。但这两种方法都存在一定的问题，谢申祥等（2021）对两种方法存在的问题进行了详细的分析。

**1. 混合匹配**

混合匹配，即将面板数据视为截面数据进行处理，为处理组的每条观测值匹配一条控制组的观测值。谢申祥等（2021）将面板数据分为四组，如图 7-4 所示，依次是图 7-4（a）"双平衡"面板数据（处理组和对照组都是平衡面板数据）、图 7-4（b）"单平衡"面板数据（存在部分个体在某些期上属于处理组，另一些期上属于对照组，但总体是平衡面板数据）、图 7-4（c）"双平衡"面板数据（存在部分数据缺失的非平衡面板数据）及图 7-4（d）"单平衡"面板数据（存在部分数据缺失的非平衡面板数据）。

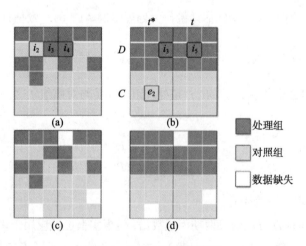

图 7-4　四种面板数据类型

（资料来源：谢申祥等，2021）

如果在图 7-4（a）类数据中进行混合匹配，很大概率上会出现同一个体不同时期相互匹配的情况，谢申祥等（2021）称之为"自匹配"现象，这会导致较为严重的匹配偏误。如果因变量的时间变化趋势较明显且出现"自匹配"现象的个体较多的话，最终的估计量中会混合大量的时间趋势信息。图 7-4（b）类数据虽然不会出现"自匹配"现象，但仍然会发生"时间错配"的问题，即某一期的处理组观测对象，可能与不同期的对照组观测对象相匹配，这会难以有效控制时间固定效应，进而导致估计量有偏。图 7-4（c）和图 7-4（d）类非平衡面板数据因为数据有所缺失，还会因此造成估计偏误。

**2. 逐期匹配**

逐期匹配是在面板数据的每期截面上逐期进行一次匹配。这种方法虽然可以较好地解决"时间错配"问题，但也存在不足之处。首先，存在特殊类变量的错配，特殊类变量指包含众多不可观测信息，在实际研究中需要对照组与处理组在该变量上保持相同的种类变量；其次，会发生对照组的不稳定性（受处理个体的匹配对象在冲击前后发生了变化），也会产生部分匹配偏误；最后，由于逐期匹配同样也会有数据缺失，也会因此导致估计偏误。

### 7.5.5 倾向得分匹配双重差分模型的改进

基于上述局限性，谢申祥等（2021）提出了相应的改进方案。一方面，针对"双平衡"面板数据，将匹配变量划分为普通的匹配变量和特殊类变量（一般包含诸多不可观测的信息，不同种类间的因变量差异很明显），采用特殊类变量和匹配值双重标准，而且前者优于后者。实质是在同一种类的前提下寻找匹配值最接近的个体作为匹配对象。同时，为解决对照组不稳定的问题，需要保证一旦匹配上，匹配关系不会再改变。另一方面，对于非平衡面板数据，只要能保证受处理个体在冲击前后都至少存在一期观测值，就可对其进行匹配值序列间的匹配。

## 7.6 其他情形

DID 模型强大的灵活性，使其"变化多端"，学者常常根据复杂的现实情况对传统 DID 模型进行巧妙改变，由此衍生出许多新的 DID 方法。

**1. 广义双重差分法**

现实中有些政策的影响可能是全面的，所有研究对象都可能在一定程度上受到政策的影响，此时就难以找到有效的对照组。基于这种情形，学者在传统 DID 的基础上拓展出了广义双重差分法（generalized DID）。由于标准 DID 中的政策分组变量（$Treat_i$）是二元虚拟变量，只能反映政策实施与否，因此需要构造一个能够反映研究对象受政策实施影响程度连续变化的连续型变量——处理强度（treatment intensity），替代原先的二元虚拟变量，这种方法也被称为连续双重差分法或者强度双重差分法。在广义双重差分法的经典文献

（Nunn et al.，2011）中，作者研究了土豆种植扩散对于欧洲人口的影响，在欧洲几乎所有地区都种植了土豆，不存在没有种植土豆的地区，因此不存在严格的对照组，作者选择以1700年作为处理时点，构建处理强度指标来衡量地区间土豆种植适宜度，运用广义双重差分法研究了土豆种植扩散对欧洲人口增长的影响。

### 2. 模糊 DID

在标准 DID 中，存在两组"泾渭分明"的处理组和对照组，前者仅在政策实施后受到政策影响，后者在政策实施前后 $W_{\mathrm{DID}} = \dfrac{E(Y_{11}) - E(Y_{10}) - [E(Y_{01}) - E(Y_{00})]}{E(D_{11}) - E(D_{10}) - [E(D_{01}) - E(D_{00})]}$ 均不受政策实施的影响，因此得到的处理效应比较纯粹。但是现实中存在这样一种情况，政策的冲击并没有带来急剧（sharp）变化，处理组虽然受到的影响比对照组强烈，但是可能并没有完全受政策冲击影响，而对照组也并不是完全不受政策冲击影响，因此，处理组和对照组之间的分界线是模糊的，此时政策效果就不能通过标准 DID 估计得到。

针对这种问题，de Chaisemartin 等（2018）提出了模糊双重差分方法（fuzzy differences-in-differences，FDID）。在文中，作者提出了各种估计，以确定不同假设下的局部平均和分位数处理效应，还提出了可用于非二元处理（non-binary treatment）、多时期、多组和协变量应用的估计，并借助模糊 DID 重新估计了印度尼西亚的教育回报。其中，局部平均效应的估计量有三种：

$$W_{\mathrm{DID}} = \frac{E(Y_{11}) - E(Y_{10}) - [E(Y_{01}) - E(Y_{00})]}{E(D_{11}) - E(D_{10}) - [E(D_{01}) - E(D_{00})]} \quad (7\text{-}17)$$

$$W_{\mathrm{TC}} = \frac{E(Y_{11}) - E(Y_{10} + \delta_{D_{10}})}{E(D_{11}) - E(D_{10})} \quad (7\text{-}18)$$

$$W_{\mathrm{CIC}} = \frac{E(Y_{11}) - E[Q_{D_{10}}(Y_{10})]}{E(D_{11}) - E(D_{10})} \quad (7\text{-}19)$$

### 3. 合成控制法

传统双重差分法对照组的选择存在一定的局限性。首先，传统双重差分法的基本假设是平行趋势假设，即处理组与对照组在政策实施前后除了政策的影响不同之外，其他情况完全同质，但是在现实中，几乎不可能找到两组完全同质的研究对象；其次，在传统双重差分法实证过程中，不可避免地对于对照组的选择存在一定的随意性和主观性；最后，处理组与对照组之间的系统性差异可能是导致政策实施的原因，进而导致潜在的政策内生性问题。

而合成控制法（synthetic control method）恰恰能够克服传统 DID 在对照组选择上的局限性。其核心思想是基于数据特征，通过构建线性组合，确定对照组的最优权重，根据最优权重对多个对照组进行加权模拟处理组在政策实施前的状态。这样既可以通过最优模拟实现处理组和对照组的"完全同质"，又能够借助最优权重降低对照组选择的随意性和主观性，克服了政策内生性问题，进一步地，通过对多个对照组加权模拟处理组在政策实施前的状态，能够体现每个对照组对"反事实"状态的贡献，也避免了过分外推。

因为合成控制法和传统 DID 的基本设定相同，即政策在某一时点实施且只影响部分个体，因此合成控制法往往被视为 DID 的一类衍生方法。虽然本质都是匹配法，但是合成控制法与 PSM-DID 又有所不同，前者的匹配是为了消除政策实施前的差异，而后者的匹配是为了解释处理的倾向性。

合成控制法由于能够克服传统 DID 的缺陷，因此在国内外都得到了广泛的应用。Abadie 等（2003）是最先运用合成控制法分析政策效果的学者，利用合成控制法将西班牙两个没有发生恐怖活动地区合成为西班牙发生恐怖活动地区的对照组，以此分析恐怖活动对西班牙巴斯克地区经济增长的影响。Abadie 等（2015）运用合成控制法分析德国统一对西德人均 GDP 的影响，将经济合作与发展组织 16 个国家合成作为对照组，研究发现德国统一后西德的人均 GDP 呈现出下降趋势。陈太明（2021）基于 1978 年末中国实施改革开放的准自然实验，使用合成控制法对多个控制对象加权以模拟中国改革开放政策执行前后的情形，更科学地评估了改革开放的政策效果。林毅夫等（2020）以 2020 年 3 月起中国地方政府陆续发放的消费券为切入点，采用已发券城市发券前的经济基本面和疫情数据，通过这些数据特征选择出最优权重，为每一个未发券城市生成一个发券前的合成城市，从而识别消费券的发放效果。

**4. 队列双重差分法**

队列双重差分法（cohort DID）又称截面双重差分法，其使用横截面数据来评估特殊历史事件对个体或家庭的长期影响。与传统 DID 相似，截面双重差分法从两个维度进行双重差分比较，一个维度是地区，区分该地区是否受到特殊历史事件的影响及影响程度，另一个维度是出生（年龄）队列，区分个体是否受到特殊历史事件的影响，类似于传统 DID 中的时间维度。最早应用该方法的是 Duflo（2001），近年来使用该方法的经典文献有 Chen 等（2020）。

## 7.7 代码实现

```
*==============================================================
*                         双重差分模型
*==============================================================
********DID模型*********
**常用命令
    reg            reg y time treated did, r
    xtreg          xtreg y did i.year,fe vce(cluster country)
    areg           areg y did i.year ,absorb(country) r
    reghdfe         reghdfe y did,absorb(country year)
    diff           diff y, t(treated) p(time)
```

didregress    didregress (satis)(procedure), group(hospital) time(month)

xtdidregress  xtdidregress (ln_wage $xlist) (did),group(idcode) time(year) vce(robust)

//平行趋势检验命令

*1、coefolot

ssc install coefolot, replace

coefplot reg, keep(pre_* current post_*) vertical recast(connect) yline(0) xline(3, lp(dash))

*命令展开应用，显示细节

coefplot, reg ///

keep(pre* current post*) ///

vertical ///转置图形

coeflabels(pre4=-4 pre3=-3 pre2=-2 pre1=-1 ///

current=0 post1=1 post2=2 post3=3 post4=4) ///

yline(0,lwidth(vthin) lpattern(solid) lcolor(teal)) ///

xline(5,lwidth(vthin) lpattern(solid) lcolor(teal)) ///

ylabel(,labsize(*0.85) angle(0)) xlabel(,labsize(*0.85)) ///

ytitle("Coefficients") ///

msymbol(O) msize(small) mcolor(gs1) ///plot 样式

addplot(line @b @at,lcolor(gs1) lwidth(medthick)) ///增加点之间的连线

ciopts(recast(rline) lwidth(thin) lpattern(dash) lcolor(gs2)) ///置信区间样式

graphregion(color(white)) //白底

*其中，keep 用于保留指定的系数；coeflabels 用于为系数指定自定义标签，在这里用来修改横坐标；msymbol、msize 和 mcolor 用于设置点的样式、大小和颜色；addplot(line @b @at) 用于增加点之间的连线；ciopts 用于设置置信区间样式。

*2、eventdd

ssc install eventdd, replace

eventdd depvar [indepvars] [if] [in] [weight], timevar(varname) [options]

//安慰剂检验命令

permute permvar exp_list [, options] : command

permvar : 需要进行随机抽样的变量，即 DID 中的 Treat

exp_list : 需要提取的统计量，一般是回归系数

options 有以下设定：

reps(#) : 抽样次数

enumerate : 计算所有可能的不同排列

rseed(#) : 设定抽样种子

strara(varlist) : 分层抽样

saving(file) : 保存抽样值

command : 回归命令

```
**# permute 案例应用
webuse permute2
permute group rsum=r(sum_obs), reps(10000) nowarning nodots:  ranksum y, by(group)
webuse permute1
permute treatment Ftreat=e(F_1), reps(10000) nodots strata(subject): anova y treatment subject
```

*由于 diff 和 didregress 命令较新，因此分别展开介绍

```
//diff
diff y,treat(treated) period(time) cov(Z1 Z2) robust report test
/*y 为被解释变量（结果变量），treat(treated)为分组虚拟变量（即控制组记为 0，处理组记为 1），period(time) 用来制定时间虚拟变量，区分实验前和实验后，实验前记为 0，试验后记为 1，cov(Z1 Z2)用来表示其他变量，report 为汇报其他控制变量系数，robust 为稳健标准误回归，test 用于检验在基期控制组和被控制组系数是否相等（为了确定样本的无差异性）。
Options:
kernel 选择默认的核密度估计；
pscore(varname)将核密度的结果保存，以 varname 命名；
id(varname)使用核密度估计时，需要用这个确定个体的标识；
bw(#)选择核密度估计的带宽、默认的是 0.06；
ktype(kernel) 选择核密度估计的类型主要用这几种：epanechnikov (the default), gaussian , biweight , uniform and tricube.
rcs 表明核密度估计被用来设置重复的截面数据，这里可以不用 id 作为标识；同时使用该命令意味着假定控制变量不随着时间发生改变；
qdid(quantile)执行分位数 DID，通常跟核密度 kernel 和协变量 cov 一起使用；
logit 采用 logit 估计倾向匹配得分，默认是采用 probit 形式；
addcov(varlist )核密度估计时，用于添加协变量之外的变量，常用来控制时间效应；
ddd(varname )三重差分时二次分组虚拟变量；
test 测试控制组和处理组协变量的差异；
nostar 不展示 P 值的星号；
report 当使用 kernel 时，展示倾向匹配汇报结果；
bs 采用自助法；
reps(int)采用自助法时重复的次数，默认是 50 次；
support 表示仅使用共同范围的观测值进行匹配。
*/

//didregress
didregress (y z1 z2) (did), group(treated) time(year)
*didregress (y z1 z2) (did), group(treated) time(year)   等同于：areg y did z1 z2 i.year , absorb(id) ,reghdfe、xtreg 命令也可以得到类似结果
*在估计后可以进行以下检验
estat trendplots   //绘制时间趋势图
estat ptrends     //检验平行趋势假定
```

estat granger    //格兰杰检验（检验处理组的参与是否对结果有影响）

********两个命令 xthdidregress 和 hdidregress*********
//补充 STATA18 发布的两个命令 xthdidregress 和 hdidregress
*异质性处理效应。处理效应在时间维度和组群（类）维度存在异质性时，传统的 TWFE 的 DID 估计量难以区分，甚至会产生严重的偏误。
*xthdidregress 命令用 DID 估计处理效应：（1）多时期；（2）交叠处理（不同处理时点）；（3）处理效应在时间和类间存在异质性。hdidregress 针对截面数据，xthdidregress 针对面板数据使用。同时提供了双向固定效应（TWFE）等四个可选的估计量。

```
use https://www.stata-press.com/data/r18/hhabits
hdidregress aipw (bmi medu i.girl i.sports) (hhabit parksd), group(schools) time(year)
```

*演示数据集用以分析健康计划（hhabit）是否降低了学生的健康水平（bmi），采用具有双重 robustness 的逆概率加权估计量（AIPW augmented inverse-probability weighting）。在因果模型中，检验母亲的受教育程度（medu）与孩子的健康水平（bmi），并控制学生性别与是否参与运动。在处理模型中，检验公园数量（parksd）与健康计划（hhabit）间的关系。year 为时间变量，group(schools) 表示聚类到学校。

```
estat atetplot, sci  //atetplot 会输出 AETE 的图例，sci 可以指定显示置信区间
estat aggregation, dynamic graph  //一键生成平行趋势数据与图例
```

********多期 DID 模型*********

```
global control "x1 x2 x3 x4 x5 x6 x7"
summarize y1 y2 $control    //summarize 描述性统计命令
```

*设置为面板数据*
```
encode id,g(ID)
xtset ID year
```

**试点省份：如北京(pro=7),湖北(pro=4),上海(pro=27),重庆(pro=1),陕西(pro=21),广西(pro=12),吉林(pro=24),湖南(pro=10)**
**政策实施的省份标号为 1、其余为 0**
```
gen pilot=1 if pro==7|pro==4|pro==1|pro==27|pro==21|pro==12|pro==24|pro==10
replace pilot=0 if pilot!=1    //得到 pilot 变量，其中实施政策省份为 1，其余为 0
```

***处理组（试点地区）与控制组（非试点地区）y 变量年度均值的比较（常用于前期的直观分析）***

```
egen mean_y=mean(y),by(year pilot)
graph twoway (connect mean_y year if pilot==1,sort) (connect mean_y year if pilot==0,sort lpattern(dash)), ///
xline(2011,lpattern(dash) lcolor(gray)) ///生成 2011 年的一条竖线，可根据自己情况调整，一般为政策实施的时间，多期的有好几个，单期就一个。
ytitle("lny") xtitle("年度") ///
ylabel(,labsize(*0.75)) xlabel(,labsize(*0.75)) ///0.75 为粗细
```

legend(label(1 "处理组") label( 2 "控制组")) ///图例
xlabel(2007 (1) 2017) graphregion(color(white)) //白底(2007 (1) 2017)时间起始年份 1 为间隔距离
graph export "y.wmf", replace fontface("Times New Roman")//保存方式
\*\*\*生成多期 DID 变量\*\*\*
gen treatment=1 if pro==7|pro==4|pro==1|pro==27|pro==21|pro==12|pro==24|pro==10
replace treatment=0 if treatment!=1   //生成 treatment 用于后面生成 DID 变量
gen post=1 if (pro==4|pro==7|pro==1|pro==12)&year>=2007   //2007 年实施政策的地区编号
replace post=1 if (pro==27|pro==21)&year>=2010   //2010 年实施政策的地区编号
replace post=1 if pro==24&year>=2012   //2012 年实施政策的地区编号
replace post=0 if post!=1   //多期 DID 的话改变年份就可，单期的话只需要 1 条命令即可
gen DID=treatment\*post   //得到解释变量 DID
\*\*基准回归\*\*
\*设置为面板数据\*
encode id,g(ID)
xtset ID year
 global control "x1 x2 x3 x4 x5 x6 x7"
ssc install reg2docx, replace //安装 reg2docx 命令，新的结果输出命令
xtreg y DID  i.year,fe vce(cluster pr)
est store m1
xtreg y DID $control  i.year,fe vce(cluster pr)
est store m2
reg2docx  m1 m2 using "回归结果.docx", replace ///
scalars(N r2(%9.3f) r2_w(%9.3f) F(%9.3f))     ///
indicate(时间效应="\*year"&个体效应="\*id")     ///
b(%9.4f) se(%9.4f)             ///
title("回归结果")             ///
star(\* 0.1  \*\* 0.05  \*\*\* 0.01)         ///
note("注：括号里为聚类的稳健标准误，\*\*\* p<0.01,\*\* p<0.05,\* p<0.1") ///
pagesize(A4) font("Times New Roman","11","black")

\*\*\*平行趋势检验\*\*\*
gen tpilot=2013 if pro==1
replace tpilot=2007 if pro==4
replace tpilot=2007 if pro==7
replace tpilot=2010 if pro==12
replace tpilot=2010 if pro==21
replace tpilot=2017 if pro==27
replace tpilot=2017 if pro==24       //若为多期，根据不同试点地区政策实施时

间来调整
```
    gen tpilot=2013 if pro==1
    replace tpilot=2009 if pro==7|pro==4|pro==1|pro==27|pro==21|pro==12|pro==24|pro==10         //若为单期时间，则只需要一条命令即可
    gen policy=year-tpilot //生产政策时点前后期数
    tab policy
    forvalues i=9(-1)1{           //政策实施前有几年就变化9，需要根据自己实际情况
      gen old'i'=(policy==-'i')
    }
    gen current=(policy==0)
    forvalues i=1(1)6{            //政策实施后有几年就变化6，需要根据自己实际情况
      gen post'i'=(policy=='i')
    }
    ****平行趋势检验回归****
    xtreg y old* current post* $control   i.year,fe vce(cluster pr)   //old*为所有的带有old的变量，为省略表达方式，也可写为old1 old2 等
    est store m1
    reg2docx  m1 using "平行趋势检验.docx", replace ///
    scalars(N r2(%9.3f) r2_w(%9.3f) F(%9.3f))        ///
    indicate(时间效应="*year"&个体效应="*id")       ///
    b(%9.4f) se(%9.4f)                               ///
    title("平行趋势检验")                            ///
    star(* 0.1 ** 0.05 *** 0.01)                     ///
    note("注：括号里为聚类的稳健标准误，*** p<0.01,** p<0.05,* p<0.1") ///
    pagesize(A4) font("Times New Roman","11","black")
    ***平行趋势图***
    asdoc xtreg y old* current post* $control   i.year,fe vce(cluster pr) nest replace dec(4)
    coefplot, baselevels ///
    keep(old* current post*) ///将三个时间段放入
    vertical ///将图形设置为垂直方向（即纵轴显示变量，横轴显示系数）
    yline(0,lcolor(edkblue*0.8))  ///加入 y=0 这条虚线
    xline(9, lwidth(vthin) lpattern(dash) lcolor(teal)) ///
    ylabel(,labsize(*0.75)) xlabel(,labsize(*0.75)) ///
    ytitle("回归系数（lnco2）", size(medium small)) ///加入Y轴标题，大小设为small
    xtitle("政策时点", size(medium small))  ///加入X轴标题，大小设为small
    addplot(line @b @at) ///增加点之间的连线
    ciopts(lpattern(dash) recast(rcap) msize(medium)) ///CI为虚线上下封口
    msymbol(circle_hollow) ///plot空心格式
    scheme(s1mono)

    ********三重差分模型*********
     reg lntfp ttt tt treats times so2 zcsy lf owner age sczy lnaj lnlabor ///
         lnzlb i.year i.area i.ind, cluster(area)
```

* ttt 为 time*treat*group 交乘项
* tt 为 time*treat 交乘项
* treats 为 treat*group 交乘项
* times 为 time*group 交乘项
* so2   代表 group 变量

********PSM-DID*********
```
gen tmp=runiform()
sort tmp
stepwise, pr(0.05): logit X_D $CV
global CV2 Size Lev Growth ROE TOP1 Cap Inde Share Duality
psmatch2 Treat $CV2, out( Y) logit neighbor(1) common caliper(0.05) ties
pstest $CV2, both graph

reg Y  Treat Post TreatPost $CV i.Year i.Industry, vce(cluster Stkcd )
est store reg3_1
reg Y   Treat  Post  TreatPost $CV i.Year i.Industry if _weight!=.,
vce(cluster Stkcd )
est store reg3_2
esttab reg3_*, replace ar2 star(* 0.1 ** 0.05 *** 0.01) b(%6.3f) t(%6.3f)
///
    indicate( "行业=*.Industry" "年份=*.Year" )   order(X) nogap mtitle("
未匹配" "匹配后")
    esttab reg3_* using reg3.rtf, replace ar2 star(* 0.1 ** 0.05 *** 0.01)
b(%6.3f) t(%6.3f) ///
    indicate( "Industry=*.Industry" "Year=*.Year"  )  order(X) nogap
```

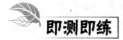

1. 简要分析传统双重差分模型、多期双重差分模型、三重差分模型及 PSM-DID 模型的优缺点。

2. 经典倾向得分匹配双重差分模型的基本步骤有哪些？

3. DID 模型灵活多样，请选择自己感兴趣的一种新的衍生方法，并简要谈谈该模型的原理。

自学自测  扫描此码

# 第8章 断点回归法

**【教学要求】**

通过本章教学,学生可以了解断点回归法的发展历程及基本思想,并能进一步学习精确断点回归与模糊断点回归的基本原理、实施步骤及应用过程中可能出现的问题,掌握精确断点回归与模糊断点回归的会计实证应用。

**【教学重点】**

精确断点回归;模糊断点回归。

**【教学难点】**

精确断点回归;模糊断点回归。

**【思政元素】**

伦理道德和社会责任。

## 8.1 基本思想

### 8.1.1 断点回归法的提出

在一个高度依赖规则的世界里,有些规则的出现十分随意,这种随意性为我们提供了性质良好的实验(Angrist et al., 2009)。断点回归设计(regression discontinuity design)是一种仅次于随机实验的能够有效利用现实约束条件分析变量之间因果关系的实证方法。Lee(2008)认为,在随机实验不可得的情况下,断点回归能够避免参数估计的内生性问题,从而真实反映出变量之间的因果关系。

扩展阅读 8.1 断点回归方法在会计领域的发展历程

断点回归是由美国西北大学的心理学家 Campbell 于 1958 年首先发展设计出来的,从那时开始直到 20 世纪 80 年代,Campbell 和西北大学心理学系及统计学系的同事一直从事断点回归的设计和研究工作。Thistlethwaite 等(1960)正式发表了第一篇关于断点回归的论文,他们提出,断点回归是在非实验的情况下处理处置效应(treatment effects)的一种有效的方法,主要应用于心理学和教育学领域。随后,Campbell 等(1963)为断点回归提供了更加清晰化的概念,但是他们并没有给出断点回归统计上的证明。在他们看来,断点回归主要是为了解决选择性偏误(selection bias)问题,断点回归利用了一个取决于某连续变量的间断函数,这个间断函数完全决定了个体是否受到处置,这就使样本选择的细节完全展示出来,让我们知道样本选择的问题所在。此外,Campbell 和 Stanley 还认为,断点回归仅仅是在间断的临界值处类似于随机实验,其推论的有效性也仅仅局限于间断的临界值处。20 世纪 60 年代,断点回归方法的应用还停留在一种直觉的推导,而缺乏统计上严密的证明。Goldberger(1972a,b)曾对断点回归的无偏因果推断进行了证明,可惜的是,他的论文并没有得到发表,这主要是因为他认为断点回归的适用环境是一个高度理想化的环境,其适用范围十分有限。相反,变量之间因果关系的推断还包括工具变量法和 Heckman 处理样本选择问题的模型,这两种方法的适用性更加广泛,从而使人们忽视了断点回归方法的应用,也使断点回归在很长一段时间内消失在人们的视野之中。

随着 Campbell 等所认为的断点回归适用性仅局限于临界值附近这一论断被证伪之后,断点回归才开始重新回到人们的视野中。Rubin(1977)证明了在个体是否接受处置仅仅取决于一个关键变量的情况下,处置效应能够在关键变量的整个范围内得到无偏的因果推断。Sacks 等(1978)提出了断点回归的估计方法,并在理论上给予了较粗略的证明。他们将被解释变量分解为观察变量的线性组合再加上一个非随机的误差项,其估计方法类似于局部非

扩展阅读 8.2 断点回归方法解决内生性问题的优势和不足

参数回归(local nonparametric regression),其有效性不仅是对于临界值附近的样本,而且可以扩展到关键变量的整个领域。断点回归在理论方面取得了新进展的同时,其他因果推断方法的不足之处也逐渐被认识到。比如,工具变量法存在局限性,特别是排他性(excludability)条件难以满足,即难以保证工具变量仅仅通过影响关键解释变量而影响到被解释变量,寻找合适的工具变量存在一定的困难。此外,Lalonde(1985)发现 Heckman 样本选择模型并不能产生和随机实验一样的结果。正因为因果关系的推断是经济学家所关注的最主要的问题,并且现有的因果推断方法都不能得出完全合理的因果关系,人们开始逐渐将目光转向了断点回归。Trochim(1984)继续了他老师 Campbell 的工作,Trochim 综合了之前关于断点回归的理论和方法,并且将断点回归类型分为两类:第一类是精确断点回归(sharp regression discontinuity),即个体在临界值一边接受处置效应的概率为 1,而在临界值另一边接受处置效应的概率为 0;第二类是模糊断点回归(fuzzy regression discontinuity),即个体接受处置效应的概率均大于 0 小于 1,个体在临界值一边接受处置的概率大于在临界值另一边接受处置的概率。Trochim 特别对第二类断点回归问题进行了研究,并开始利用该方法进行实证研究。与 Campbell 观点不同,Trochim 认为断点回归的应用性并非那么狭隘,相反,其应用范围还十分广泛。除此之外,他还强调了决定处置的关键变量不仅可以是一个单一变量,还可以是一个合成变量。随后,断点回归的优势逐渐被学界所认可,其应用也愈加广泛。具体而言,其优势包括两方面:第一,断点回归可以应用于出于对经济成本和伦理道德问题的考虑,随机实验不能进行的环境;第二,断点回归优越于所有其他已知的因果推断方法,其结果十分接近随机实验结果,Lee 等(2010)也通过形象的例子展示了断点回归和随机实验的相似性。Hahn 等(2001)最终对断点回归的模型识别

和模型估计进行了严格意义上的理论证明,并提出了相应的估计方法。由此,断点回归在经济学中的应用如雨后春笋般出现在重要经济学文献中。

## 8.1.2 断点回归基本原理

因果分析与政策效应评估是经济分析最为关注的核心问题,然而我们运用计量模型进行因果分析总是囿于在模型的内生性问题。常用的解决原理是借助准自然实验(quasiexperiment)的思想评估不同政策的处理效应,试图获得一致(consistent)或者无偏(unbiased)估计量。进而发展出的方法有工具变量(Instrumental variables)、匹配和加权估计法(matching and reweighting)、倍差法(difference-in-difference)和断点回归设计(regression discontinuity design)。

扩展阅读 8.3 断点回归方法在实证会计领域的应用

对于断点回归(RDD),和其他方法相比,学术界普遍认为运用断点回归设计更接近准自然实验,估计的结果更加准确,原因在于其设计思想。其基本设计思想是存在一个连续变量,该变量能决定个体在某一临界点两侧接受政策干预的概率,由于 $X$ 在该临界点两侧是连续的,因此,个体针对 $X$ 的取值落入该临界点任意一侧是随机发生的,即不存在人为操控使个体落入某一侧的概率更大的情况,在临界值附近构成了一个准自然实验。

例1:在一条河流随机设置一个水质监测点,设置水质监测点10千米范围内的以上为上游,以下为下游。可以以RDD研究水质监测点的上下游对企业绩效的影响,因为在10千米范围内,可以默认为企业的其他因素相似(当然也会控制一些固定效应)。

例2:在高考成绩一本线附近,刚刚考上和差一点考上可以设计RDD模型来研究考上一本对未来收入的影响。因为在分数范围内,可以默认为考生的其他方面相似(当然也会控制一些特征)。

由此,近年来越来越多的实证文献依赖断点回归设计进行政策效应评估。下面介绍断点回归模型基本原理。

依可测变量选择的一种特殊情形是,有时处理变量 $D_i$ 完全由某连续变量 $x_i$ 是否超过某断点所决定。据此进行分组的变量 $x_i$ 被称为"分组变量"(assignment variable)。

当我们试图考查上大学对工资收入的影响,并假设上大学与否($D_i$)完全取决于由高考成绩 $x_i$ 是否超过500分,有

$$D_i = \begin{cases} 1 & 若 x_i \geqslant 500 \\ 0 & 若 x_i < 500 \end{cases}$$

记不上大学与上大学的两种潜在结果分别为$(y_{0i}, y_{1i})$。由于 $D_i$ 是 $x_i$ 的确定性函数,故在给定 $x_i$ 的情况下,可将 $D_i$ 视为常数,故 $D_i$ 独立于$(y_{0i}, y_{1i})$,满足可忽略性假定。

但不能使用PSM,因为重叠假定不满足,对于所有处理组成员,都有 $x_i \geqslant 500$;而所有控制组成员都有 $x_i < 500$,完全没有交集。

处理变量 $D_i$ 为 $x_i$ 的函数,记为 $D(x_i)$。由于函数 $D(x_i)$ 在 $x=500$ 处存在一个断点(discontinuity),故可估计 $D_i$ 对 $y_i$ 的因果效应。对于高考成绩为 498、499、500 或 501 的考生,可认为他们在各方面(包括可观测变量与不可观测变量)都没有系统差异。他们高考成绩的细微差异只是由于"上帝之手"随机抽样的结果,导致成绩为 500 分或 501 分的考生上大学(进入处理组),而成绩为 498 分或 499 分的考生落榜(进入控制组)。由于制度原因,仿佛对高考成绩在小邻域 $[500-\varepsilon, 500+\varepsilon]$ 之间的考生进行了随机分组,可视为准实验。由于存在随机分组,故可一致地估计在 $x=500$ 附近的局部平均处理效应(local average treatment effect, LATE):

$$\begin{aligned} \text{LATE} &\equiv E(y_{1i} - y_{0i} | x = 500) \\ &= E(y_{1i} | x = 500) - E(y_{0i} | x = 500) \\ &= \lim_{x \downarrow 500} E(y_{1i} | x) - \lim_{x \uparrow 500} E(y_{0i} | x) \end{aligned}$$

其中,$\lim_{x \downarrow 500}$ 与 $\lim_{x \uparrow 500}$ 分别表示从 500 的右侧与左侧取极限。假设 $E(y_{1i}|x)$ 与 $E(y_{0i}|x)$ 为连续函数,故其极限值等于函数取值。

一般地,假设断点为某常数 $c$,而分组规则为

$$D_i = \begin{cases} 1 & \text{若} x_i \geq c \\ 0 & \text{若} x_i < c \end{cases}$$

假设在实验前,结果变量 $y_i$ 与 $x_i$ 之间存在以下线性关系:

$$y_i = \alpha + \beta x_i + \varepsilon_i \quad (i = 1, \cdots, n)$$

假设 $D_i = 1(x_i \geq c)$ 的处理效应为正,则 $y_i$ 与 $x_i$ 之间的线性关系在 $x=c$ 处就存在一个向上跳跃的断点,如图 8-1 所示。

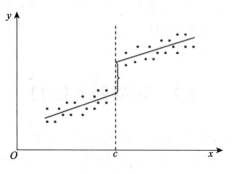

图 8-1 断点回归示意

在 $x=c$ 附近,个体在各方面均无系统差别,造成 $E(y_i|x)$ 在此跳跃的唯一原因只能是 $D_i$ 的处理效应,故可将此跳跃视为在 $x=c$ 处 $D_i$ 对 $y_i$ 的因果效应。

为了估计此跳跃,将方程改写为:

$$y_i = \alpha + \beta(x_i - c) + \delta D_i + \gamma(x_i - c)D_i + \varepsilon_i \quad (i = 1, \cdots, n)$$

变量 $(x_i-c)$ 为 $x_i$ 的标准化，使 $(x_i-c)$ 的断点为 0。引入互动项 $\gamma(x_i-c)D_i$ 允许断点两侧的回归线斜率可以不同。对此方程进行 OLS 回归，所得 $\hat{\delta}$ 就是在 $x=c$ 处的 LATE 估计量。

由于此回归线存在断点，故称为"断点回归"（regression discontinuity，RD）或"断点回归设计"（regression discontinuity design，RDD）。由于在断点附近仿佛存在随机分组，故一般认为断点回归是内部有效性（internal validity）比较强的一种准实验。断点回归可视为"局部随机实验"（local randomized experiment）；可通过考察协变量在断点两侧的分布是否有差异来检验随机性。

### 8.1.3　RDD 与 DID 的区别

RDD 与 DID 的区别主要体现在以下两点。

**1. 数据的可重叠性是否满足**

例如，考察上大学对工资收入的影响。假设上大学与否（$D_i$）完全取决于由高考成绩 $x_i$ 是否超过 500 分，无法采用 PSM+DID，因为重叠假定不满足，所有处理组都大于 500 分，所有控制组都小于 500 分。

**2. 探究的分组样本属性不同**

RDD 的目的是选取其他特征相似的组，考察临界值区间上下不同。例如，考察进入清华大学与否对于收入的影响。考试成绩为 687 分的人无法进入清华大学，而考试分数为 689 分的人可以进入。仅仅 2 分之差，这两类人的基本能力其实没什么差别。两组人，围绕着 688 分的分界线，对于研究工资差异都具有较高的内部效度，因为二者之间的唯一区别为是否进入清华。其他一切都是不变的。把这个理念延伸一下，控制其他变量，数据分为 688 分以下以及 688 分以上两组。回归拟合线应该斜率相近，但是截距有明显差别，截距项可以理解为学校不同带来收入差异。DID 的目的是比较两组存在差异的群体，但是该差异的影响必须是随着时间变化恒定的。

## 8.2　精确断点回归

断点回归可分为两种类型。一种类型是"精确断点回归"（sharp regression discontinuity，SRD），其特征是在断点 $x=c$ 处，个体得到处理的概率从 0 跳跃为 1。另一种类型为"模糊断点回归"（fuzzy regression discontinuity，FRD），其特征是在断点 $x=c$ 处，个体得到处理的概率从 $a$ 跳跃为 $b$，其中 $0<a<b<1$。

使用上述方程估计精确断点回归，存在两个问题。

第一，如果回归函数包含高次项，如二次项 $(x-c)^2$，则会导致遗漏变量偏差。

第二，既然断点回归是局部的随机实验，原则上只应使用断点附近的观测值，实际上却使用了整个样本。

为解决这两个问题，可在方程中引入高次项（如二次项），并限定 $x$ 的取值范围为 $(c-h, c+h)$：

$$y_i = \alpha + \beta_1(x_i - c) + \delta D_i + \gamma_1(x_i - c)D_i + \beta_2(x_i - c)^2 + \gamma_2(x_i - c)^2 D_i + \varepsilon_i$$
$$(c - h < x < c + h)$$

其中，$\hat{\delta}$ 为对 LATE 的估计量，可用稳健标准误来控制异方差。但上式未确定 $h$ 的取值，且仍依赖于具体的函数形式。

研究者开始转向非参数回归，不依赖于具体的函数形式，且可以通过最小化均方误差来选择最优带宽 $h$。

一般推荐使用局部线性回归，即最小化以下目标函数：

$$\min_{\{\alpha, \beta, \delta, \gamma\}} \sum_{i=1}^{n} K[(x_i - c)/h][y_i - \alpha - \beta(x_i - c) - \delta D_i - \gamma(x_i - c)D_i]^2$$

其中，$K(\cdot)$ 为核函数。针对断点回归，较常用的核函数为三角核（triangular kernel）与矩形核（rectangular kernel，即均匀核）。

如使用矩形核，则为 OLS 回归，等价于上文的参数回归。此估计量也称为"局部沃尔德估计量"（local Wald estimator）。

考察最优带宽的选择。记 $m_1(x) \equiv E(y_1 | x), m_0(x) \equiv E(y_0 | x)$，则 $\delta = m_1(c) - m_0(c), \hat{\delta} = \hat{m}_1(c) - \hat{m}_0(c)$。

Imbens 等（2009）提出通过最小化两个回归函数在断点处的均方误差来选择最优带宽：

$$\min_h E\{[\hat{m}_1(c) - \hat{m}_1(c)]^2 + [\hat{m}_0(c) - \hat{m}_0(c)]^2\}$$

也可在方程中加入影响结果变量 $y_i$ 的其他协变量 $w_i$。

是否包括协变量 $w_i$ 不影响断点回归的一致性，但加入协变量可减少扰动项方差，使估计更为准确。

如果协变量 $w_i$ 在 $x=c$ 处的条件密度函数也存在跳跃，则不宜将 $\hat{\delta}$ 全部归功于该项目的处理效应。

断点回归的隐含假设是，协变量 $w_i$ 的条件密度在 $x=c$ 处连续。为了检验此假设，可将 $w_i$ 中每个变量作为被解释变量来进行断点回归，考察其分布是否在 $x=c$ 处有跳跃。

"内生分组"（endogenous sorting）：如果个体事先知道分组规则，并可通过自身努力而完全控制分组变量（complete manipulation），自行选择进入处理组或控制组，导致非随机分组，引起断点回归失效。如果个体事先不清楚分组规则，或只能部分地控制分组变量（partial manipulation），则一般不存在此担忧。对于内在分组，可从理论上讨论，也可根据数据进行检验。假设存在内生分组，个体自行选择进入断点两侧，导致分组变量 $x$ 的密度函数 $f(x)$ 在断点 $x=c$ 处不连续，出现左极限不等于右极限的情形。

McCrary（2008）提出检验以下原假设：

$$H_0: \theta \equiv \ln \lim_{x \downarrow c} f(x) - \ln \lim_{x \uparrow c} f(x) \equiv \ln f^+ - \ln f^- = 0$$

通过计算 $\hat{\theta}$ 及其标准误，可检验密度函数 $f(x)$ 是否 $x=c$ 处连续。

内生分组也可能使协变量 $w_i$ 在 $x=c$ 两侧分布不均匀；故须检验协变量 $w_i$ 的条件密度在 $x=c$ 处是否连续。由于断点回归在操作上存在不同选择，实践中一般建议同时汇报以下各种情形，以保证稳健性：（1）分别汇报三角核与矩形核的局部线性回归结果（后者等价于线性参数回归）；（2）分别汇报使用不同带宽的结果（比如，最优带宽及其二分之一或两倍带宽）；（3）分别汇报包含协变量与不包含协变量的情形；（4）进行模型设定检验，包括检验分组变量与协变量的条件密度是否在断点处连续。

## 8.3 模糊断点回归

模糊断点回归的特征是，在断点 $x=c$ 处，个体得到处理的概率从 $a$ 跳跃为 $b$，其中 $0<a<b<1$。即使 $x>c$，也不一定得到处理，但得到处理的概率在 $x=c$ 处有不连续的跳跃，如图 8-2 所示。

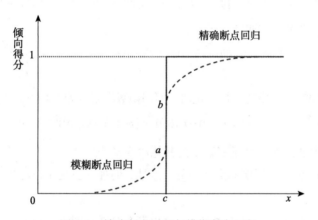

图 8-2　精确断点回归与模糊断点回归

例如，高考成绩上线并不能完全保证上大学，能否上大学还取决于填报志愿，甚至有些上线考生放弃上大学的机会。而即使成绩未上线，但也可能因某种特长而得到加分，从而得到上大学的机会。上大学的概率确实在分数线的位置上有一个不连续的跳跃。

在模糊断点的情况下，处理变量 $D$ 不完全由分组变量 $x$ 所决定。一般来说，影响处理变量 $x$ 的其他因素也会影响结果变量 $y$，导致在回归方程中处理变量 $D$ 与扰动项 $\varepsilon$ 相关，故 OLS 不一致。例如，虽然成绩上线却因志愿不妥而落榜者多有较深实力，而这种不可观测的实力可以影响结果变量 $y$。在模糊断点的情况下识别平均处理效应，需引入条件独立假定。假定给定 $x$，则 $(y_1-y_0)$ 独立于 $D$，即 $y_{1i}-y_{0i} \perp D_i | x_i$。此假定意味着，在给定分组变量 $x$ 的情况下，$D$ 可以与 $y_0$ 相关，但不能与参加项目的收益 $(y_{1i}-y_{0i})$ 相关。

由于 $y=y_0+D(y_1-y_0)$，故：

$$E(y|x) = E(y_0|x) + E[D(y_1-y_0)|x] =$$
$$E(y_0|x) + E(D|x) \cdot E[D(y_1-y_0)|x]$$

其中，$E[D(y_1-y_0)|x]$ 是平均处理效应，而 $E(D|x)$ 为倾向得分。对上式两边从 $c$ 的右边取极限可得：

$$\lim_{x \downarrow c} E(y|x) = \lim_{x \downarrow c} E(y_0|x) + \lim_{x \downarrow c} E(D|x) \cdot \lim_{x \downarrow c} E(y_1-y_0|x)$$

对上式两边从 $c$ 的左边取极限可得：

$$\lim_{x \uparrow c} E(y|x) = \lim_{x \uparrow c} E(y_0|x) + \lim_{x \uparrow c} E(D|x) \cdot \lim_{x \uparrow c} E(y_1-y_0|x)$$

假设 $E[(y_0|x)]$ 与 $E[(y_1|x)]$ 在 $x=c$ 处连续，则其左极限等于右极限，也等于其函数值，故 $\lim_{x \downarrow c} E(y_0|x) = \lim_{x \uparrow c} E(y_0|x)$，而且

$$\lim_{x \downarrow c} E(y_1-y_0|x) = \lim_{x \uparrow c} E(y_1-y_0|x) = E(y_1-y_0|x=c)$$

两方程相减可得：

$$\lim_{x \downarrow c} E(y|x) - \lim_{x \uparrow c} E(y|x) = \left[ \lim_{x \downarrow c} E(D|x) - \lim_{x \uparrow c} E(D|x) \right] \cdot E[(y_1-y_0)|x=c]$$

根据模糊断点回归的定义可知

$$\lim_{x \downarrow c} E(D|x) - \lim_{x \uparrow c} E(D|x) = b - a \neq 0$$

故可将其作为分母：

$$\text{LATE} \equiv E[(y_1-y_0)|x=c] = \frac{\lim_{x \downarrow c} E(D|x) - \lim_{x \uparrow c} E(y|x)}{\lim_{x \downarrow c} E(D|x) - \lim_{x \uparrow c} E(D|x)}$$

上式的分子就是精确断点回归的 LATE，而分母为得到处理的概率（即倾向得分）在断点 $c$ 处的跳跃 $(b-a)$。此式是精确断点回归公式的推广（精确断点情况下，$b-a=1$）。此式的分子就是精确断点回归的 LATE，故可用精确断点回归（如局部线性回归）来估计此分子。分母在形式上与分子完全一样，故也可用精确断点回归来估计，只要将结果变量 $y$ 换为处理变量 $D$ 即可。

进行模糊断点回归的另一方法为工具变量法。定义 $Z_i = 1(x_i \geq c)$，则 $Z_i$ 与处理变量 $D_i$ 相关，满足相关性。而 $Z_i = 1(x_i \geq c)$ 在断点 $c$ 附近相当于局部随机实验，故只通过 $D_i$ 影响 $y_i$，与扰动项 $\varepsilon_i$ 不相关，满足外生性。

因此，$Z_i$ 为 $D_i$ 的有效工具变量，可使用 2SLS 进行估计。如果使用相同的带宽 $h$，则此 2SLS 估计量在数值上正好等于使用矩形核的局部线性回归估计量。以上的断点回归均假设在断点附近存在局部随机分组。如果分组变量为年龄（时间）或地理区域，则这种解释一般行不通，称为"非随机断点设计"（nonrandomized discontinuity design）。

例如，以年龄 65 岁为分界线，年满 65 岁即可获得退休金。此时，分组变量为时间，是个确定性过程，个体无法控制，须考虑以下三种可能性。首先，年满 65 岁是否使个体有资格参加其他项目，从而通过其他渠道影响结果变量；其次，虽然年满 65 岁即可获得退休金，但退休金的效应可能需要几年后才能体现（即可能存在动态效应）；最后，由于个体可

以预见 65 岁以后将得到退休金，故可能在 65 岁之前就调整其经济行为。对于这些可能性，应进行具体分析，才能得到令人信服的结论。

## 8.4 代码实现

```
*===================================================================
*                          断点回归法
*===================================================================
**使用的断点回归命令及功能
    rdplot         绘制结果变量和配置变量拟合图
    rdbweslect     拟合图分区数量选择：可单独使用或包含在 rdplot 选项里
    rdrobustRDD    局部多项式估计
    rdwdensity     局部多项式估计带宽选择：可单独使用或包含在 rdrobust 选项里
    rddensity      检验配置变量密度函数是否连续
/*
在实际运用中，根据其目的和具体执行方式，估计 RDD 有以下主要步骤：
第一步：目的是理解使用 RDD 方法背后的经济机制，讨论配置变量和断点产生的过程，确定配置变量和断点选择是独立的。
第二步：目的是观察变量在断点处是否有明显的跳跃。
用散点图显示结果变量和配置变量的关系。(twoway scatter)
用拟合图显示结果变量和配置变量的关系。(rdplot)
(1)多项式回归拟合：选择多项式次数
(2)区间均值拟合：
①选择区间的分割方式：配置变量值；观测数量
②选择区间数量：手动设置；选择 IMSE 最优区间数量(rdbwselect)
第三步：目的是通过统计方法，具体检验数据是否符合使用 RDD 的前提条件（与第一步互补）。具体执行如下。
统计检验 RDD 的有效性：
检验配置变量密度函数在断点处的连续性(rddensity)
检验非结果特征变量在断点处的连续性(rdplot,rdrobust)
第四步：目的是估计处置变量在断点处的跳跃程度和显著性。具体执行如下。
断点处处置效应的点估计。通常有以下两种方法：
（1）全局多项式回归(regress)：多项式次数选择。
（2）局部多项式回归(rdrobust)：多项式次数选择；带宽选择；权重选择。
*/

**断点回归法举例说明实现过程
gen y = outcome      // 结果变量
gen d = running>0    // 处理变量（0/1 种类）
gen v = running      // 分配变量或参考变量
```

```
    gen vd = v*d       // 交互项
    local i=1
    forvalues i=2/4 {
    gen v'i'=v^'i'
    gen v'i'd=v'i'*d
    }                  // 产生分配变量的三次方、四次方和它们与处理变量的交互项
    qui tab year, gen(dyear)    // 如果在面板数据中，想要控制年份可以产生虚拟变量
    gen pop2 = pop^2    // 将来用在回归中作为协变量，pop 的平方项
************************************
*图形识别，提供三种方式
************************************
**1.结果变量是不是在断点处跳跃
    global sizebin 0.2    //根据用户的 running variable 选择箱体，这个需要用户自己
设定参数
    gen bin=floor(v/$sizebin)
    gen midbin=bin*$sizebin+0.5*$sizebin
    bys bin: egen mean=mean(y)
    reg y d v v2 vd v2d, robust
    predict fit
    predict fitsd, stdp
    gen upfit=fit+1.645*fitsd    // 产生置信区间的上边界
    gen downfit=fit-1.645*fitsd    // 产生置信区间的下边界
    preserve            // 第一种方式绘制断点回归图
    twoway (rarea upfit downfit v, sort fcolor(gs12) lcolor(gs12)) ///
    (line fit v if v<0, sort lcolor(green) lwidth(thick)) ///
    (line fit v if v>0, sort lcolor(red) lwidth(thick)) ///
    (scatter mean midbin, msize(large) mcolor(black) msym-
bol(circle_hollow)), ///
    ytitle("") xtitle("treatment, X (cutoff: X=0)") xline(0, lcolor(black))
///
    legend(off) xlabel(-1(0.2)1) title("policy implementation")
    graph copy all, replace
    restore

    cmogram y v,cut(0) scatter lineat(0) qfitci // 第二种方式绘制断点回归图形

    rdplot y v, cut(0) nbins(10)    // 第三种方式绘制断点回归图
    /**通过图形识别，发现在断点处结果变量 y 发生了跳跃**/

****************************
*估计结果，使用三种方式
****************************
**1. 非参数估计
    rdrobust y v,c(0) kernel(uni) bwselect(mserd) all   // 使用 rdrobust 进行
的非参数估计
```

```
rdrobust y v, c(0) kernel(tri) bwselect(mserd) all    // 这里使用的是 triangular 密度估计
rdrobust y v, c(0) kernel(epa) bwselect(mserd) all    // 这里使用的是 epanechnikov 密度估计
```

**2. 非参数估计
```
rd y v, mbw(50 100 200) gr z0(0) kernel(tri)   // 这个根据最优带宽计算了 3 个相应带宽,使用比较方便
rd y v, mbw(50 100 200) gr z0(0) kernel(rec)   // 这里使用的是 rectangle 密度估计
```

**3. 参数估计:局部线性回归--------------
```
rdbwselect y v, c(0) kernel(uni) bwselect(mserd)   // 选择最优带宽

preserve
keep if v>= -0.216 & v<= 0.216   // 根据上式的结果显示带宽为 0.216
eststo x1: reg y d, robust       // 面板选择 xtreg,如果是 2sls 选择 xtivregre
eststo x2:reg y d##c.v, robust
eststo x3:reg y d##c.(v v2), robust    // 局部线性回归法,选择 2 阶多项式
eststo x4:reg y d##c.(v v2 v3), robust   // 局部线性回归法,选择 3 阶多项式
eststo x5:reg y d##c.(v v2 v3 v4), robust   // 局部线性回归法,选择 4 阶多项式
esttab x1 x2 x3 x4 x5 using y.rtf, star(* .1 ** .05  * .01) nogap nonumber replace ///
se(%5.4f) ar2 aic(%10.4f) bic(%10.4f)    //输出结果到 rtf 格式
restore
```

\*\*\*\*\*\*\*\*\*\*\*\*\*\*\*\*\*\*\*\*\*\*\*\*\*\*\*\*\*
\*稳健性检验
\*\*\*\*\*\*\*\*\*\*\*\*\*\*\*\*\*\*\*\*\*\*\*\*\*\*\*\*\*

**1. 加入协变量后查看回归结果是不是依然显著----------------------
*1.1 非参估计加入协变量
```
rd y v, cov(pop pop2) mbw(50 100 200) z0(0) kernel(tri)   // 加入协变量 pop 和 pop2
```
*1.2 参数估计加入协变量
```
preserve
eststo x11: reg y d pop pop2, robust   // 加入协变量 pop 和它的平方项
eststo x21:reg y d##c.v pop pop2, robust
eststo x31:reg y d##c.(v v2) pop pop2, robust
eststo x41:reg y d##c.(v v2 v3)pop pop2, robust
eststo x51:reg y d##c.(v v2 v3 v4) pop pop2, robust
esttab x11 x21 x31 x41 x51 using y1.rtf, star(* .1 ** .05  * .01) nogap nonumber replace ///
se(%5.4f) ar2 aic(%10.4f) bic(%10.4f)    //输出加入协变量后的结果成为 rtf 格式
restore
```

**2.检验其中的协变量是不是在断点处连续----------------
**2.1 绘制图形检验一下协变量 pop 是不是连续的
```
cmogram pop v,cut(0) scatter lineat(0) qfitci  // 第二种方式绘制断点回归图形
rdplot pop v, cut(0) nbins(10)   // 第三种方式绘制断点回归图
```
**2.2 使用估计方法估计出来具体系数,并进一步看显著性
** 非参数估计-----------------------
```
rdrobust pop v,c(0) kernel(uni) bwselect(mserd) all   // 使用 rdrobust 进行的非参数估计
```
** 参数估计:局部线性回归-------------
```
rdbwselect pop v, c(0) kernel(uni) bwselect(mserd)  // 最优带宽的选择

preserve
keep if v>= -0.175 & v<= 0.175    // 根据上式选择的最优带宽为 0.175
eststo xa:reg pop d, robust
eststo xb:reg pop d##c.v, robust   // 用协变量作为伪结果变量,进行断点回归,选择 1 阶多项式
eststo xb:reg pop d##c.(v v2), robust   // 用协变量作为伪结果变量,进行断点回归,选择 2 阶多项式
eststo xc:reg pop d##c.(v v2 v3), robust   // 用协变量作为伪结果变量,进行断点回归,选择 3 阶多项式
eststo xd:reg pop d##c.(v v2 v3 v4), robust   // 用协变量作为伪结果变量,进行断点回归,选择 4 阶多项式
restore

esttab x11 x21 x31 x41 x51 using m.rtf, star(* .1 ** .05 * .01) nogap nonumber replace ///
se(%5.4f) ar2 aic(%10.4f) bic(%10.4f)   //输出加入协变量后的结果成为 rtf 格式
/**结果显示 pop 回归方程不是显著的,所以 rdd 是适用于此的**/
```

**3.Mccracy 检验:操纵 running variable 检验-----------

```
net install DCdensity, from("http://www.czxa.top/DCdensity")   // 安装 McCrary 检验命令
```

*注意:以下这个关于分配变量在断点处跳跃的操纵检验会随着下面的 binsize 和 bandwidth 设置而出现不同的
```
preserve
DCdensity v, breakpoint(0) generate(Xj Yj r0 fhat se_fhat) b(0.2) h(0.216)   // McCracy test
gen upfhat=fhat+1.645*se_fhat
gen lowfhat=fhat-1.645*se_fhat
```

```
    twoway (rarea upfhat lowfhat r0 if r0<0, sort fcolor(gs12) lcolor(gs12)) ///
    (rarea upfhat lowfhat r0 if r0>0, sort fcolor(gs12) lcolor(gs12)) ///
    (line fhat r0 if r0<0, lcolor(red)) (line fhat r0 if r0>0, lcolor(blue)) ///
    (scatter Yj Xj if Yj>0, mcolor(gs4) msymbol(circle_hollow)), ///
    ytitle("Density") xtitle("") xline(0) legend(off)
    restore

    gen t= .079111002/.143889525   // 产生t值，这个需要根据系数提取出来
    display 2*ttail(2651, t)   // 得到p值，2651是自由度
    /**可以看出在5%显著性水平下实际上Mccrary检验是通不过的，证明没有操纵**/

    ** 把邻近断点处的密度分布放大一些看，这样可以更能清楚地看见是不是有操纵--------
    preserve
    DCdensity v, breakpoint(0) generate(Xj Yj r0 fhat se_fhat) b(0.2) h(0.216)  // McCracy test
    local breakpoint 0
    local cellmpname Xj
    local cellvalname Yj
    local evalname r0
    local cellsmname fhat
    local cellsmsename se_fhat
    drop if 'cellmpname' < -1 | 'cellmpname' > 0.5   // 把小于-0.6和大于0.5的部分都去掉
    drop if 'evalname' < -1 | 'evalname' > 0.5
    tempvar hi
    quietly gen 'hi' = 'cellsmname' + 1.96*'cellsmsename'
    tempvar lo
    quietly gen 'lo' = 'cellsmname' - 1.96*'cellsmsename'
    gr twoway (scatter 'cellvalname' 'cellmpname', msymbol(circle_hollow) mcolor(gray))
    (line 'cellsmname' 'evalname' if 'evalname' < 'breakpoint', lcolor(black) lwidth(medthick))
    (line 'cellsmname' 'evalname' if 'evalname' > 'breakpoint', lcolor(black) lwidth(medthick))
    (line 'hi' 'evalname' if 'evalname' < 'breakpoint', lcolor(black) lwidth(vthin))
    (line 'lo' 'evalname' if 'evalname' < 'breakpoint', lcolor(black) lwidth(vthin))
    (line 'hi' 'evalname' if 'evalname' > 'breakpoint', lcolor(black) lwidth(vthin))
    (line 'lo' 'evalname' if 'evalname' > 'breakpoint', lcolor(black) lwidth(vthin)),
    xline('breakpoint', lcolor(black)) legend(off)
    restore

    ** 4.安慰剂检验------------------------------------------
```

**\*\*4.1 改变断点的位置------------------------------------**
rdplot y v if v<0, c(-0.25)    // 将原来的断点 0 改变为新的断点-0.25
rdplot y v if v>0, c(0.25)     // 将原来的断点 0 改变为新的断点 0.25

rdrobust y v,c(-0.25) kernel(uni) bwselect(mserd) all   // 新断点处使用 rdrobust 进行的非参数估计

rdrobust y v,c(0.25) kernel(uni) bwselect(mserd) all    // 新断点处使用 rdrobust 进行的非参数估计

/\*\* 通过以上发现改变断点后回归结果不显著了，所以我们的断点选择是可靠的\*\*/

**\*\*4.2 改变带宽----------------------------------**
rdrobust y v,c(0) kernel(uni) h(0.1) all    // 改变带宽为 0.1
rdrobust y v,c(0) kernel(uni) h(0.4) all    // 改变带宽为 0.4
/\*\* 通过以上发现改变带宽并没有影响其显著性，因此我们识别的因果效应很稳健\*\*/

1. 介绍精确断点回归的基本原理。
2. 介绍模糊断点回归的基本原理。
3. 请找一篇核心期刊中最近发表的且较感兴趣的文献，谈一谈其中断点回归法的应用思路。

# 第9章 事件研究法

【教学要求】

通过本章教学,学生可以了解事件研究法的起源、定义、应用以及一般步骤。通过案例完整展示事件研究法的应用步骤,可使学生理解和掌握在实证分析中如何科学地运用事件研究法。

【教学重点】

事件研究法定义与应用;事件研究法步骤。

【教学难点】

事件研究法应用。

【思政元素】

用发展的眼光看待问题;实事求是和爱国情怀。

## 9.1 事件研究法概述

### 9.1.1 事件研究法的追溯

事件研究法(event study methods)作为一种财务金融学研究方法,最早可以追溯到20世纪30年代。它诞生于美国,由学者约翰·考尔·道利(John C. Dolley)首次提出,其初衷是为了探究股票价格变化的内在原因。在20世纪30年代,美国股市尚处于萌芽阶段,信息披露和市场监管相对不足。当时,许多投资者对股票价格的波动感到困惑,他们想知道哪些因素会导致股票价格的变化。为了解决这个问题,Dolley开始研究股票价格的变动与公司事件之间的关系。Dolley选取纽约证券交易所1920年至1929年发生的股票拆分事件作为研究对象,通过对这些事件的实证分析,他发现股票拆分事件发生前后的股票价格存在显著差异。具体来说,Dolley发现股票拆分事件对股票价格具有显著的正向影响。这个发现意味着,当公司宣布拆分股票时,市场会对这一消息产生积极反应,从而推高股票价格。事件研究法的诞生源于人们对股票价格变化原因的好奇心,它为人们理解市场反应提供了一种有效的工具。自Dolley首次提出事件研究法以来,这一方法已经得到广泛应用和发展。现在,事件研究法已经成为金融学领域研究各种事件对股票价格影响的重要手段。随着金融市场的不断发展,事件研究法的应用范围已经从股票市场扩展到债券市场、外汇市场等其他金融市场。

事件研究法是指运用金融市场上的数据资料来测定某一特定的经济事件对某一或某一类上市公司价值的影响。继 Dolley（1933）运用该方法研究了股票分割的价格效应之后，Ball 等（1968）引入了目前使用的事件研究法，研究显示，收益能够显著地推动股价上涨。Fama（1969）研究了股票股利效应，研究表明，股票分裂对股票价格有积极的平均影响。Brown 等（1980）进一步完善了事件研究法，对几个统计假定进行了修正。Warner（1985）建立相对成熟的事件分析模型后，事件研究法开始被广泛应用。

扩展阅读 9.1 事件研究法发展历程

## 9.1.2 事件研究法的定义与应用

事件研究法是一种基本的数据统计方法，主要是通过一种经验财务技术手段的运用，对金融市场的数据资料进行综合分析，进而研究特定经济事件对上市公司市值的影响。

事件研究法常用于探讨特定经济事件（如兼并、收购、再融资等）发生前后当事公司的股票价格（或市值）反应的经验研究方法，以特定的事件日为基准，通过研究事件日前后股价报酬的变化，来衡量股价受事件的影响程度。一般来讲，事件研究法通过分析事件样本中的上市公司的股票报酬率是否发生明显异常，来探究该事件是否具有信息内涵。

世界在进步，世界在变化。事件研究法已经不单单应用于研究公司一定时间段内证券价格受某一研究事件的影响。如今，在更多实际应用中，事件研究法也能很好地被用于经济与法律领域，如研究测算经济环境的变化、测试公司价值受规章制度的影响以及评估法律案件中的损失等。自新冠疫情肆虐全球以来，各国经济都遭受到重创。不少学者运用事件研究法对中国各个行业（如旅游业、证券行业等）进行实证研究分析，力图客观分析疫情的暴发对人类的伤害。

事件研究法作为一种经典研究方法，在实证会计领域得到了广泛应用。以下列举其在实证会计领域的常见应用。

（1）盈余公告效应。研究者利用事件研究法研究公司发布盈余公告对股票价格的影响，以评估市场对公司盈余的反应。通常，这种研究方法会计算出盈余公告前后的累计异常收益（cumulative abnormal returns，CARs），以衡量市场对盈余公告的反应程度。

（2）会计政策变更。事件研究法可以用于研究公司会计政策变更对股票价格的影响。例如，研究者可以分析公司采用新的会计准则或会计政策后，股票价格是否发生显著变化，以及这种变化是否具有持续性。

（3）财务报告质量。通过事件研究法，研究者可以评估财务报告质量对股票价格的影响。例如，研究者可以分析公司发布高质量财务报告后，股票价格是否出现正向反应；反之，如果财务报告质量较低，股票价格是否出现负向反应。

（4）公司治理。事件研究法可以用于研究公司治理结构对股票价格的影响。例如，研究者可以分析公司实施某种公司治理改革后（如增加独立董事、实施股权激励等），股票价格是否发生显著变化。

（5）审计意见。事件研究法可以用于研究审计意见对股票价格的影响。例如，研究者可以分析公司发布标准无保留审计意见后，股票价格是否出现正向反应；如果公司发布保留意见或否定意见，股票价格是否出现负向反应。

事件研究法在实证会计领域的应用非常广泛，可以用于研究各种公司事件对股票价格的影响。通过这种方法，研究者可以更准确地评估市场对公司事件的反应，从而为会计决策提供有价值的参考。

### 9.1.3 事件研究法的基本思想与步骤

事件研究法的基本思想是：将事件产生效果和影响的时间段设定为事件窗口，对该时间段的累计异常收益率和平均异常收益率进行计算，并用这两个指标的计算结果来检验和衡量某单一事件的影响程度。事件研究法是通过比较特定事件发生前后的变化来评估该事件对相关变量的影响的。其核心假设是：事件导致了一种突发性的冲击或信息传递，从而在事件发生时期引起了相关变量的变动。具体而言，事件研究法基本假设可以归纳为：第一，

扩展阅读 9.2　事件研究法的局限性

事件窗口假设，事件对相关变量的影响主要集中在一个被称为事件窗口的时间段内，该事件窗口通常由事件发生前、事件发生期以及事件发生后的一段时间组成，研究者需要确定合适的事件窗口长度以捕捉事件效应。处于事件窗口期内，除了所研究事件外，不会有其他事件发生或者产生影响。第二，市场效率假设，事件研究法假设市场是高度有效的，即市场可以快速反应和消化新信息。因此，事件研究法将与事件相关的信息反映在股票价格和交易量等市场指标中。第三，异常收益假设，事件研究法通过比较事件窗口内的实际收益与预期收益来识别事件对相关变量的影响。超出预期的收益被认为是由事件引起的异常收益，从而反映了事件的影响效应。

运用事件研究法时，要先判断此项研究工作所关注的标的是何种事件。对所关注的特定事件进行界定后，还需要判别与之相关的发生时间或窗口，即事件发生影响或效果的时间段。一般而言，估计窗口期、事件窗口期和事后窗口期的确定，以首次获取事件信息的时间为依据。

## 9.2　事件研究法步骤

事件研究法并没有唯一的步骤，但一般包括事件定义、整理数据、计算正常收益率、计算异常收益率、显著性检验和分析结论等。其主要的研究步骤如图 9-1 所示。

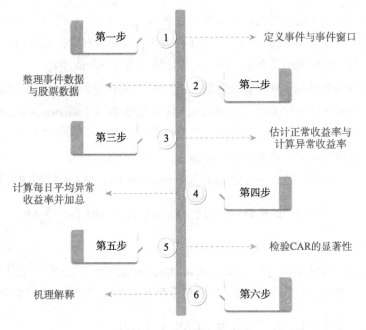

图 9-1　事件研究法步骤图

第一步：定义事件与事件窗口。

先判断所关注的是何种事件，以及思考这种事件将以何种方式具体表现。事件日是指事件的发生时点，通常较短 $R_{it}$，因此需要选定估计窗口和事件窗口来进行研究。

选择研究窗口，将信息公布前后一段时间分成事前检验期和事后检验期。衡量一个事件对股票价值影响的第一步是要确定一个事件期。通常以宣布日为中心，而宣布日在事件期内被指定为第 0 天。确定事件期的目的是捕获该事件对股票价格的全部影响。较长的期间可以保证捕获到全部的影响，但容易受到资料中更多的不相干因素的干扰。期间较短可能使事件没能充分反映到股价当中，从而使结论缺乏可靠性。例如，许多研究选择的事件期为–40 天到+40 天，即从事件宣布日前的 40 天到宣布后的 40 天，如图 9-2 所示。

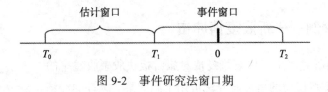

图 9-2　事件研究法窗口期

第二步：整理事件数据与股票数据。

根据定义的事件，选取出一定日期内足够数量的样本，用于获取行情数据、建立模型及后续的统计分析。衡量某一事件对股价的影响程度，需收集在上述事件期内的个股价格、市场指数及计算各公司的日收益率、市场收益率（$R_{it}$、$R_{mt}$）等数据，以便后续计算。

第 9 章　事件研究法

第三步：估计正常收益率与计算异常收益率。

估计预期正常收益率（$R_{it}$）。估计某一事件发生或公布后对股价的影响，须建立股票报酬率的预期模型，使用最小二乘法（OLS）等计量方法进一步估计 $R_{it}$。

其中，$R_{it}$ 为 $t$ 期间第 $i$ 只股票的收益；$R_{mt}$ 为 $t$ 期间市场收益；$\delta_{it}$ 为误差项。

计算每日超常收益率（$AR_{it}$）。超常收益也称为异常收益（abnormal returns，AR），是每家公司当天的实际收益减去预期收益后的差额，用公式表示是 $AR_{it} = R_{it} - \beta_0 - \beta_1 R_{mt}$。

第四步：计算每日平均异常收益率并加总。

先计算每日平均异常收益率（average abnormal returns，AAR）。对事件期内每一天各公司的异常收益求平均数，即得到当天的平均异常收益率 $AAR_t = \frac{1}{n}\sum_{i=1}^{n} AR_{it}$。其中，$n$ 为样本中的公司数目。

再计算累计平均异常收益率（cumulative abnormal returns，CAR）。累计平均异常收益代表该事件对所有公司的总体平均影响，将整个事件期内每一天的平均异常收益进行加总，得到累计平均异常收益率，计算公式为：$CAR_t = \sum_{j=k}^{t} AAR_j$。

第五步：检验 CAR 的显著性。

T 检验 $CAR_{t_1, t_2}$ 与 0 的差异性，其中，$(t_1, t_2)$ 为累积异常收益率计算区间。如果检验结果显著，则说明该事件对股价有影响，否则，说明该事件对公司的股价，也就是企业绩效并未产生显著影响。

第六步：机理解释。

T 检验后就可以验证观测值对研究假设的支持程度，实证工作接近尾声，接下来要进一步延伸到数据的机理作用解释，探究此事件与异常收益的因果，进一步评价该事件对公司绩效的影响及对现有的理论解释做出判断。

## 9.3 应用举例

### 9.3.1 应用举例——新冠疫情冲击

现采用事件研究法来分析新冠疫情对旅游板块股票收益率的影响。基于有效市场假说的事件研究法可用于测度某一事件的经济影响，具体是计算事件发生前后的时间段（即事件窗口）内累计异常收益率的大小。

**1. 定义事件与事件窗口**

2020 年 1 月 20 日，钟南山院士明确表示新冠病毒"人传人"。

扩展阅读 9.3 事件研究法的未来发展展望

因此，界定 2020 年 1 月 20 日为事件发生日（$T=0$），取事件发生日前后各 10 个交易日作为事件窗口，即 2020 年 1 月 6 日至 2 月 11 日作为事件研究区间，剔除无交易的天数，共计 21 个交易日。同时，选取估计期作为估计事件窗口内的正常收益率。

提出原假设：

$H_0$：新冠疫情对中证旅游指数无显著影响。

**2. 整理数据**

选取沪深 300 指数和中证旅游指数（930633.CSI）作为旅游行业股市的研究样本，选取 2019 年 7 月 11 日至 2020 年 1 月 3 日的收益率作为样本数据，剔除节假日，共得到 120 个日收益率。现所用到的股票收益率、市场风险溢价、三因子数据、无风险利率数据均来自 CAMAR 数据库。无风险利率为央行公布的 3 月定存基准利率，三因子数据为以流通市值加权方式所得到的数据。

**3. 估计正常收益率与计算异常收益率**

事件研究法将异常收益率定义为在事件窗口内实际收益率与正常收益率（normal return，NR）之差，其中正常收益率是用定价模型预测的收益率。选择市场模型和三因子模型作为定价模型，公式表达依次如下：

$$R_{i,t} - R_{f,t} = \beta_{0,i} + \beta_{1,i}\text{Riskpremium}_t + \delta_{i,t} \tag{9-1}$$

$$R_{i,t} - R_{f,t} = \beta_{0,i} + \beta_{1,i}\text{Riskpremium}_t + \beta_{2,i}\text{SMB}_t + \beta_{3,i}\text{HML}_t + \delta_{i,t} \tag{9-2}$$

式中，$\text{Riskpremium}_t$ 表示市场风险溢价；$\text{SMB}_t$ 表示市值因子；$\text{HML}_t$ 表示账面市值比；$R_{i,t}$ 表示第 $i$ 只股票在第 $t$ 日的收益率；$R_{f,t}$ 表示日度无风险利率；$\beta_{0,i}$ 表示截距项；$\beta_{1,i}$、$\beta_{2,i}$、$\beta_{3,i}$ 分别表示变量的系数；$\delta_{i,t}$ 表示误差项。

第 $i$ 只股票在第 $t$ 日的正常收益率如下：

$$\text{NR}_{i,t} = E(R_{i,t}|X_t) \tag{9-3}$$

式中，$NR_{i,t}$ 表示第 $i$ 只股票在第 $t$ 日的正常收益率；$R_{i,t}$ 表示中证旅游指数在第 $t$ 日的收益率；$X_t$ 表示在第 $t$ 日的条件信息。

中证旅游指数在 $t$ 日的异常收益率为

$$\text{AR}_{i,t} = R_{i,t} - \text{NR}_{i,t} \tag{9-4}$$

式中，$AR_{i,t}$ 表示第 $i$ 只股票在 $t$ 日的异常收益率。异常收益率是指某种证券的实际收益率与市场预期收益率之间的差值，其中预期收益率是用定价模型预测的收益率。

**4. 计算累计异常收益率**

累计异常收益率（cumulative abnormal return，CAR）。中证旅游指数在 $t_1$ 日至 $t_2$ 日的累计异常收益率为：

$$\text{CAR}_{i,t} = \sum_{i=t_1}^{t_2} \text{AR}_{i,t} \tag{9-5}$$

**5. 显著性检验**

检验异常收益率 AR 和累计异常收益率 CAR 的显著性，需要分别计算以下统计量进行检验。

$$\theta_1 = \frac{\overline{AR_{i,t}}}{\sqrt{\text{Var}(AR_{i,t})}} \sim t(n-1) \quad (9\text{-}6)$$

$$\theta_2 = \frac{\overline{CAR_{i,t}}}{\sqrt{\text{Var}(CAR_{i,t})}} \sim t(n-1) \quad (9\text{-}7)$$

式中，$n-1$ 为自由度；$\overline{AR_{i,t}}$ 和 $\overline{CAR_{i,t}}$ 分别为异常收益率和累计异常收益率在第 $t$ 个交易日的均值。

实证结果如表 9-1 所示，AR_CAPM 和 CAR_CAPM 分别表示基于市场模型计算的异常收益率均值和累计异常收益率均值，AR_FF 和 CAR_FF 分别表示基于三因子模型计算的异常收益率均值和累计异常收益率均值。基于市场模型和三因子模型计算的 $AR$ 在统计意义上基本不显著。基于市场模型和三因子模型计算的 CAR 分别从事件发生后的第五个交

表 9-1　基于市场模型和三因子模型计算的 AR、CAR

| date | AR_CAPM | CAR_CAPM | AR_FF | CAR_FF |
| --- | --- | --- | --- | --- |
| −10 | 3.98e−03 | −3.98e−03 | −8.97E−03 | −8.97E−03 |
| −9 | 7.70E−03 | 3.73E−03 | 5.45E−03 | −3.52E−03 |
| −8 | −1.47E−03 | 2.26E−03 | −3.18E−03 | −6.70E−03 |
| −7 | −9.05E−04 | 1.36E−03 | −3.39E−03 | −1.01E−02 |
| −6 | 2.02E−03 | 3.38E−03 | 1.91E−03 | −8.18E−03 |
| −5 | −7.25E−03 | −3.87E−03 | −6.78E−03 | −1.50E−02 |
| −4 | 4.03E−03 | 1.55E−04 | 2.52E−03 | −1.24E−02 |
| −3 | −4.37E−03 | −4.22E−03 | −6.95−03 | −1.94E−02 |
| −2 | 1.82E−03 | −2.40E−03 | 4.11E−04 | −1.90E−02 |
| −1 | −3.56E−03 | −5.96E−03 | −1.64E−03 | −2.06E−02 |
| 0 | −2.62E−02 | −3.22E−02 | −2.64E−02 | −4.70E−02 |
| 1 | −1.92E−02 | −5.14E−02 | −2.45E−02 | −7.15E−02 |
| 2 | −1.02E−02 | −6.16E−02 | −7.64E−03 | −7.92E−02 |
| 3 | −1.23E−02 | −7.38E−02 | −1.41E−02 | −9.32E−02 |
| 4 | −1.10E−02 | −8.48E−02 | −2.09E−02 | −1.14E−01* |
| 5 | −6.44E−02 | −1.49E−01** | −4.52E−02 | −1.59E−01** |
| 6 | 1.62E−02 | −1.33E−01*** | 9.79E−03 | −1.49E−01*** |
| 7 | −3.92E−03 | −1.37E−01** | −5.58E−03 | −1.55E−01** |
| 8 | 2.41E−02 | −1.13E−01* | 1.70E−02 | −1.38E−01** |
| 9 | 1.04−02 | −1.02E−01 | 5.92E−03 | −1.32E−01* |
| 10 | −6.80E−01 | −1.09E−01* | −2.74E−04 | −1.32E−01** |

易日和第四个交易日开始显著小于 0，三因子模型的显著性稍好于市场模型，而在事件发生前，CAR 在统计意义上不显著，说明新冠疫情对旅游行业股票收益率造成了明显的负向冲击。

### 6. 结论分析

采用 2020 年 1 月 6 日至 2 月 11 日沪深 300 指数和中证旅游指数（930633.CSI）的数据，运用事件研究法估计新冠疫情对旅游行业股票收益率短时期波动的影响。设定 2020 年 1 月 20 日为事件发生日，在此之前市场对疫情的零星消息并不敏感，在此之后市场开始出现明显反应，旅游行业股票累计异常收益率显著为负，并且在春节休市之前的连续三天一路下跌，而 2020 年 1 月 24 日武汉市才宣布所有旅游团队一律取消。说明旅游板块的股票收益率对疫情消息非常敏感，人们产生了巨大的恐惧情绪，提前反映在旅游行业股市上。事件窗口中的第六天（2020 年 2 月 5 日）即疫情暴发 12 天之后，异常收益率转负为正，累计异常收益率的下跌稍有减缓。

## 9.3.2 应用举例——股票回购事件

设计案例以我国 A 股上市公司的股票回购事件为研究对象，原始数据取自于国泰君安数据库。如果同一公司在期间内宣告了多则回购预案，则只选取第一次回购事件，同时剔除回购信息及数据不可用的公司。经过处理，最终得到有效的研究样本为 446 个。

对于股票回购的市场效应，本设计案例采用事件分析法检验公司回购预案宣告前后是否会产生超额收益率。具体步骤如下。

**1. 确定估计期和窗口期**

估计期的作用在于估计股票的正常收益率，本设计案例所选用的估计期为 $[-110,-11]$，即公告前的前 110 到前 11 个交易日，共 100 个交易日。窗口期则用于研究事件发生后股价的异常变化，从而得到股票回购事件对股票价格的全部影响。本设计案例以首次预案宣告日作为事件日，记作 $T=0$，选择的事件窗口是 $[-10,10]$，即事件日的前后各 10 个交易日，共 20 个交易日。

**2. 计算个股实际日收益**

$$R_{it} = \frac{P_{it} - P_{i(t-1)}}{P_{i(t-1)}}$$

其中 $P_{it}$ 代表股票 $i$ 在第 $t$ 日 $E[R_{it(\text{event})}]$ 的股票收盘价；$R_{it}$ 代表股票 $i$ 在第 $t$ 日的实际收益率，不考虑在此期间公司有无股利发放情况。

**3. 计算个股窗口期[-10,10]内的正常收益率**

在国内外相关研究中，较常使用的是市场模型法。这一模型将个股收益率与市场组合收益率联系起来，并假设二者之间存在线性关系。

根据市场模型法，以估计期[–110,–11]的数据为样本，以市场指数收益率为解释变量，以个股收益率为被解释变量，建立 $AAR_t = \frac{1}{n}\sum_{i=1}^{n} AR_{it}$ 以下回归模型：

$$R_{it(est)} = \alpha_i + \beta_i R_{mt(est)} + \varepsilon_{it}$$

式中，$R_{it(est)}$ 代表估计期内股票 $i$ 在第 $t$ 日的实际收益率；$R_{mt(est)}$ 代表估计期内市场组合在第 $t$ 日的实际收益率，本文使用沪深 A 股的综合收益率作为市场组合收益率；$\alpha$ 和 $\beta$ 的估计采用最小二乘法；$\varepsilon$ 代表回归残差。

运用估计期的数据建立回归模型后，即可用窗口期各日的市场收益率 $R_{mt(event)}$ 来估计个股的正常收益率，记作

$$E[R_{it(event)}] = \alpha_i + \beta_i R_{mt(event)} + \varepsilon_{it}$$

**4. 计算个股超额收益率 $AR_{it}$、平均超额收益率 $AAR_t$ 和累计平均超额收益率 $CAR_{(t_1,t_2)}$**

$$CAR_{(t_1,t_2)}$$

$$CAR_{(t_1,t_2)} = \sum_{t=t_1}^{t_2} AAR_t$$

式中，$AR_{it}$ 表示第 $i$ 个样本在第 $t$ 天的超额收益率；$AAR_t$ 表示第 $t$ 天 $n$ 个样本的平均超额收益率；$CAR_{(t_1,t_2)}$ 表示第 $t_1$ 天至第 $t_2$ 天 $n$ 个样本的累计平均收益率。

**5. 假设检验**

如果事件发生对股价无影响，那么 $AAR_t$ 和 $CAR_{(t_1,t_2)}$ 均服从均值为 0 的正态分布。因此，可以通过检验 $AAR_t$ 和 $CAR_{(t_1,t_2)}$ 是否显著地异于 0 来判断股票回购是否对股价产生影响，其检验统计量为：

$$T_{AAR} = \frac{AAR_t}{S(AAR_t)/\sqrt{n}}$$

$$T_{CAR} = \frac{CAR_{(t_1,t_2)}}{S(CAR_{(t_1,t_2)})/\sqrt{n}}$$

式中，$T_{AAR}$ 和 $T_{AAR}$ 为统计量；$AAR_t$ 和 $CAR_{(t_1,t_2)}$ 为样本均值；$S$ 为样本标准差；$n$ 为样本容量。

### 9.3.3 事件研究法案例的代码实现

```
*===============================================================
*                    事件研究法——股票回购事件
*===============================================================

*= 导入事件日期数据
```

```
import excel 事件日期.xlsx, firstrow clear
save 事件日期.dta, replace

*= 导入日个股回报率数据
* 数据分别命名为 TRD_Dalyr1 TRD_Dalyr2 TRD_Dalyr3 ....
forvalues i=1/4 {
import delimited TRD_Dalyr'i'.csv, encoding(utf-16) clear
save 日个股回报率'i'.dta, replace
}

* 合并数据
* 使用 append 纵向合并
clear
forvalues i=1/4 {
    append using 日个股回报率'i'.dta
}
* 重命名变量
rename trddt 交易日期
rename dretwd 个股回报率
save 日个股回报率.dta, replace

*= 导入市场回报率数据
import excel 综合日市场回报率.xlsx, firstrow clear

* 综合市场类型 - 5=综合A股市场; 10=综合B股市场; 15=综合AB股市场; 21=综合A
股和创业板; 31=综合AB股和创业板; 37=综合A股和科创板; 47=综合AB股和科创板; 53=
综合A股及创业板和科创板; 63=综合AB股及创业板和科创板。
    keep if 综合市场类型==21

* 重命名变量
rename 考虑现金红利再投资的综合日市场回报率流通市值加权平均法、市场回报率
save 市场回报率.dta, replace

*= 合并日个股回报率和市场回报率
use 日个股回报率.dta, clear

* 使用 m:1 多对一匹配
* nogen 表示不生成 _merge 变量
* keep(1 3) 等同于 keep if _merge==1 | _merge==3
* keepusing() 里面放入需要匹配的变量,默认是全部变量
merge m:1 交易日期 using 市场回报率.dta, nogen keep(1 3) keepusing(市场回
报率)
save 收益率数据.dta, replace
```

```
*==========================================
*               计算异常收益率
*==========================================
    * 合并数据
    use 事件日期.dta, clear
    gen stkcd=real(证券代码)
    joinby stkcd using 收益率数据.dta

    *= 收益率用百分比
    replace 个股回报率=个股回报率*100
    replace 市场回报率=市场回报率*100


    *= 交易日期转化为连续数字
    * 因为存在周末和假日,交易日期是不连续的
    sort 证券代码 事件日期 交易日期
    by 证券代码 事件日期: gen date_num=_n


    * 将字符格式转化为日期格式
    gen trade_date=date(交易日期,"YMD")
    format trade_date %td
    gen event_date=date(事件日期,"YMD")
    format event_date %td

    * 部分公司事件公告日不是在交易日,将事件日的认定往后顺延最近的一个交易日
    gen 间隔时间=trade_date-event_date
    * 事件日期之前的数据不包含在内
    replace 间隔时间=. if 间隔时间<0
    egen min_dif = min(间隔时间), by(证券代码 event_date)

    gen target=date_num if 间隔时间==min_dif
    egen td=mean(target), by(证券代码 event_date)

    drop 间隔时间 min_dif target

    * 计算和事件日期间隔多少个交易日
    gen dif=date_num-td


    * 事件窗口期[-10, +10]
    bys 证券代码 event_date: gen event_window=1 if dif>=-10 & dif<=10

    * 估计窗口期[-110, -11]
```

```
bys 证券代码 event_date: gen estimation_window=1 if dif>=-110 & dif<=-11
replace event_window=0 if event_window==.
replace estimation_window=0 if estimation_window==.
drop if event_window==0 & estimation_window==0
```

* 剔除估计窗口期不足的样本（如果区间变了，注意修改数值，示例中估计窗口期为[-110, -11]，总共100天）

```
bys 证券代码 event_date: egen estimation_num=sum(estimation_window)
drop if estimation_num<100

egen id=group(证券代码 事件日期)
gen predicted_return=.
```

* 获取事件 MaxID
* global 定义的是全局
```
sum id
global MaxID=r(max)
```

* 计算估计收益率（循环回归，运行时间可能会久一些，预计5分钟）
```
forvalues i=1(1)$MaxID {
qui reg 个股回报率 市场回报率 if id=='i' & estimation_window==1
predict temp if id=='i'
replace predicted_return=temp if id=='i' & event_window==1
drop temp
}
```


* 异常收益率 AR
```
keep if event_window==1
gen AR=个股回报率-predicted_return
```

* 计算累计异常收益率 CAR
```
sort id dif
by id: gen CAR=sum(AR)
save data.dta, replace
```

```
*===================================
*                走势图
*===================================
```

* 走势图
```
use data.dta, clear
collapse (mean) AAR=AR CAAR=CAR, by(dif)
label var AAR "AAR"
label var CAAR "CAAR"
twoway (line AAR dif, lcolor(orange_red ) lpattern(solid) ) (line CAAR dif, lcolor(blue ) lpattern(longdash)), ylabel(, format(%7.2f)) xla-
```

```
bel(-10(5)10)
    graph export $res_path/走势图.png, replace
```
走势图如图 9-3 所示，分组绘制走势图如图 9-4 所示。

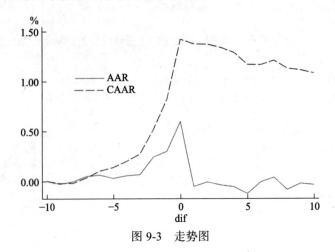

图 9-3　走势图

```
*** 分组汇总绘制走势图
use data.dta, clear
collapse (mean) AAR=AR CAAR=CAR, by(分组 dif)
label var AAR "AAR"
label var CAAR "CAAR"

twoway (line AAR dif if 分组==1, lcolor(orange_red ) lpattern(solid) ) ///
    (line AAR dif if 分组==2, lcolor(blue ) lpattern(solid) ) ///
    (line CAAR dif if 分组==1, lcolor(orange_red ) lpattern(dash)) ///
    (line CAAR dif if 分组==2, lcolor(blue ) lpattern(dash)) ///
    , ylabel(, format(%7.2f)) xlabel(-10(5)10) legend(label(1 "分组=1 AAR") label(2 "分组=2 AAR") label(3 "分组=1 CAAR") label(4 "分组=2 CAAR"))
    graph export $res_path/分组走势图.png, replace
```

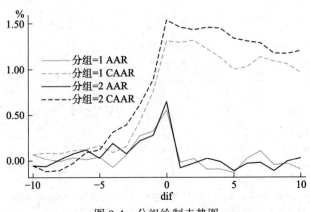

图 9-4　分组绘制走势图

```
*================================
*            AR 显著性检验
*================================
    * 计算 AR 显著性
    use data.dta, clear

    * 使用 collapse 聚合计算，(mean) 计算均值，(sd)计算标准差
    collapse (mean) AAR=AR (sd) sd=AR (count) n=AR, by(dif)

    * 计算 t 统计量
    gen t值=AAR/(sd/sqrt(n))

    * 计算 t 统计量对应的 p 值
    gen p值=ttail(n, abs(t))*2

    * 显著性标准 ***、**、*，分别表示在 1%、5%、10%的水平上显著
    gen star="***" if p<0.01
    replace star="**" if p<0.05 & star==""
    replace star="*" if p<0.1 & star==""

    drop sd n
    format AAR t p %7.4f
    save $res_path/AR 显著性检验.dta, replace

    *** 分组计算 AR 显著性
    use data.dta, clear
    collapse (mean) AAR=AR (sd) sd=AR (count) n=AR, by(分组 dif)
    gen t值=AAR/(sd/sqrt(n))
    gen p值=ttail(n, abs(t))*2
    gen star="***" if p<0.01
    replace star="**" if p<0.05 & star==""
    replace star="*" if p<0.1 & star==""

    drop sd n
    format AAR t p %7.4f
    save $res_path/分组 AR 显著性检验.dta, replace
```

分组计算 AR 显著性的结果，如表 9-2 所示。

表 9-2 分组计算 AR 显著性

| dif | AAR | t 值 | p 值 | star |
|---|---|---|---|---|
| −10 | 0.0073 | 0.1393 | 0.8893 | |
| −9 | −0.0227 | −0.4318 | 0.6659 | |
| −8 | 0.0011 | 0.0202 | 0.9839 | |
| −7 | 0.0550 | 1.0403 | 0.2983 | |
| −6 | 0.0675 | 1.2076 | 0.2273 | |

续表

| dif | AAR | t值 | p值 | star |
|---|---|---|---|---|
| −5 | 0.0345 | 0.6168 | 0.5374 | |
| −4 | 0.0611 | 1.0556 | 0.2912 | |
| −3 | 0.0717 | 1.1842 | 0.2364 | |
| −2 | 0.2463 | 3.9532 | 0.0001 | *** |
| −1 | 0.3024 | 4.6668 | 0.0000 | *** |
| 0 | 0.6013 | 8.9166 | 0.0000 | *** |
| 1 | −0.0476 | −0.8020 | 0.4226 | |
| 2 | −0.0028 | −0.0475 | 0.9621 | |
| 3 | −0.0330 | −0.5933 | 0.5530 | |
| 4 | −0.0505 | −0.9204 | 0.3575 | |
| 5 | −0.1202 | −2.2038 | 0.0276 | ** |
| 6 | −0.0023 | −0.0414 | 0.9670 | |
| 7 | 0.0428 | 0.7960 | 0.4261 | |
| 8 | −0.0789 | −1.4380 | 0.1506 | |
| 9 | −0.0174 | −0.3172 | 0.7511 | |
| 10 | −0.0305 | −0.5680 | 0.5701 | |

```
*====================================
*       不同区间的 CAR 显著性检验
*====================================
    * 不同区间的累计平均异常收益率
use data.dta, clear
sort id dif

* 计算不同区间的累计平均异常收益率，可以根据自己的需求设置。本文设置的区间比较多
by id: egen CAR_1= sum(AR) if dif>=-10 & dif<=10
by id: egen CAR_2= sum(AR) if dif>=-5 & dif<=5
by id: egen CAR_3= sum(AR) if dif>=-4 & dif<=4
by id: egen CAR_4= sum(AR) if dif>=-3 & dif<=3
by id: egen CAR_5= sum(AR) if dif>=-2 & dif<=2
by id: egen CAR_6= sum(AR) if dif>=-1 & dif<=1
by id: egen CAR_7= sum(AR) if dif==0
by id: egen CAR_8= sum(AR) if dif>=-10 & dif<=0
by id: egen CAR_9= sum(AR) if dif>=-5 & dif<=0
by id: egen CAR_10= sum(AR) if dif>=-2 & dif<=0
by id: egen CAR_11= sum(AR) if dif>=-1 & dif<=0
by id: egen CAR_12= sum(AR) if dif>=-10 & dif<=-1
by id: egen CAR_13= sum(AR) if dif>=-5 & dif<=-1
by id: egen CAR_14= sum(AR) if dif>=0 & dif<=1
by id: egen CAR_15= sum(AR) if dif>=0 & dif<=2
by id: egen CAR_16= sum(AR) if dif>=0 & dif<=3
by id: egen CAR_17= sum(AR) if dif>=0 & dif<=4
by id: egen CAR_18= sum(AR) if dif>=0 & dif<=5
by id: egen CAR_19= sum(AR) if dif>=0 & dif<=10
```

```
by id: egen CAR_20= sum(AR) if dif>=1 & dif<=5
by id: egen CAR_21= sum(AR) if dif>=1 & dif<=10

collapse (mean) CAR_1 CAR_2 CAR_3 CAR_4 CAR_5 CAR_6 CAR_7 CAR_8 CAR_9
CAR_10 CAR_11 CAR_12 CAR_13 CAR_14 CAR_15 CAR_16 CAR_17 CAR_18 CAR_19 CAR_20
CAR_21, by(id)
* 显著性检验
forv i=1/21 {

   * 求均值
   egen CAAR_'i'=mean(CAR_'i')

   * 求标准差
   egen sd_'i'=sd(CAR_'i')
   * 计算 t 统计量
   gen t_'i'=CAAR_'i'/(sd_'i'/sqrt(_N))

   * 计算 p 值
   gen p_'i'=ttail(_N, abs(t_'i'))*2
}

keep CAAR_* t_* p_*
keep if _n==1

* 数据格式转换
gen i=1
reshape long CAAR_ t_ p_,i(i) j(j)

* 区间命名，和上面设置的区间对应
gen 区间="[-10, 10]" if j==1
replace 区间="[-5, 5]" if j==2
replace 区间="[-4, 4]" if j==3
replace 区间="[-3, 3]" if j==4
replace 区间="[-2, 2]" if j==5
replace 区间="[-1, 1]" if j==6
replace 区间="[0]" if j==7
replace 区间="[-10, 0]" if j==8
replace 区间="[-5, 0]" if j==9
replace 区间="[-2, 0]" if j==10
replace 区间="[-1, 0]" if j==11
replace 区间="[-10, -1]" if j==12
replace 区间="[-5, -1]" if j==13
replace 区间="[0, 1]" if j==14
replace 区间="[0, 2]" if j==15
replace 区间="[0, 3]" if j==16
```

```
replace 区间="[0, 4]" if j==17
replace 区间="[0, 5]" if j==18
replace 区间="[0, 10]" if j==19
replace 区间="[1, 5]" if j==20
replace 区间="[1, 10]" if j==21

order 区间 CAAR t p
drop i j

* 显著性标注 *、**、***，分别表示在10%、5%、1%的水平上显著
gen star="***" if p<0.01
replace star="**" if p<0.05 & star==""
replace star="*" if p<0.1 & star==""

* 变量重命名
rename CAAR_ CAAR
rename t_ t
rename p_ p

format CAAR t p %7.4f
save $res_path/CAR显著性检验.dta, replace
```

CAR 显著性检验结果如图 9-3 所示。

表 9-3　CAR 显著性检验

| 区间 | CAAR | t | p | star |
| --- | --- | --- | --- | --- |
| [−10, 10] | 1.0851 | 3.3740 | 0.0008 | *** |
| [−5, 5] | 1.0631 | 4.4618 | 0.0000 | *** |
| [−4, 4] | 1.1488 | 5.3322 | 0.0000 | *** |
| [−3, 3] | 1.1383 | 5.9685 | 0.0000 | *** |
| [−2, 2] | 1.0996 | 6.8374 | 0.0000 | *** |
| [−1, 1] | 0.8561 | 6.9455 | 0.0000 | *** |
| [0] | 0.6013 | 8.9166 | 0.0000 | *** |
| [−10, 0] | 1.4256 | 5.5944 | 0.0000 | *** |
| [−5, 0] | 1.3173 | 6.9288 | 0.0000 | *** |
| [−2, 0] | 1.1501 | 8.8155 | 0.0000 | *** |
| [−1, 0] | 0.9037 | 8.8182 | 0.0000 | *** |
| [−10, −1] | 0.8243 | 3.4622 | 0.0005 | *** |
| [−5, -1] | 0.7160 | 4.2375 | 0.0000 | *** |
| [0, 1] | 0.5537 | 5.8010 | 0.0000 | *** |
| [0, 2] | 0.5509 | 4.7877 | 0.0000 | *** |
| [0, 3] | 0.5179 | 3.8893 | 0.0001 | *** |
| [0, 4] | 0.4674 | 3.1773 | 0.0015 | *** |
| [0, 5] | 0.3471 | 2.1658 | 0.0304 | ** |
| [0, 10] | 0.2609 | 1.2510 | 0.2110 | |
| [1, 5] | −0.2542 | −1.8016 | 0.0717 | * |
| [1, 10] | −0.3405 | −1.7500 | 0.0802 | * |

1. 简要介绍事件研究法的基本原理。
2. 事件研究法的一般步骤包括哪些内容?
3. 请找一篇核心期刊中最近发表的且较感兴趣的文献,谈一谈其中事件研究法的应用思路。

扫描此码
自学自测

# 第10章 会计信息质量指标的测度

【教学要求】

通过本章教学,学生可以了解并掌握常见的会计信息质量指标测度方法,如应计盈余管理、真实盈余管理、盈余披露质量、会计稳健性及上市公司会计信息可比性指标等,并在实证分析中熟练应用常见的会计信息质量指标。

【教学重点】

盈余管理;盈余披露质量;会计稳健性。

【教学难点】

盈余管理;会计稳健性;会计信息可比性。

【思政元素】

共性和个性;联系和区别。

## 10.1 盈余质量

### 10.1.1 盈余管理

**1. 盈余管理指标测度**

盈余管理是会计学术研究历久弥新的话题。尽管现实中公司管理盈余的方式五花八门,但实证会计研究往往将其简化为"应计盈余管理"(accrual earnings management)与"真实盈余管理"(real earnings management)两类。区别于依赖会计政策与估计改变利润数字的应计盈余管理,真实盈余管理是指通过真实的经营活动管理盈余的行为,已被大量公司采用(Graham et al., 2005)。现有的大量研究也有利用盈余管理指标表示信息透明度(王亚平等,2009)、信息不对称(王化成等,2015)和审计质量(漆江娜等,2004)等指标。

扩展阅读 10.1 真实盈余管理和应计盈余管理的区别

1)应计盈余管理

(1)修正琼斯模型。参考 Dechow(1995)修正的 Jones 模型。具体方程如下:

$$\frac{TA_{i,t}}{A_{i,t-1}} = \beta_0 \frac{1}{A_{i,t-1}} + \beta_1 \frac{\Delta REV_{i,t}}{A_{i,t-1}} + \beta_2 \left(\frac{PPE_{i,t}}{A_{i,t-1}}\right) + \varepsilon_{i,t} \qquad (10\text{-}1)$$

$$\mathrm{NDA}_{i,t} = \hat{\beta}_0 \frac{1}{A_{i,t-1}} + \hat{\beta}_1 \frac{\Delta \mathrm{REV}_{i,t} - \Delta \mathrm{REC}_{i,t}}{A_{i,t-1}} + \hat{\beta}_2 \left( \frac{PPE_{i,t}}{A_{i,t-1}} \right) \quad (10\text{-}2)$$

$$DA_{i,t} = \frac{TA_{i,t}}{A_{i,t-1}} - \mathrm{NDA}_{i,t} \quad (10\text{-}3)$$

利用式（10-1）进行分行业、分年度回归后，将得到的回归系数代入式（10-2），得到不可操控应计利润 NDA，然后再代入式（10-3），得到修正的可操控应计利润 DA。

因此，DA 即可操控应计利润，其绝对值越大，说明盈余管理空间越大，会计信息质量越低。其他变量度量方式如下。

TA：总应计利润=营业利润-经营活动现金流净额；

NDA：非操控性应计利润；

$\Delta \mathrm{REV}_t$：营业收入变动额；

$\Delta \mathrm{REC}_t$：应收账款变动额；

$\mathrm{PPE}_t$：$t$ 期固定资产净额；

$A_{t-1}$：为消除规模效应，用 $t$–1 年期末总资产。

（2）DD 模型。参考 Dechow 等（2002）模型，运用营运资本应计变量对滞后一期、本期和未来一期的经营活动现金流进行线性回归。

$$\frac{\mathrm{WCA}_{i,t}}{A_{i,t}} = \beta_0 + \beta_1 \frac{\mathrm{CFO}_{i,t-1}}{A_{i,t}} + \beta_2 \frac{\mathrm{CFO}_{i,t}}{A_{i,t}} + \beta_3 \frac{\mathrm{CFO}_{i,t+1}}{A_{i,t}} + \varepsilon_{i,t} \quad (10\text{-}4)$$

$\varepsilon_{i,t}$：回归残差，残差的绝对值越大，盈余管理空间越大，说明会计信息质量越低；

WCA：表示 Δ 营运资本变化，第 $t$–1 年与第 $t$ 年间的 Δ 应收账款 + Δ 存货 – Δ 应付账款 – Δ 应付税款 + Δ 其他流动资产，Δ 表示差分（即第 $t$ 年的变量减去第 $t$–1 年的变量）；

CFO：经营活动现金流净额；

$A_{t-1}$：为消除规模效应，用 $t$–1 期期末总资产。

（3）非线性应计模型。参考 Ball 等（2005）的模型，计算操控性应计利润。

$$\mathrm{ACC}_{i,t} = \alpha_0 + \alpha_1 \mathrm{CFO}_{i,t-1} + \alpha_2 \mathrm{CFO}_{i,t} + \alpha_3 \mathrm{CFO}_{i,t+1} + \alpha_4 \mathrm{DCFO}_{i,t} + \varepsilon \quad (10\text{-}5)$$

为了消除规模效应，各个指标需除以 $t$–1 期期末总资产。

各指标计算如下。

$\mathrm{ACC}_{i,t}$ = 营业利润 – 经营活动现金流净额；

$\mathrm{CFO}_{i,t-1}$、$\mathrm{CFO}_{i,t}$ 和 $\mathrm{CFO}_{i,t+1}$ 分别表示 $i$ 公司 $t$–1，$t$ 和 $t$+1 期经营活动现金流净额；

$\mathrm{DCFO}_{i,t}$：当 $\mathrm{CFO}_t - \mathrm{CFO}_{t-1} < 0$ 时取 1，否则为 0；

$\varepsilon_{i,t}$：回归残差，即为操控性应计利润，残差的绝对值越大，说明盈余管理空间越大，会计信息质量越低。

2)真实盈余管理

参考 Dechow(1998),Roychowdhury(2006)模型来测量企业的真实盈余管理水平。

$$\frac{\text{CFO}_{i,t}}{A_{i,t-1}} = \alpha_0 + \alpha_1 \frac{1}{A_{i,t-1}} + \alpha_2 \frac{\text{REV}_{i,t}}{A_{i,t-1}} + \alpha_3 \frac{\Delta\text{REV}_{i,t}}{A_{i,t-1}} + \varepsilon_{i,t} \quad (10\text{-}6)$$

$$\frac{\text{PROD}_{i,t}}{A_{i,t-1}} = b_0 + b_1 \frac{1}{A_{i,t-1}} + b_2 \frac{\text{REV}_{i,t}}{A_{i,t-1}} + b_3 \frac{\Delta\text{REV}_{i,t}}{A_{i,t-1}} + b_4 \frac{\Delta\text{REV}_{i,t-1}}{A_{i,t-1}} + \varepsilon_{i,t} \quad (10\text{-}7)$$

$$\frac{\text{DISEXP}_{i,t}}{A_{i,t-1}} = c_0 + c_1 \frac{1}{A_{i,t-1}} + c_2 \frac{\text{REV}_{i,t-1}}{A_{i,t-1}} + \varepsilon_{i,t} \quad (10\text{-}8)$$

其中,各个变量介绍如下。

$\text{CFO}_{i,t}$:企业 $i$ 在 $t$ 年度的经营现金净流量;

$\text{PROD}_{i,t}$:企业的生产成本,等于企业本期营业成本和存货变动之和;

$\text{DISEXP}_{i,t}$:企业的操控性费用,等于企业的销售费用和管理费用之和;

$\text{REV}_{i,t}$:企业 $i$ 在 $t$ 年度的营业收入;

$\Delta\text{REV}_{i,t}$:企业 $i$ 在 $t$ 年度的营业收入变动额;

$\Delta\text{REV}_{i,t-1}$:企业 $i$ 在 $t$-1 年度的营业收入变动额;

$A_{i,t-1}$:为消除规模效应,用 $t$-1 期期末总资产。

根据式(10-6)~式(10-8)三个模型分行业、年度回归,获得各模型回归残差,即为各指标异常值(异常经营活动现金流 A_CFO、异常生产成本 A_PROD、异常酌量费用 A_DISEXP),然后再根据式(10-9)计算 $\text{TREM}_{i,t}$,该指标的值越大,代表真实盈余管理的程度越高。

$$\text{TREM}_{i,t} = (-1)\text{A\_CFO}_{i,t} + \text{A\_PROD}_{i,t} + (-1)\text{A\_DISEXP}_{i,t} \quad (10\text{-}9)$$

**2. 盈余管理权威期刊应用**

以 2021 年 CAR 的论文 *Common Institutional Ownership and Earnings Management* 为例,讲解盈余管理在权威期刊的应用。机构投资者对财务报告质量存在重要影响,随着共同机构投资者持股现象的迅速增长,关注该现象的经济后果至关重要。该文研究了盈余管理与共同机构投资者持股(以下简称 CIO)之间的关系,发现 CIO 既能够通过财务信息规模效应提高机构投资者的监督效率,又能够促使机构投资者将财务信息负外部性内部化而降低负外部性成本,总之,CIO 有助于提高公司财务报告质量。该文结果表明,CIO 抑制了盈余管理水平。在构建了双重差分模型缓解反向因果问题后,CIO 仍然在抑制盈余管理水平上发挥了积极作用。进一步分析中,该文直接证明了 CIO 作用于盈余管理水平的机制——规模效应和负外部性内部化。该文丰富了 CIO 经济后果的相关文献,为未来有关 CIO 关系的成本效益分析提供了重要的参考。

文章的研究动机主要是:

在过去的 20 年里,美国上市公司由共同机构投资者持股的现象从 1980 年的 10% 增长到 2014 年的 60%，CIO 的作用逐渐凸显。然而，仅有少量文献探讨有关 CIO 在公司财务报告方面发挥的作用。既有的相关研究将机构投资者持股的公司组合中的个体公司视为互相独立的研究对象，仅强调机构投资者在单个公司的财务报告方面发挥了积极作用，而没有识别上市公司因 CIO 建立的关联对财务报告可能产生的影响。基于此，该文试图探究 CIO 在财务报告中发挥的监督作用。

文章主要提出了两个竞争性研究假设：

经理人出于不同的个人经济动因会做出损害公司价值和股东财富的机会主义行为（Field et al., 2001）。持有较多股份的机构投资者作为积极的治理角色，有动机也有足够影响力参与公司财务报告决策（Armstrong et al., 2010）。机构投资者具有财务和能力优势两方面的动机影响被投资公司财务报告。一方面，机构投资者持股比例较高，其利益与经理人行为高度相关，因而需要及时、可靠的信息监督经理人行为；另一方面，机构投资者是专业的投资者，具有优越的信息处理和分析能力。除有强烈的动机监督经理人之外，更重要的是，机构投资者有强力的方式监督经理人。首先，机构投资者信息沟通渠道畅通。机构投资者能够在被投资公司信息披露不充分时要求与公司进行私下沟通介入财务报告决策，抑或通过投票方式公开地与被投资公司进行交流（Boone et al., 2015）；其次，机构投资者优化了公司的治理结构，机构投资者在拥有较高话语权的基础上，发挥自身杰出的能力监督经理人行为，有助于公司治理结构的专业化；最后，机构投资者构建了有效的退出机制。持有大量股票份额这一天然属性使机构投资者在无形中向被投资公司施加了资本市场压力，一旦机构投资者因经理人不当行为损害了自身利益而撤资，这一行为向市场传递的消极信号将极大地损害公司价值。因此，机构投资者不仅有强烈动机，而且有强力方式对经理人行为进行监督。

CIO 形成于同行业公司和机构投资者持股建立的关系之中。当机构投资者同时持有两家公司股份，而这两家公司又处于同一行业时，CIO 就形成了。CIO 形成的股权结构构建了有效的监督机制，强化了机构投资者管理投资组合的能力。

第一，CIO 机制促成了机构投资者管理投资组合的规模经济效应，提高了投资收益。传统的规模经济效应是指因产量增加导致单位固定成本降低而使单位利润增加的现象。在 CIO 机制下，机构投资者持有的投资组合也会产生规模效应。处于同一行业的公司具有类似的特征（如商业环境、人口统计学特征、产品特征、运营特征等），这使同一行业的信息易于在行业内传递、被学习，即同行信息在同行间的传递效率高。当机构投资者建立了 CIO 机制后，其持有的投资组合中 CIO 公司同样也能够在传递的信息中互相学习，提高信息传递效率。从机构投资者的角度看，在没有形成 CIO 时，机构投资者只能够获取某行业某一家公司的信息，而在形成 CIO 后，机构投资者能够获取某行业两家及以上公司的信息，此时，由于同行业间较高的信息传递效率，加上机构投资者因持股比例较高而具有较高的话语权和影响力，机构投资者不必多次重复地获取、处理相关公司信息，即单位信息获取、处理成本降低。同时，机构投资者通过处理信息，从有噪声的公开信息中提取有用信息监督经理人行为，获取真实的财务信息以取得超额收益，机构投资者因此获取了更高的单位信息利润，这即是 CIO 机制的规模经济效应。在 CIO 机制的规模经济效应驱动下，机构投资者监督经理人盈余管理行为的成本低，投资组合的信息分享使其能更容易监督经理人机会主义行为。

第二，CIO 机制有助于机构投资者将负外部性内部化，降低投资损失。财务信息的负外部性是指，当同行业某一公司发布了有偏的财务报告时，由于同行业公司相似的特征使财务信息可比性较高，同行业其他公司会参考发布财务报告的公司的财务信息来改进公司投资决策，这使投资决策也变得有偏、无价值，最终导致企业价值受损。从机构投资者的角度看，在没有形成 CIO 时，机构投资者只需要承担某行业某一家公司因有偏投资决策造成的损失，而在形成 CIO 后，如果不加以有效监督，机构投资者需要承担某行业两家及以上公司因有偏决策造成的损失。出于自身利益考虑，机构投资者有强烈的动机监督投资组合经理人的行为。CIO 机制有助于机构投资者将财务信息负外部性内部化。为了避免多重有偏投资决策的损失，持有同行业多家公司股份使机构投资者更容易识别有偏信息，提取真实、有用的信息并对经理人有偏行为进行及时的纠正，抑制了经理人进行盈余管理的动机。

基于规模经济效应和负外部性内部化的逻辑，该文提出假设 H1a：

H1a：在其他条件一定时，共同机构投资者持股与盈余管理水平呈负相关关系。

如上文所述，机构投资者通过 CIO 机制在管理投资组合时享受了信息分享带来的优势。但 CIO 机制也可能抑制机构投资者的监督动机。一方面，机构投资者可以借助私有信息优势进行投机。经理人往往进行向上盈余管理，机构投资者在 CIO 机制下容易识别经理人行为，在有能力和技术意识到某行业某一家公司的向上盈余管理行为能够传递至同行业另一家公司时，机构投资者会借助经理人盈余管理行为，管理自身投资组合进行投机以获取更高的超额收益，即私有信息渠道替代了机构投资者对高质量财务报告的需求。另一方面，机构投资者能从有噪声的公开信息中提取有用信息。大多公司股东获取信息的渠道是公开的，但公开信息的价值有限，非专业股东处理和分析信息的成本很高。机构投资者则相反，在 CIO 机制下，其处理和分析信息的成本相对较低，有动机通过分析出有价值的信息并放纵经理人盈余管理的行为，在"模糊其他股东双眼"的同时清醒地攫取其他股东利益。基于此，该文提出假设 H1b：

H1b：在其他条件一定时，共同机构投资者持股与盈余管理水平呈正相关关系。

### 3. 盈余管理指标测度代码实现

```
*===========================================================================
*                    应计盈余管理（修正琼斯模型）
*===========================================================================
    import excel 基础数据.xlsx, firstrow clear

    * 定义面板数据
    xtset stkcd year

    * 匹配行业代码、市场类型
```

```
merge m:1 stkcd using 公司文件.dta, nogen keep(1 3) keepusing(市场类型 上市日期)

* 剔除已退市的上市公司
merge m:1 stkcd using 退市公司名单.dta, nogen keep(1 3) keepusing(退市日期)
drop if 退市日期!=.

* 剔除上市以前的数据
drop if year<real(substr(上市日期, 1, 4))
* 匹配当年是否 ST、*ST 或 PT
merge 1:1 stkcd year using 是否ST或PT.dta, nogen keep( 3 ) keepusing(年末是否ST或PT)

* 制造业使用二级分类, 其他行业使用大类
gen Industry=substr(行业代码, 1, 1)
replace Industry=substr(行业代码, 1, 3) if Industry=="C"
```

*============================== 生成变量 ==================================
```
xtset stkcd year
gen TA=(营业利润-经营活动产生的现金流量净额)/L.资产总计
gen A=1/L.资产总计
gen REV=D.营业收入/L.资产总计
gen REV_REC=(D.营业收入-D.应收账款)/L.资产总计
gen PPE=固定资产原值/L.资产总计
```
*============================== 筛选数据 ==================================
```
* 剔除金融业
drop if Industry=="J"

* 剔除当年ST、PT类股票
drop if 年末是否ST或PT==1

* 剔除有缺失值的变量
foreach i in TA A REV REV_REC PPE {
   drop if `i'==.
}

* 计算年份 2000-2022
keep if year>=2000 & year<=2022

* 剔除行业观察值小于10(具体可以根据需要调整)的样本
bysort Industry year: gen N=_N
drop if N<10
```

```
*============================ 开始计算 ================================
    * 缩尾处理
    winsor2 TA A REV PPE REV_REC, cuts(1 99) replace by(year)
    * 分行业分年度回归
    * 安装 asreg (没安装过需要用以下命令安装一下)
    * ssc install asreg
    bys Industry year: asreg TA A REV PPE, nocons
    gen DA=TA-(_b_A*A+_b_REV*REV_REC+_b_PPE*PPE)
    gen AbsDA=abs(DA)

    * 补充：部分研究以过去三年操控性应计项目绝对值之和（Opaque）来衡量公司信息透明度
    xtset stkcd year
    gen Opaque=abs(L.DA)+abs(L2.DA)+abs(L3.DA)

    * 保存结果
    keep 证券代码 stkcd year 行业代码 Industry DA AbsDA Opaque
    order 证券代码 stkcd year 行业代码 Industry DA AbsDA Opaque
    sort stkcd year
    save 应计盈余管理（修正琼斯模型）.dta, replace
*==========================================================================
*                              真实盈余管理
*==========================================================================
*============================ 资产负债表 =================================
    import excel 资产负债表.xlsx, firstrow clear
    * 选择合并报表
    keep if 报表类型=="A"

    * 选择年末数据
    keep if regexm(统计截止日期, "12-31")

    * 数字格式的证券代码
    gen stkcd=real(证券代码)
    * 年份变量
    gen year=real(substr(统计截止日期, 1, 4))

    * 剔除不需要的变量
    drop 统计截止日期 报表类型
    order stkcd year

    * 剔除B股
    drop if substr(证券代码, 1, 1)=="2" | substr(证券代码, 1, 1)=="9"
    save 资产负债表.dta, replace
*============================ 现金流量表 =================================
    import excel 现金流量表直接法.xlsx, firstrow clear
```

* 选择合并报表
keep if 报表类型=="A"

* 选择年末数据
keep if regexm(统计截止日期, "12-31")

* 数字格式的证券代码
gen stkcd=real(证券代码)
* 年份变量
gen year=real(substr(统计截止日期, 1, 4))

* 剔除不需要的变量
drop 统计截止日期 报表类型
order stkcd year

* 剔除B股
drop if substr(证券代码, 1, 1)=="2" | substr(证券代码, 1, 1)=="9"
save 现金流量表直接法.dta, replace

*================================ 利润表 ================================
import excel 利润表.xlsx, firstrow clear
* 选择合并报表
keep if 报表类型=="A"

* 选择年末数据
keep if regexm(统计截止日期, "12-31")

* 数字格式的证券代码
gen stkcd=real(证券代码)
* 年份变量
gen year=real(substr(统计截止日期, 1, 4))

* 剔除不需要的变量
drop 统计截止日期 报表类型
order stkcd year

* 剔除B股
drop if substr(证券代码, 1, 1)=="2" | substr(证券代码, 1, 1)=="9"
save 利润表.dta, replace

*================================ 行业代码 ================================
import excel 行业代码.xlsx, firstrow clear

* 选择合并报表

```
keep if 报表类型编码=="A"

* 选择年末数据
keep if regexm(统计截止日期, "12-31")

* 数字格式的证券代码
gen stkcd=real(股票代码)
* 年份变量
gen year=real(substr(统计截止日期, 1, 4))

* 剔除B股
drop if substr(股票代码, 1, 1)=="2" | substr(股票代码, 1, 1)=="9"

* 剔除不需要的变量
keep stkcd year 行业代码
order stkcd year
save 行业代码.dta, replace
*========================= 已退市的上市公司名单 =========================
import excel 退市资料.xlsx , firstrow clear
gen stkcd=real(substr(代码, 1, 6))
gen 证券代码=substr(代码, 1, 6)
order stkcd 证券代码
drop if stkcd==.
drop 代码
save 退市公司名单.dta, replace
*============================ 公司文件 ============================
import excel 公司文件.xlsx , firstrow clear
* 数字格式的证券代码
gen stkcd=real(证券代码)

* 剔除B股
drop if substr(证券代码, 1, 1)=="2" | substr(证券代码, 1, 1)=="9"
save 公司文件.dta, replace
*================================================================
*                              合并数据
*================================================================
use 资产负债表.dta, clear
merge 1:1 stkcd year using 现金流量表直接法.dta, nogen keep(1 3) kee-
pusing(经营活动产生的现金流量净额 支付给职工以及为职工支付的现金 收到的其他与经营活动有关的现金 支付其他与经营活动有关的现金)
merge 1:1 stkcd year using 利润表.dta, nogen keep(1 3) keepusing(营业收
```

入 销售费用 管理费用 营业成本 税金及附加 减所得税费用)
    merge m:1 stkcd using 公司文件.dta, nogen keep(3) keepusing(上市日期 市场类型)
    merge 1:1 stkcd year using 行业代码.dta, nogen keep(1 3) keepusing(行业代码)
    merge m:1 stkcd using 退市公司名单.dta, nogen keep(1 3) keepusing(退市日期)
*===============================================================
*                              生成变量
*===============================================================
    *= 定义为面板数据
    xtset stkcd year
    *= 指标说明
    /*
    $CFO_t$ 表示第 t 期的经营活动现金净流量;
    $A_{t-1}$ 为第 t-1 期期末总资产;
    $SALES_t$ 表示第 t 期销售收入;
    $\triangle SALES_t$ 表示第 t 期的销售收入相比第 t-1 期的销售收入变动额;
    $\triangle SALES_{t-1}$ 表示第 t-1 期的销售收入相比第 t-2 期的销售收入变动额;
    $PROD_t$ 为第 t 期的生产成本,是当期营业成本及存货变动额的总和;
    $DISEXP_t$ 表示第 t 期的可操控性费用,为销售费用与管理费用的总和。
    */
    * $CFO_{i,t}/A_{i,t-1}$
    gen CFO=经营活动产生的现金流量净额/L.资产总计

    *= $1/A_{i,t-1}$
    gen A=1/L.资产总计

    *= $SALES_{i,t}/A_{i,t-1}$
    gen SALES=营业收入/L.资产总计

    *= $SALES_{i,t-1}/A_{i,t-1}$
    gen L_SALES=L.营业收入/L.资产总计

    *= $\triangle S_{i,t}/A_{i,t-1}$
    gen D_SALES=D.营业收入/L.资产总计

    *= $\triangle S_{i,t-1}/A_{i,t-1}$
    gen LD_SALES=LD.营业收入/L.资产总计

    *= $PROD_{i,t}/A_{i,t-1}$
    gen PROD=(营业成本+D.存货净额)/L.资产总计

    *= $DISEXP_{i,t}/A_{i,t-1}$
    gen DISEXP=(销售费用+管理费用)/L.资产总计

```
*================================================================
*                           筛选数据
*================================================================
    * 市场类型：1=上海A，2=上海B，4=深圳A，8=深圳B,16=创业板,32=科创板, 64=北交所
    keep if inlist(市场类型, 1, 4, 16, 32, 64)

    * 剔除上市以前的数据
    drop if year<real(substr(上市日期,1,4))

    * 使用2000-2021年数据
    keep if year>=2000 & year<=2022

    * 制造业使用二级分类，其他行业使用大类
    gen Industry=substr(行业代码, 1, 1)
    replace Industry=substr(行业代码, 1, 3) if Industry=="C"

    * 剔除金融业
    drop if Industry=="J"

    * 剔除已退市的公司样本数据
    drop if 退市日期!=.

    * 剔除当年ST、PT类股票
    merge 1:1 stkcd year using 年末是否ST或PT.dta, nogen keep(3) keepusing(年末是否ST或PT)
    drop if 年末是否ST或PT==1

    * 删除缺失值
    foreach i in CFO A SALES L_SALES D_SALES LD_SALES PROD DISEXP {
        drop if `i'==.
    }

    * 剔除了行业观察值小于10的公司样本
    bysort Industry year: gen N=_N
    drop if N<10

    * 缩尾处理
    winsor2 CFO A SALES L_SALES D_SALES LD_SALES PROD DISEXP, cuts(1 99) replace by(year)
*================================================================
*                        计算真实盈余管理
*================================================================
    * 分行业分年度回归
    *= 公式一回归
    bys Industry year: asreg CFO A SALES D_SALES , fitted
    gen R_CFO=_residuals
```

```
drop _*

*= 公式二回归
bys Industry year: asreg PROD A SALES D_SALES LD_SALES , fitted
gen R_PROD=_residuals
drop _*

*= 公式三回归
bys Industry year: asreg DISEXP A L_SALES , fitted
gen R_DISEXP=_residuals
drop _*

*= 计算真实盈余管理
gen REM1=R_PROD+R_CFO+R_DISEXP
gen AbsREM1=abs(REM1)
gen REM2=R_PROD-R_CFO-R_DISEXP
gen AbsREM2=abs(REM2)
* winsor2 REM1 AbsREM1 REM2 AbsREM2, cuts(1 99) replace by(year)
sort stkcd year
keep stkcd 证券代码 year 市场类型 R_CFO R_PROD R_DISEXP REM1 AbsREM1 REM2 AbsREM2
order stkcd 证券代码 year 市场类型 R_CFO R_PROD R_DISEXP REM1 AbsREM1 REM2 AbsREM2
save 真实盈余管理.dta, replace
```

## 10.1.2 盈余披露质量

**1. 盈余披露质量指标测度**

盈余披露质量主要以盈余平滑度和盈余激进度表示。

1）盈余激进度

公司推迟确认损失（费用）和加速确认收入的倾向。盈余激进度越大，公司管理层越有可能利用权责发生制下会计政策选择的空间对盈余项目进行粉饰，以掩盖公司实际的经济行为和经营业绩，从而加大了公司信息的不透明程度，会计信息质量越低。

2）盈余平滑度

上市公司的报告盈余与真实盈余之间的关系，描述了公司盈余波动偏离正常水平的程度。盈余平滑度越大，说明公司管理层为了向投资者传递公司经营状况稳定的假象越有可能故意隐藏业绩的波动，从而增加了信息的不透明程度，会计信息质量越低。

扩展阅读 10.2　盈余激进度与盈余平滑度的联系和区别

Bhattacharya 等（2004）、游家兴等（2007）研究者利用以下方法衡量上市公司盈余激进度（$EA$）、盈余平滑度（$ES$）。$EA$ 表示盈余激进度，盈余激进度越大，公司会计信息质量越低；$ES$ 表示盈余平滑度，盈余平滑度越大，公司会计信息质量越低。

盈余激进度：

$$EA_{i,t} = ACC_{i,t} / A_{i,t-1}$$

$$ACC_{i,t} = \Delta CA_{i,t} - \Delta CL_{i,t} - \Delta Cash_{i,t} + \Delta STD_{i,t} - \Delta DEP_{i,t} + \Delta TP_{i,t}$$

盈余平滑度：

$$ES_{i,t} = \frac{SD\left(\dfrac{CFO_{i,t-3}}{A_{i,t-4}}, \dfrac{CFO_{i,t-2}}{A_{i,t-3}}, \dfrac{CFO_{i,t-1}}{A_{i,t-2}}, \dfrac{CFO_{i,t}}{A_{i,t-1}}\right)}{SD\left(\dfrac{NI_{i,t-3}}{A_{i,t-4}}, \dfrac{NI_{i,t-2}}{A_{i,t-3}}, \dfrac{NI_{i,t-1}}{A_{i,t-2}}, \dfrac{NI_{i,t}}{A_{i,t-1}}\right)}$$

其中，具体变量计算方式如下。

ACC：应计项目；

$A_{i,t-1}$：$t-1$ 期末总资产；

DEP：计提的固定资产累计折旧和无形资产摊销额；

$\Delta CA$：流动资产变动额；

$\Delta CL$：流动负债变动额；

$\Delta Cash$：现金流变动额；

$\Delta STD$：一年内到期的长期负债变动额；

$\Delta TP$：应交税费变动额；

$CFO_{i,t-k}$（$k=0,1,2,3$）：第 $t-k$ 年第 $i$ 家公司经营活动现金流；

$NI_{i,t-k}$：第 $t-k$ 年第 $i$ 家公司的净利润；

$SD(\cdot)$：表示计算括号内的标准差。

**2. 盈余披露质量权威期刊应用**

以 2022 年 TAR 的论文 Income Smoothing through R&D Management and Earnings Informativeness 为例，讲解盈余平滑度在权威期刊的应用。该文主要研究企业通过研发管理实现盈余平滑是否与收益信息披露有关，研究发现，通过研发管理实现盈余平滑与更多的收益信息披露相关，但是这种关联性弱于企业通过应计实现盈余平滑与收益信息披露的相关性。该文的研究结论为管理者通过研发管理实现盈余平滑、缓解收益波动提供了新证据。

文章的研究动机主要是：

盈余平滑通常作为经理人抑制收益波动并帮助投资者预测企业盈余或隐瞒盈余信息的有效手段。既有文献研究发现，经理人通过应计操纵方式来平滑企业的盈余，但是鲜有研究通过研发管理来实现企业的盈余平滑。鉴于此，该文主要研究企业是否通过研发管理来提供企业盈余平滑的信息，为盈余平滑相关文献提供新证据。

文章主要提出了两个研究假设：

在实力较弱的企业中，管理者不能通过研发支出来实现收益平滑有两个原因：第一，如果管理者削减研发支出来平滑当期收益，他们可以将研发支出推移到下一个时期。如果项目延期，那么管理者将承担下期项目收益更低的风险。第二，如果管理者削减研发支出来平滑当期收益，管理者也可以选择放弃该项目。如果项目被放弃，那么企业就牺牲了研发项目创造的未来价值，这种消息会传递到资本市场，进一步影响企业的股票收益。而实力较强的公司则可以承受跨期转移研发支出的成本，这一点可以将企业强大的消息传递给投资者。因此，提出以下假设：

假设1：企业通过研发管理进行收益平滑可以传递企业未来盈利的信息。

进一步研究通过研发管理进行收益平滑与通过应计管理进行收益平滑在收益信息方面的相对重要性。应计管理发生在财政年度结束之后，此时进行收益平滑的目标明确。然而，研发费用转移发生在财政年度结束之前，此时实现收益平滑的目标不确定。因此，提出以下假设：

假设2：相对于应计管理，研发管理收益平滑的收益信息质量更低。

### 3. 盈余披露质量指标测度代码实现

```
*===============================================================
*                        盈余披露质量
*===============================================================
    * 导入数据
    import excel 基础数据.xlsx, firstrow clear

    * 剔除已退市的上市公司
    drop if 退市日期!=.

    * 剔除上市以前的数据
    drop if year<real(substr(上市日期, 1, 4))

    * 剔除金融行业
    drop if regexm(行业代码, "J")

    * 定义面板数据
    xtset stkcd year

    * Ea=(公司当年的净利润-公司当年的经营活动现金净流量)/公司当年年初的总资产
    gen Ea=(净利润 r 经营活动产生的现金流量净额)/L.资产总计

    * Es=公司在(t-3, t)期间内经营活动现金净流量与当年年初总资产之比的标准差/公司在(t-3,t)期间内净利润与当年年初总资产之比的标准差
    gen b1=经营活动产生的现金流量净额/L.资产总计
    gen b2=净利润/L.资产总计

    * 使用rangestat滚动求(t-3, t)期间标准差
    rangestat (sd) b1 b2 (count) b1 b2, by(stkcd) i(year -3 0)

    * 剔除(t-3, t)期间数据量不够的样本
```

```
replace b1_sd=. if b1_count<4
replace b2_sd=. if b2_count<4
gen Es=b1_sd/b2_sd

* 选择 2001-2022 数据
keep if year>=2001 & year<=2022

* 输出结果
keep stkcd 证券代码 year Ea Es
label var Ea 盈余激进度
label var Es 盈余平滑度
save 盈余激进度和盈余平滑度结果.dta, replace
```

## 10.2 会计稳健性

### 10.2.1 会计稳健性指标测度

**1. Basu 模型**

参考 Sudipta Basu（1997）提出的盈余—股票报酬计量法的反回归方程衡量公司会计稳健性，分行业、年度回归求系数。

$$\frac{\text{EPS}_{i,t}}{P_{i,t}} = \alpha_0 + \alpha_1 D_{i,t} + \beta_0 R_{i,t} + \beta_1 D_{i,t} \times R_{i,t} + \varepsilon_{i,t}$$

其中，各变量解释如下。

EPS：每股收益；

$P$：$t$ 年期初股票价格，用 $t$ 年 4 月最后一个交易日的股票收盘价；

$R$：股票回报率，$t$ 年 5 月至次年 4 月共 12 个月买入并持有收益率，基于考虑现金红利再投资的月个股回报率计算；

$D$：虚拟变量，$R<0$ 时，取值 1，反之为 0；

系数 1（$\beta_0$）：会计盈余对"好消息"反映及时性；

系数 2（$\beta_1$）：会计盈余确认坏消息较之确认好消息的及时性，即会计稳健性水平，如果 $\beta_1$ 大于 0，则公司存在会计稳健性特征；

$\beta_0+\beta_1$：会计盈余对"坏消息"反映及时性。

**2. Cscore 模型**

参考 Khan 等（2009）的 CSore 模型度量公司会计稳健性指标。

$$\frac{\text{EPS}_{i,t}}{P_{i,t}} = \alpha_0 + \alpha_1 D_{i,t} + \beta_0 R_{i,t} + \beta_1 D_{i,t} \times R_{i,t} + \varepsilon_{i,t} \tag{10-10}$$

$$G_{score} = \beta_0 = \mu_1 + \mu_2 \text{SIZE}_{i,t} + \mu_3 \text{LEV}_{i,t} + \mu_4 \text{MB}_{i,t} \quad (10\text{-}11)$$

$$C_{score} = \beta_1 = \gamma_1 + \gamma_2 \text{SIZE}_{i,t} + \gamma_3 \text{LEV}_{i,t} + \gamma_4 \text{MB}_{i,t} \quad (10\text{-}12)$$

将式（10-11）和式（10-12）分别代入式（10-10），得到式（10-13）：

$$\frac{\text{EPS}_{i,t}}{P_{i,t}} = \alpha_0 + \alpha_1 D_{i,t} + (\mu_1 + \mu_2 \text{SIZE}_{i,t} + \mu_3 \text{LEV}_{i,t} + \mu_4 MB_{i,t}) R_{i,t}$$
$$+ (\gamma_1 + \gamma_2 \text{SIZE}_{i,t} + \gamma_3 \text{LEV}_{i,t} + \gamma_4 MB_{i,t}) D_{i,t} \times R_{i,t} + \varepsilon_{i,t} \quad (10\text{-}13)$$

对式（10-13）进行分年度、行业回归，把得到的回归系数 $\mu_1 \sim \mu_4$ 以及 $\gamma_1 \sim \gamma_4$ 分别代入式（10-11）与式（10-12），计算得到公司 $i$ 第 $t$ 年好消息的确认程度 $G_{score}$ 以及会计稳健性 $C_{score}$。

其中，各变量解释如下。

EPS：每股收益；

$P$：$t$ 年期初股票价格，用 $t$ 年 4 月最后一个交易日的股票收盘价；

$R$：股票回报率，$t$ 年 5 月至次年 4 月共 12 个月买入并持有收益率，基于考虑现金红利再投资的月个股回报率计算；

$D$：虚拟变量，$R<0$ 时，取值 1，反之为 0；

SIZE：总资产；

$MB$：市值账面比，市值/资产总额；

LEV：资产负债率，负债合计/资产总计；

系数 1-$G_{score}$($\beta_0$)：公司层面对"好消息"反应及时性；

系数 2-$C_{Score}$($\beta_1$)：公司层面对"坏消息"反应及时性，会计稳健性指标；

$\beta_0 + \beta_1$：会计盈余对"坏消息"比"好消息"反应的增量及时性。

### 3. ACF 模型

参考 Ray Ball 等（2006）的模型衡量公司会计稳健性，分行业、年度回归求系数。

$$\text{ACC}_{i,t} = \alpha_0 + \alpha_1 DR_{i,t} + \beta_0 \text{CFO}_{i,t} + \beta_1 DR_{i,t} \times \text{CFO}_{i,t} + \varepsilon_{i,t}$$

其中，各变量解释如下。

ACC：应计项目总额 = 净利润 + 财务费用 − 经营活动现金流量净额；

CFO：经营活动现金流量净额；

$DR$：虚拟变量，CFO$<0$ 时取 1，反之取 0；

系数 1（$\beta_0$）：应计项目与正的经营性现金流关系；

系数 2（$\beta_1$）：会计稳健性系数，反映的是应计项目对负的经营性现金流敏感程度比对正的经营性现金流的敏感程度的增量，即 $\beta_1 > 0$，会计稳健性存在；

$\beta_0 + \beta_1$：应计项目与负的经营性现金流关系。为消除规模效应，各指标除以 $t-1$ 期期末总资产。

## 10.2.2　会计稳健性指标权威期刊应用

下面以 2020 年 TAR 的论文 *Shareholder Litigation and Conservative Accounting: Evidence from Universal Demand Laws* 为例，讲解会计稳健性在权威期刊中的应用。股东诉讼和稳健的会计政策都是提高公司治理水平、约束经理人行为的重要手段，且公司外部法律环境变化可能影响会计稳健性（Watts，2003）。已有文献探讨了外部法律环境变化对公司信息披露和盈余管理等会计行为的影响，但尚未有实证研究探讨法律诉讼和会计稳健性的关系。该文以 UD 法案颁布实施为政策冲击，使用美国 1986—2008 年 376 个处理组上市公司数据和 1733 个控制组上市公司数据进行研究。研究结果显示，UD 法案出台后公司会计稳健性提高了，且这一提高效果在有增发需求的公司、"有效监督的机构投资者"占比较高的公司以及内部治理较好的公司更为显著。而会计目标激进、事前诉讼风险较高、内部治理较差的公司会计稳健性则显著降低了。该文结果表明，法律环境与会计稳健性的交互作用是复杂的，且受到公司特征差异的影响。该文的研究丰富了有关 UD 法实施的经济后果的文献，亦补充了会计稳健性研究领域存在的空白。

文章的研究动机主要是：股东诉讼和会计稳健性都是公司治理的重要方面，股东诉讼是导致会计稳健性的重要因素（Watts，2003），二者之间可能呈现的互补或替代关系需要进一步探究。近期文献探讨了诉讼与会计欺诈和真实盈余管理的关系（Hopkins，2018；Huang et al.，2020），却没有直接证据表明股东诉讼与会计稳健性的关系，这一领域尚存在研究空缺。

文章主要提出了五个研究假设（H1~H5）：

**1. UD 法与会计稳健性**

法律能够通过金钱或非金钱的处罚方式来约束经理人，因此是公司治理的重要外部机制（Romano，1991；La Porta et al.，1998；Cheng et al.，2010）。已有证据表明，股东衍生诉讼有效提高了公司管理效率（Ferris et al.，2007；Erickson，2009）。然而，UD 法的颁布使股东更难发起衍生诉讼，法律威慑的降低使管理层更可能从事机会主义行为，这些违规行为可能体现在公司财务决策上，如进行低质量的信息披露和采取更激进的会计政策。基于此，该文认为 UD 法案的颁布实施可能降低公司的会计稳健性。

与之相反的是，在外部法律约束降低后，股东往往不会默许管理层机会主义造成的代理成本，因此会寻求其他形式的公司治理机制。会计稳健性是股东监督和约束管理层、降低代理成本的有效手段（Basu，1997），与诉讼法律呈替代关系。部分管理层为了满足股东对于公司治理的需求，会提高公司自身的会计稳健性，采用更加稳健的会计政策，以此来弥补法律约束下降导致的治理缺失。基于此，该文认为 UD 法案颁布实施后，公司的会计稳健性可能提高。

UD 法的实施可能并不会影响公司会计稳健性。首先，除了衍生诉讼外，股东还可以通过集体诉讼维权，UD 法的颁布并不会影响集体诉讼；其次，除了诉讼外，股东还可以采取其他方式约束管理层，如抛售股票；最后，一些法律专家认为衍生诉讼多为草率和不必要的，因此这些诉讼或许并不能给公司带来经济层面的影响。

综上所述，不能明确 UD 法案的颁布实施对会计稳健性的影响效果，因此该文提出无方向性假设 H1：

H1：UD 法案的颁布实施对公司会计稳健性无影响。

**2. 横截面分析**

在原假设的基础上，该文认为 UD 法案的通过对会计稳健性的影响不能一概而论，而应当根据不同的公司特征分情况进行讨论。因此，该文从投资者对会计稳健性的需求、管理层实施激进会计政策的动机、公司治理和法律风险等四个方面对 H1 进行了横截面分析。

1）投资者对会计稳健性的需求

该文假定当股东的地位更加强势以及对会计稳健性的需求更强烈时，UD 法案实施后此类公司样本的会计稳健性会显著提高。该文列举了两种情形对这一假设进行检验。第一，公司预期增发配股时，UD 法通过后会计稳健性的提高效果更明显。当企业有股权再融资需求时，为了更方便地融资，管理层会尽可能满足股东对于内部治理的要求，有动机提高会计稳健性。第二，股东更有意愿且更有能力进行监督时，会计稳健性的提高效果更明显。已有文献表明，机构投资者更有动机监督管理者，尤其是更加严格的"监督型机构投资者"，因此，当此类机构投资者持股比例更高时，管理层更可能提高会计稳健性。

基于上述分析，该文提出假设 H2a 和 H2b：

H2a：近期有股票发行需求的公司在 UD 法实施后更可能提高会计稳健性。

H2b："监督型机构投资者"占比更高的公司在 UD 法实施后更可能提高会计稳健性。

2）管理层实施激进会计政策的动机

该文检验了管理层实施激进会计政策的动机——尤其是增加短期盈利的动机对研究结果的影响。第一，需要达到预期盈余的公司更有可能实施激进的会计政策，该文假定这类公司在 UD 法实施后会计稳健性降低；第二，文献表明管理层有充足动机利用内部交易获取丰厚利润，而内部交易通常被视为异常行为，因此，该文预期这类公司在 UD 法实施后会计稳健性降低；第三，前人文献表明，债务契约是督促公司实行稳健会计政策的因素，但是债务契约对一些公司来说却是一种限制和约束，因此，该文预期那些更有可能违反债务契约的公司在 UD 法实施后会计稳健性有所降低。综上所述，该文提出假设 H3：

H3：需要达到盈利预期的公司、内部交易更多的公司以及更有可能违反债务契约的公司在 UD 法颁布后会计稳健性下降。

3）公司治理

公司治理也是影响该文结果的重要因素之一，Roychowdhury（2010）认为，稳健的会计政策也是良好的内部治理的体现，二者呈现相互补充的作用。可以预期，当外部法律约束降低时，治理水平较好的企业的管理者会提高会计稳健性来迎合股东的监督需求，而治理水平较差的企业会利用这一契机降低会计稳健性。基于此，该文提出假设 H4：

H4：公司治理水平较差的企业在 UD 法颁布后不会提高会计稳健性。

**4）事前法律风险**

考虑 UD 法提高了股东发起衍生诉讼的门槛，该文预期事先面临更高法律风险的企业在 UD 法颁布后更有可能降低会计稳健性，这也是证明管理层机会主义行为的有力证据。基于此，该文提出假设 H5：

H5：事先面临更高衍生诉讼风险的企业在 UD 法实施后更有可能降低会计稳健性。

### 10.2.3 会计稳健性指标测度代码实现

```
*================================================================
*                          会计稳健性
*================================================================
* 月个股回报率数据处理
import excel 月个股回报率.xlsx, firstrow clear
* 剔除缺失值
drop if 考虑现金红利再投资的月个股回报率==.

* 第t年的个股收益率为t年5月到t+1年4月的考虑现金红利再投资的个股回报率
gen m = monthly(交易月份,"ym")
format m %tm
gen year=year(dofm(m-4))

* 使用prod连乘计算年复合收益率
gen t=1+考虑现金红利再投资的月个股回报率
egen t2 = prod(t), by(证券代码 year)
gen 年个股收益率=t2-1
keep 证券代码 year 年个股收益率
* 删除重复的数据
duplicates drop 证券代码 year 年个股收益率, force
save 年个股收益率.dta, replace
*== 综合月市场收益率数据处理
import excel 综合月市场回报率.xlsx, firstrow clear

* [市场类型] - 5=沪深A股市场（不包含科创板、创业板），10=沪深B股市场，15=沪深AB股市场，21=沪深A股和创业板，31=沪深AB股和创业板，37=沪深A股和科创板，47=沪深AB股和科创板，53=沪深A股和创业板、科创板，63=沪深AB股和创业板、科创板，33=上证A股和科创板，20=深证A股和创业板，69=沪深京A股市场，79=沪深京AB股市场，85=沪深京A股和创业板，95=沪深京AB股和创业板，101=沪深京A股和科创板，111=沪深京AB股和科创板，117=沪深京A股、创业板和科创板，127=沪深京AB股和创业板、科创板。
keep if 市场类型==117
* 第t年的市场收益率为t年5月到t+1年4月的考虑现金再投资的市场回报率(等权平均法)
gen m = monthly(交易月份,"ym")
```

```
format m %tm
gen year=year(dofm(m-4))

* 使用prod连乘计算年复合收益率
gen t=1+考虑现金红利再投资的综合月市场回报率等权平均法
egen t2 = prod(t), by(year)
gen 年市场收益率=t2-1
keep year 年市场收益率
* 去重复
duplicates drop year 年市场收益率, force
save 年市场收益率.dta, replace

* 收盘价和市值数据处理
import excel 年个股回报率文件.xlsx, firstrow clear
rename 交易年份 year
destring year, replace
egen id=group(证券代码)
xtset id year
* 上一年收盘价
gen P_1=L.年收盘价
* 市值的单位是千元
gen 市值=年个股总市值*1000
keep 证券代码 year P_1 市值
save 收盘价和市值.dta, replace

*== 公司规模SIZE和负债率LEV
import excel 资产负债表.xlsx, firstrow clear

* 选择合并报表的数据
keep if 报表类型=="A"
* 年份变量
gen year=real(substr(统计截止日期, 1, 4))

* 选择年末的数据
keep if regexm(统计截止日期, "12-31")
keep 证券代码 year 资产总计 负债合计
save 资产负债表.dta, replace

* 利润表
import excel 披露财务指标.xlsx, firstrow clear

* 年份变量
```

```
    gen year=real(substr(统计截止日期, 1, 4))

    * 选择年末的数据
    keep if regexm(统计截止日期, "12-31")
    rename 股票代码 证券代码
    keep 证券代码 year 扣除非经常性损益后的基本每股收益
    save 披露财务指标.dta, replace

*============================ 行业代码 ============================
    import excel 行业代码.xlsx, firstrow clear
    * 选择合并报表
    keep if 报表类型编码=="A"

    * 选择年末数据
    keep if regexm(统计截止日期, "12-31")

    * 数字格式的证券代码
    gen stkcd=real(股票代码)
    * 年份变量
    gen year=real(substr(统计截止日期, 1, 4))

    * 剔除B股
    drop if substr(股票代码, 1, 1)=="2" | substr(股票代码, 1, 1)=="9"

    * 剔除不需要的变量
    keep stkcd year 行业代码
    order stkcd year
    save 行业代码.dta, replace

    *= 公司文件
    import excel 公司文件.xlsx, firstrow clear
    save 公司文件.dta, replace
*================================================================
*                          合并数据
*================================================================
    use 资产负债表.dta, clear
    gen stkcd=real(证券代码)
    * 剔除B股
    drop if substr(证券代码, 1, 1)=="2" | substr(证券代码, 1, 1)=="9"
    merge 1:1 证券代码 year using 披露财务指标.dta, nogen keep(1 3)
    merge 1:1 证券代码 year using 年个股收益率.dta, nogen keep(1 3)
    merge m:1 year using 年市场收益率.dta, nogen keep(1 3)
```

```
merge 1:1 证券代码 year using 收盘价和市值.dta, nogen keep(1 3)
merge 1:1 stkcd year using 行业代码.dta, nogen keep(1 3)
merge m:1 证券代码 using 公司文件.dta, nogen keep(1 3) keepusing(上市日期 市场类型)
merge m:1 stkcd using 退市公司名单.dta, nogen keep(1 3) keepusing(退市日期)
merge 1:1 stkcd year using 是否ST或PT.dta, nogen keep(3) keepusing(年末是否ST或PT)
*================================================================
*                          筛选数据
*================================================================
    * 剔除金融行业（行业代码以 J 开头）
    drop if regexm(行业代码, "J")

    * 剔除退市日期
    drop if 退市日期!=.

    * 剔除当年上市
    drop if year<=real(substr(上市日期, 1, 4))

    * 剔除ST或PT类股票
    drop if 年末是否ST或PT==1

    * 选择年份
    keep if year>=2007 & year<=2022

    * 剔除缺失值
    foreach i in 资产总计 负债合计 扣除非经常性损益后的基本每股收益 年个股收益率 年市场收益率 P_1 市值 {
        drop if `i'==.
    }

*================================================================
*                          生成变量
*================================================================
    gen EPS_P=扣除非经常性损益后的基本每股收益/P_1
    gen R=年个股收益率-年市场收益率
    gen DR=1 if R<0
    replace DR=0 if R>=0
    gen SIZE=ln(资产总计)
    gen LEV=负债合计/资产总计
    gen MB=市值/(资产总计-负债合计)
*================================================================
```

```
*                           开始计算
*===============================================================
    * 对变量进行缩尾处理
    winsor2 EPS_P R SIZE LEV MB, cuts(1 99) replace by(year)

    * 生成变量
    gen C_Score=.
    gen G_Score=.

    * 分年度回归
    forvalues i=2007/2022 {
    reg EPS_P DR R c.SIZE#c.R c.LEV#c.R c.MB#c.R c.DR#c.R c.SIZE#c.DR#c.R c.LEV#c.DR#c.R c.MB#c.DR#c.R if year=='i'
    * 将回归得到的系数代入，得到 C-Score 和 G-Score
    replace C_Score=_b[c.DR#c.R]+_b[c.SIZE#c.DR#c.R]*SIZE+_b[c.LEV#c.DR#c.R]*LEV+_b[c.MB#c.DR#c.R]*MB if year=='i'
    replace G_Score=_b[c.R]+_b[c.SIZE#c.R]*SIZE+_b[c.LEV#c.R]*LEV+_b[c.MB#c.R]*MB if year=='i'
    }

    keep stkcd 证券代码 year C_Score G_Score
    order stkcd 证券代码 year C_Score G_Score

    * 描述性统计
    tabstat C_Score , c(s) s(mean median sd min max) by(year) format(%7.4f)
    tabstat G_Score , c(s) s(mean median sd min max) by(year) format(%7.4f)
    save 会计稳健性结果.dta, replace
```

## 10.3 会计信息可比性

### 10.3.1 会计信息可比性指标测度

会计信息可比性是指企业提供的会计信息应当具有可比性。对于同一企业不同时期发生的相同或者相似的交易或者事项，应当采用一致的会计政策，前后各期应当保持一致，不得随意变更，便于对不同时期的各项指标进行纵向比较。

参考 Franco 等（2011）和唐雪松（2019）等的研究方法，计算上市公司会计信息可比性指标。

利用公司 $i$ 第 $t$ 年末前连续 16 个季度的数据，估计回归模型：

扩展阅读 10.3　如何理解会计信息可比性？

$$\text{Earning}_{i,t} = \alpha_0 + \beta_1 \text{Return}_{i,t} + \beta_2 \text{Neg}_{i,t} + \beta_3 \text{Neg}_{i,t} \times \text{Return}_{i,t} + \varepsilon_{i,t} \quad (10\text{-}14)$$

对每个公司 $i$ 的每个期间 $t$ 都估计出对应的参数 $\beta$，然后，分别用 $i$ 公司和 $j$ 公司的回归系数计算预期盈余：

$$E(\text{Earning})_{i,i,t} = \alpha_{0,i,t} + \beta_{1,i,t} \text{Return}_{i,t} + \beta_2 \text{Neg}_{i,t} + \beta_3 \text{Neg}_{i,t} \times \text{Return}_{i,t} \quad (10\text{-}15)$$

$$E(\text{Earning})_{i,j,t} = \beta_{0,j,t} + \beta_{1,j,t} \text{Return}_{i,t} + \beta_2 \text{Neg}_{i,t} + \beta_3 \text{Neg}_{i,t} \times \text{Return}_{i,t} \quad (10\text{-}16)$$

定义公司 $i$ 和 $j$ 的会计信息可比性如下：

$$\text{CompAcc}_{i,j,t} = -\frac{1}{16} \times \sum_{t-15}^{t} \left| E(\text{Earning})_{i,i,t} - E(\text{Earning})_{i,j,t} \right| \quad (10\text{-}17)$$

Earning：公司的季度净利润除以季度期初市值；

Return：季度股票回报率；

Neg：季度股票回报率是否为负的哑变量，为负取 1，否则取 0。

首先，利用公司 $i$ 第 $t$ 年（含）前连续 16 个季度数据对式（10-14）回归，拟合方程作为公司 $i$ 第 $t$ 年的会计系统转换函数，同理可以计算出同行业同年度内所有公司的会计系统转换函数。

其次，根据公式计算两家公司会计信息可比性，通过式（10-15）和式（10-16），以 $i$ 公司股票收益率 $\text{Return}_{i,t}$ 作为共同经济业务或事项，计算经过 $i$ 和 $j$ 公司会计系统产出的财务信息 $E(\text{Earings})_{i,i,t}$ 和 $E(\text{Earings})_{i,j,t}$。

然后，利用式（10-17），以两个系统产出差值绝对值的平均数再取相反数作为 $i$ 和 $j$ 公司 $t$ 年度财务报告的可比性，值越大则说明两个公司的财务报告越可比。

最后，计算公司 $i$ 第 $t$ 年的可比性。

## 10.3.2　会计信息可比性指标权威期刊应用

下面以 2020 年 TAR 的论文 *Accounting Comparability and Corporate Innovative Efficiency* 为例，讲解会计信息可比性在权威期刊中的应用。会计信息可比性是会计信息质量的一项重要指标，对利益相关者理性决策和资源有效配置起着至关重要的作用，但鲜有文献探究会计信息可比性对企业创新的促进作用。该文以 1992—2006 年美国上市公司的 9772 个公司的年度观测值为研究对象，研究发现会计信息可比性可以显著提升公司研发效率，因为较高的可比性能够促使公司利用同行的会计信息预测其未来现金流进而做出有效的研发决策。异质性分析表明，当同行会计信息质量更高以及同行创新能力更强时，会计信息可比性与研发效率的正相关关系更加显著。该文丰富了企业创新效率决定因素的相关文献，亦为会计信息可比性的有用性提供了经验证据。

文章的研究动机主要是：会计信息可比性的利弊是美国证券交易委员会（SEC）关注的重要问题（Schipper，2003），尽管 SEC 与财务会计准则委员会（FASB）始终认为会计信息可比性可以促进资源有效分配，但支持该观点的实证研究较少。同时，因为会计信息可比性指标难以准确衡量，有关会计信息可比性与企业创新的研究更是少之又少。该文旨在探究会计信息可比性对公司研发效率的影响及其作用机制，为会计信息可比性的有用性提供经验证据。

文章主要提出了四个研究假设（H1~H4）：

**1. 会计信息可比性与创新效率**

如果会计报表数字能够反映出研发（R&D）活动的未来现金流和投资机会，那么同行的财务信息将会影响公司的研发活动。作者认为，公司会依据同行公司的财务报表信息评估研发项目的可行性和盈利性，并且较高的会计信息可比性能够显著促进同业间的这类"相互学习"的过程，因为此时的财务信息质量更高并且更容易被理解。当两公司会计系统（经济活动到会计数字的映射）更加可比时，公司能够从同行业公司财务报表中的研发投入项目获取更多相关信息并进行更有效的投资决策，从而提高研发投资效率。基于此，作者提出文章假设 H1：

H1：当同行业内的公司有更高（低）的会计信息可比性时，企业创新效率更高（低）。

接下来，文章又对会计信息可比性的作用机制进行分析。作者认为，会计信息可比性可以提高公司运用同行企业的 R&D 投资、当期现金流和应计项目预测同行企业未来现金流的能力，在较长期间内这种预测能力更为明显。基于此，作者提出文章假设 H2：

H2：较高的会计信息可比性有助于公司利用同行企业的当期现金流、R&D 投资以及应计项目预测同行公司未来现金流，进而提高本公司的创新效率。

**2. 会计信息质量的调节作用**

Biddle 等（2006）以及 Biddle 等（2009）认为，会计信息质量能够显著降低信息不对称程度，进而提高投资效率。因此高质量的会计报告拥有更多信息含量，对利益相关者的决策更加有用。如果同行业两公司之间的会计信息仅仅是可比，而会计信息质量较低，那么同业公司会计信息的实用性就会大打折扣。因此，会计信息质量与会计信息可比性在提高公司创新效率方面是相辅相成的。基于此，作者提出文章假设 H3：

H3：当同行业公司的会计信息质量较高时，会计信息可比性与创新效率之间的正相关关系更加显著。

**3. "创新型"同行的调节作用**

作者认为，当同行业企业拥有更强的创新能力时，公司能够从他们的会计报告中学习到更多有价值信息。因此，当同行企业本身是较为成功的"创新者"时，会计信息可比性对企业创新效率的提升作用更加显著。基于此，作者提出文章假设 H4：

H4：当同行业公司创新能力较强时，会计信息可比性与创新效率之间的正相关关系更加显著。

## 10.3.3 会计信息可比性指标测度代码实现

```
*===============================================================
*                          会计信息可比性
*===============================================================
*========================= 月个股回报率数据处理 =========================
    * 导入数据
    import excel 月个股回报率.xlsx, firstrow clear
    save 月个股回报率.dta, replace

    * 导入数据
    use 月个股回报率.dta, clear

    *= 转化成季度数据
    gen month=substr(交易月份, 6, 2)
    gen year=substr(交易月份, 1, 4)
    destring year month, replace

    * 生成季度变量
    gen quarter=qofd(dofm(monthly(交易月份, "YM")))
    format quarter %tq

    * 算季度累积收益率
    gen t=1+考虑现金红利再投资的月个股回报率
    bys 证券代码 quarter: egen t2=prod(t)
    gen Return=t2-1

    * 季度市值
    gsort 证券代码 quarter -month
    bys 证券代码 quarter: keep if _n==1
    rename 月个股总市值 市值

    * 季度初市值
    gen stkcd=real(证券代码)
    sort stkcd quarter
    bys 证券代码: gen 季度初市值=市值[_n-1]

    * 市值单位是千元,转化成元
    replace 季度初市值=季度初市值*1000

    * 保存数据
    keep if year>=2002
```

```
keep stkcd quarter 季度初市值 Return
save 季度收益率.dta, replace
```

* 导入数据
```
import excel 净利润.xlsx, firstrow clear
save 净利润.dta, replace

use 净利润.dta, clear
gen stkcd=real(substr(证券代码, 1, 6))
drop quarter
gen quarter=yq(year, q)
format quarter %tq
```

* 合并季度初市值数据
```
merge 1:1 stkcd quarter using 季度收益率.dta, nogen keep(1 3) keepusing(季度初市值 Return)
```

* 计算当季度净利润
```
xtset stkcd quarter
gen 季度净利润=净利润 if q==1
replace 季度净利润=D.净利润 if q>=2
```

* Earnings 公司i第t年当季度净利润与季度初权益市场价值的比值
```
gen Earnings=季度净利润/季度初市值
```

* 行业：制造业用二级行业分类，其他行业用一级
```
gen ind=substr(所属证监会行业代码, 1, 1)
replace ind=substr(所属证监会行业代码, 1, 3) if ind=="C"
```

* 剔除缺失值
```
drop if Return==. | Earnings==.
```

* 缩尾处理
```
winsor2 Earning Return, cuts(1 99) replace by(quarter)
save data.dta, replace
```

*============================ 计算 beta 系数 ============================

* 使用连续16个季度的数据进行滚动回归得出系数
```
use data.dta, clear
rangestat (reg) Earnings Return, i(quarter -15 0) by(stkcd)
```

* 剔除不满16个季度的样本数据
```
keep if reg_nobs==16
```

* 保存公司每年第四个季度的系数

```
keep if q==4
save Beta.dta, replace
```

*=========================== 分年计算 COMPACCT ===========================

```
* 2005 到 2022 年循环计算
forv i=2005/2022{

    use data.dta, clear
    rename year year1
    * 保留最近 16 个季度的数据
    keep if year1<='i' & year1>='i'-3
    gen year='i'

    * 匹配 Beta 系数
    merge m:1 stkcd year using Beta.dta, nogen keep(3)

    rename b_cons a1
    rename b_Return b1
    rename Return Return1
    keep 证券代码 year quarter ind a1 b1 Return1
    sort ind quarter 证券代码
    save d1.dta, replace

    * 生成另外一份数据以供匹配
    rename 证券代码 证券代码 2
    rename a1 a2
    rename b1 b2
    rename Return1 Return2
    save d2.dta, replace

    * 两两公司配对
    use d1.dta, clear
    joinby ind quarter using d2.dta
    * 匹配到本公司的数据结果剔除掉
    drop if 证券代码==证券代码 2

    * 生成配对 id
    gen pairid=证券代码+证券代码 2
    gen Earnings_iit=a1+Return1*b1
    gen Earnings_ijt=a2+Return1*b2

    * 两公司预期盈余差异绝对值平均数的相反数
    gen diff=-abs(Earnings_iit-Earnings_ijt)
    collapse (mean) CompAcctij=diff (count) N= diff, by(证券代码 pairid year)

    * 剔除不满 16 个季度的样本数据
    drop if N!=16
```

```
        save temp.dta, replace

        * CompAcctInd 为所有组合的平均值
        use temp.dta, clear
        collapse (mean) CompAcctInd=CompAcctij, by(证券代码 year)
        save CompAcctInd_'i'.dta, replace

        * CompAcct4it 为可比性最高的 4 对组合
        use temp.dta, clear
        * 按照 CompAcct 从大到小排序
        gsort 证券代码 year -CompAcctij
        bys 证券代码 year: gen n=_n
        keep if n<=4
        collapse (mean) CompAcct4=CompAcctij, by(证券代码 year)
        save CompAcct4_'i'.dta, replace
}

*= 合并数据
clear
forv i=2005/2022 {
  append using CompAcctInd_'i'.dta
}
save CompAcctInd.dta, replace

clear
forv i=2005/2022 {
  append using CompAcct4_'i'.dta
}
save CompAcct4.dta, replace

* 合并数据
use CompAcctInd.dta, clear
merge 1:1 证券代码 year using CompAcct4.dta, nogen
gen stkcd=real(substr(证券代码, 1, 6))
order stkcd
sort stkcd year

* 保存结果
save 会计信息可比性.dta, replace
```

### 思考题

1. 应计盈余管理与真实盈余管理二者之间的联系和区别是什么？
2. 盈余激进度与盈余平滑度二者之间的联系和区别是什么？
3. 请找一篇核心期刊中最近发表的且较感兴趣的文献，谈一谈其中计算会计信息质量指标的应用思路。

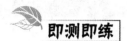

# 第11章 会计研究方法展望

【教学要求】

通过本章教学，学生能够了解文本分析法、社会网络分析、机器学习算法及神经会计方法等研究方法的基本原理，并掌握上述会计研究方法在会计顶级期刊中的相关应用，在实证分析中根据不同的研究需求选择合适的会计研究方法。

【教学重点】

文本分析法；社会网络分析；机器学习算法；神经会计方法。

【教学难点】

社会网络分析；神经会计方法。

【思政元素】

人文关怀、创新精神和社会责任。

## 11.1 文本分析法

### 11.1.1 文本分析在会计顶级期刊中的应用介绍

随着文本分析技术的进步，越来越多的会计学者选择利用文本分析开展研究。文本分析技术已经成为会计领域重要的研究方法。Khrystyna Bochkay 教授等人对会计领域顶级期刊中采用文本分析方法的论文进行了整理，并据此对文本分析在会计领域研究的应用进行分析。

近年来，会计领域的顶级期刊上有越来越多的论文研究使用文本分析的研究方法。如图 11-1 所示，相较于 2010—2013 年、2014—2017 年、2018—2021 年，会计顶级期刊采用文本分析的论文数量有明显的增加。其中，The Accounting Review（TAR）发表了最多的使

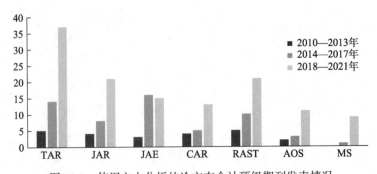

图 11-1 使用文本分析的论文在会计顶级期刊发表情况

用文本分析的论文，而 *Management Science*（MS）相应论文的增加幅度最大。

Khrystyna Bochkay 教授等人对会计顶级期刊使用文本分析方法的论文细分领域进行了统计。如图 11-2 所示，绝大多数采用文本分析的论文属于财务领域，占到了总数的 85.5%，其次是审计领域，占比为 6.7%，税收和管理学领域占比均为 3.9%。

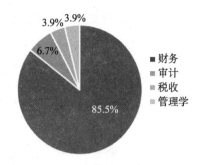

图 11-2　会计顶级期刊各细分领域使用文本分析的论文发表情况

如图 11-3 所示，在发表于会计顶级期刊的使用文本分析的论文中，有 36.8% 的论文将文本分析用于情感分析，25.4% 的论文利用文本分析进行可读性分析，18.7% 的论文通过文本分析进行披露规模的统计。此外，部分论文利用文本分析进行相似性分析（10.0%）、前瞻性信息分析（6.7%）以及主题发现（2.4%）。

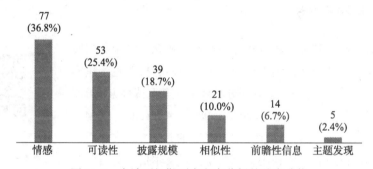

图 11-3　会计顶级期刊中文本分析的基本功能

Khrystyna Bochkay 教授等人进一步统计了文本分析在会计研究中的具体功能。如图 11-4 所示，会计顶级期刊中，有 52.7% 的论文通过文本分析构建用于假设检验的关键变量，29.9% 的论文进行目标提取，5.8% 的论文通过文本分析构建控制变量，2.4% 的论文用文本分析来构建进行预测的关键变量。

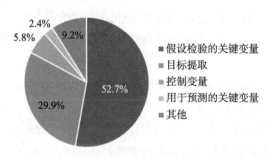

图 11-4　文本分析在会计研究中的具体功能

此外，Khrystyna Bochkay 教授等人统计了会计顶级期刊中文本分析的数据来源。如图 11-5 所示，最多的数据来源是公司在指定网站上披露的相关信息（52.7%），电话会议的比例为15.5%，社交媒体和分析师报告分别占到了4.8%和3.4%。

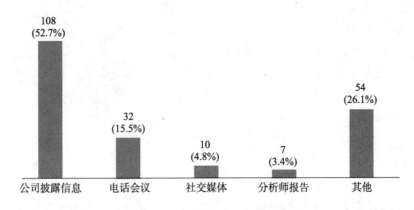

图 11-5　会计顶级期刊中文本分析数据来源

## 11.1.2　文本分析方法

文本分析在会计和金融领域实为一种新兴概念，关于其归属和归类尚无定论，其最常被归入目标短语、情感分析、主题建模或文档相似度的测量等课题。也有部分学者关注其可读性方面（即读者破译预期信息的能力）。继 Frazier（1984）、Antweiler（2004）、Das（2007）、Tetlock（2007）和 Li（2008）的开创性论文之后，会计和金融领域研究者开始利用量化数据衡量文本信息对股票估值的影响。

扩展阅读 11.1　自然语言处理方法在会计学领域中的应用

**1. 关于可读性的研究**

关于会计叙述可读性的研究由来已久，但诸多早期工作因样本量过小或方法问题而失之于精准。第一篇研究有意义的样本的年度报告可读性和公司业绩之间联系的论文作者是 Li（2008）。这篇论文中，Li 使用雾指数（Fog Index）和年度报告中的字数来衡量年度报告（即 10-K 表格）的可读性。雾指数由平均句子长度（以单词为单位）和复杂单词比（两个以上音节的单词百分比）构成，目的在于估计初读时理解文本所需的受教育年限。表达式如下：

Fog Index=0.4(average number of words per sentence + percentage of complex words)

据此，Li 发现，报告收益较低的公司，其年度报告往往更难阅读。其逻辑或许在于业绩不佳的公司需要有更多的文字、更长的句子来向投资者充分解释他们的情况。此外，具有更好可读性的年报的企业通常会具有更高的盈余持续度。

**2. 词袋法**

一些最广泛使用的方法通常假设一个词的顺序及其上下文并不重要，这一忽略词序的方法被称为"词袋"（bag-of-words）法。其中许多技术都是基于将一份文件折叠成一个由单词行和单词数列组成的文档-词项矩阵（term-document matrix）。

最简单但同时也最强大的文本分析方法之一，是基于一定假设，允许研究者仅针对几个特定的词或短语展开研究的方法。由于存在歧义，与专注于几个具体的词或短语相比，大型词表可能更容易出错，Loughran（2009）的研究为此提供了证据。对目标词语分析的更进一步研究是汇编具有共同情感（如积极、消极、不确定）的单词列表。有了这样的列表，研究人员可以计算与每个属性相关的词，并进行比较。当然，这种技术面临同形词（homographs）（即具有不同含义但拼写相同的词）和上下文文意的干扰。在衡量一份金融文本的语气或情绪时，研究人员通常会计算与特定情绪词表相关的单词数占总词数之比。对于研究人员来说，整个过程的第一步是选择使用何种词表。使用词表具有如下几个优点：第一，避免研究人员的主观性；第二，该方法可以通过计算机技术扩展到大型样本；第三，公开词表使复刻其他研究者的分析更为直接。在会计和金融文本分析中，广泛使用的词表有4种：Henry、Harvard's GI Diction、Loughran&McDonald。

### 3. 词权重

在大多数情况下，我们并不直接使用原始计数值，而是使用比例计数。但在某些情况下，我们可能还想根据一个词的不寻常程度来调整该词在分析中的权重。Loughran（2011）考虑了文献中比较常见的术语加权方案之一，记为tf-idf（词语频率与文档频率之比）。将 $df_t$ 定义为文本集合中包含词汇 $t$ 的文本数，$N$ 代表集合中的文本总数，那么逆文本频率（inverse document frequency）定义如下：

$$idf_t = \log \frac{N}{df_t}$$

若 $tf_{t,d}$ 为文本 $d$ 中 $t$ 项的原始词数，$a_d$ 为文本 $d$ 中的平均字数，则：

$$tf\text{-}idf_{t,d} = \begin{cases} \dfrac{(1+\log(tf_{t,d}))}{(1+\log(a_d))}\log\dfrac{N}{df_t} & \text{if } tf_{t,d} \geq 1 \\ 0 & \text{其他} \end{cases}$$

Loughran（2011）发现，使用这种方法进行回归运算比使用简单比例有更好的拟合效果，虽然大多数文献都没有采用。随着文本分析文献在会计和金融领域的发展，许多研究都依赖于其他学科中衍生的情感分类词典，Loughran（2011）认为这种应用可能产生不准确的结果。针对具体使用情境对词表加以调整、识别处理在字数上占主导地位的词语、更细致的考虑加权方式，均能够改善这一问题。

### 4. 文本相似度测度

识别文档相似性的基础是识别语义相似性，这对人类来说并不困难，但在计算处理上却是一个挑战。Brown（2011）研究了年报中MD&A披露的变化；Hoberg（2015）试图通过年报中的产品描述以创建基于文本的行业分类；Lang（2015）则比较了年报相似性。这些论文使用一种被称为余弦相似度（cosine similarity）的方法。给定两个向量形式文件 $d_1$

和 $d_2$（记为 $x$ 和 $y$），余弦相似性被定义为下式，其中，$i = 1 \sim N$：

$$\text{cosine similarity}(d_1, d_2) = \frac{\sum_{i=1}^{N} x_i y_i}{\sqrt{\sum_{i=1}^{N} x_i^2 \sum_{i=1}^{N} y_i^2}}$$

分子中的点积提供了一个简单的相似性测量，而分母则以矢量的欧几里得长度为尺度将其归一化。对于总是非负值的字数，测量值的范围是 0～1。

## 11.2 社会网络分析

### 11.2.1 社会网络分析含义

德国社会学家格奥尔格·西梅尔曾提出过"三元闭包"（Triadic closure）这一概念。三元闭包是指由 A、B、C 三个节点所组成的三元组的一种性质，即如果 A—B 和 A—C 之间存在强联系，则 B—C 之间也会存在强联系。我们可以在生活经历中找到相应的例子：当 B 和 C 有一个共同的好朋友 A，那么 B 和 C 成为朋友的概率便会提高。三元闭包原则、小世界理论（也称六度分割理论）、平衡理论等都是社会网络研究领域著名的理论，它们共同揭示了我们的社会是一个由多个点（社会行动者）和各点之间的连线（行动者之间的关系）组成的复杂网络。简单来说，每个人都是社会网络中的一个"节点"，而与其他个体之间的社会关系就是"边"，关系可以有强弱和方向之分。

社会网络分析（social network analysis，SNA）从人类学、心理学、社会学、数学以及统计学等领域发展而来，综合运用图论、数学模型来研究社会行动者之间的关系或通过这些关系流动的各种有形或无形的东西，如信息、资源等，近年来逐渐成为一种热门的社会科学研究方法。

### 11.2.2 社会网络分析的相关理论

社会网络理论得到迅速发展得益于许多奠基者的贡献，较有影响的有格兰诺维特（1974，1985）的弱连带理论、镶嵌问题，伯特（1992）的结构洞理论。

**1. 弱连带优势和镶嵌问题**

在格兰诺维特看来，强连带是在性别、年龄、教育程度、职业身份、收入水平等社会经济特征相似的个体之间发展起来的，而弱连带则是在社会经济特征不同的个体之间发展起来的。因为群体内部相似性较高的个体所了解的事物、事件经常是相同的，所以通过强连带获得的信息往往重复性很高。而弱连带是在群体之间发生的，由于弱连带的分布范围较广，它比强连带更能充当跨越其社会界限去获得信息和其他资源的桥梁，可以将其他群体的重要信息带给不属于这些群体的某个个体。

格兰诺维特的镶嵌观点就是经济行动是在社会网内的互动过程中做出决定的。但要掌握镶嵌观点的精准含义，则必须从两个角度去观察：一是它与新古典经济学的对话；二是它的方法论的个性，可以上承大型理论的社会网理论，下开可验证的因果推论模型。格兰诺维特认为，大多数的行为都紧密地镶嵌在社会网之中；人际互动产生的信任是组织从事交易必要的基础，也是决定交易成本的重要因素。

**2. 结构洞理论**

1992 年，伯特在《结构洞：竞争的社会结构》一书中提出了"结构洞"理论，研究人际网络的结构形态，分析怎样的网络结构能够带给网络行动主体更多的利益或回报。所以"结构洞"是指社会网络中的空隙，即社会网络中某个或某些个体与有些个体发生直接联系，但与其他个体不发生直接联系，即无直接关系或关系间断，从网络整体看好像网络结构中出现了洞穴。如果二者之间缺少直接的联系，而必须通过第三者才能形成联系，那么行动的第三者就在关系网络中占据了一个结构洞，显然，结构洞是针对第三者而言的。伯特认为，个人在网络中的位置比关系的强弱更为重要，其在网络中的位置决定了个人的信息、资源与权力。因此，不管关系强弱，如果存在结构洞，那么将没有直接联系的两个行动者联系起来的第三者拥有信息优势和控制优势，这样能够为自己提供更多的服务和回报。因此，个人或组织要想在竞争中保持优势，就必须建立广泛的联系，同时占据更多的结构洞，掌握更多信息。因此，组织和社会中的个人都要争取占据结构洞中的第三者位置。结构洞理论有四个标志性特征：（1）竞争是一个关系问题，并非玩家自身之间的竞争。（2）竞争是一种突现的关系，是不可见的。（3）竞争是一个过程，而非结果。（4）不完全竞争是一个自由问题，而不仅仅是权力问题。

### 11.2.3 社会网络分析的分析角度

社会网络分析法可以从多个不同角度对社会网络进行分析，包括中心性分析、凝聚子群分析、核心—边缘（core-periphery）结构分析以及结构对等性分析等，这里仅介绍常用的前三种。

**1. 中心性分析**

"中心性"是社会网络分析的重点之一。个人或组织在其社会网络中具有怎样的权力，或者说居于怎样的中心地位，这是社会网络分析者最早探讨的内容之一。个体的中心度（centrality）测量个体处于网络中心的程度，反映了该点在网络中的重要性程度。因此，一个网络中有多少个行动者/节点，就有多少个个体的中心度。除了计算网络中个体的中心度外，还可以计算整个网络的集中趋势（以下简称"中心势"，centralization）。与个体中心度刻画的个体特性不同，网络中心势刻画的是整个网络中各个点的差异性程度，因此一个网络只有一个中心势。根据计算方法的不同，中心度和中心势都可以分为三种：点度中心度/点度中心势，中间中心度/中间中心势，接近中心度/接近中心势。

**2. 凝聚子群分析**

当网络中某些行动者之间的关系特别紧密以至于结合成一个次级团体时，这样的团体在社会网络分析中被称为凝聚子群。分析网络中存在多少个这样的子群，子群内部成员之间关系的特点，子群之间关系特点，一个子群的成员与另一个子群成员之间的关系特点等，就是凝聚子群分析。由于凝聚子群成员之间的关系十分紧密，因此有的学者也将凝聚子群分析形象地称为"小团体分析"。

**3. 核心—边缘结构分析**

核心—边缘结构分析的目的是研究社会网络中哪些节点处于核心地位，哪些节点处于边缘地位。核心边缘结构分析具有较广的应用性，可用于分析精英网络、科学引文关系网络以及组织关系网络等多种社会现象中的核心—边缘结构。

## 11.2.4 文本分析法未来研究方向

企业层面复杂度测度。将公司层面的复杂性与文本可读性分开是有问题的，一个结构复杂的公司可能由于其商业运作的性质而产生更难以阅读的商业文件。对于这一点，此前文献用以控制公司复杂性的手法大都比较粗糙。此外，可读性在商业文件中的含义也不明确。未来的研究应更多关注信息复杂性而非可读性概念，因为可读性在商业文本中难以定义且效果有限。

加权方式结构化。词语加权有可能增加文本方法的力量，但是，由于缺乏理论动机或独立验证，在选择实证规范时往往标准各异。希望未来的研究能够提供一个结构化的分析，为在文本应用中指定一个特定的加权方案提供一个客观的基础。

分析方法创新。会计和金融领域的许多文献都使用了词包法来衡量文档的情感。在商业应用的背景下，如果采用深度学习的方法，是否可以捕获商业文本中更深层次的意义和背景？更复杂的方法可能增加更多噪声，在文献中引入新技术的研究人员必须承担起仔细检测该方法的责任，考虑其在具体应用中的效果。

词袋问题。商业文本分析中，一些潜在的词汇可能会影响（通用词表下的）情感测度。因此，针对具体领域进行透明化修改可能有所助益（如 LM 词表）。许多文本分析研究都集中在情绪分析的简单二分（积极、消极）上，而这种测度并不一定准确。系统性的词语分组，可能会带来新的发展方向。此外，解析社交媒体文本时，俚语、表情符号和讽刺的使用，以及不断变化的词汇，使对语气的准确分类极为困难。而社交媒体却又是新兴信息的核心来源，有些渠道专注于商业活动。希望未来能够开发出捕捉这一非常繁杂但丰富的数据来源中的信息的方法。

文本语言。当前，大部分文献都专注于英语语言的文本分析。而其他语言也有自己的优势和挑战。Tsarfaty（2013）及 Das（2012）研究过其他语言的文本，发现德语的结构化程度比英语高得多，但也存在一词多义的问题；非构词法语言，如匈牙利语，其词序问题使句法分析存在困难；法语的词形多样性使注释常常不充分；而中文和日文，将文件分块成词更为困难（因为词间没有空格）。或许语言类型学家可以提供有用的见解，指明哪些方法最适合哪些语言。

## 11.2.5 社会网络分析在审计领域的应用举例

为了提高审计师的独立性，澳大利亚、加拿大、中国、欧盟、日本和美国等主要审计市场都实施了强制合伙人轮换制度。然而，尽管强制合伙人轮换盛行，关于继任者的选择以及不同轮换策略的经济后果却几乎没有证据。在萨班斯–奥克斯利（Sarbanes-Oxley）法案颁布后，强制审计轮换制度已在大部分西方国家和中国普及起来，但该制度会使离任审计师中断在先前审计项目中积累的有关客户公司的特质信息。此外，如果继任审计师无法较好地衔接先前的审计工作，那么上述制度就可能给审计师和客户带来一定的轮换成本，甚至可能降低客户满意度，影响审计师与客户的良好合作关系。但鲜有研究从审计轮换制度的角度切入，考察继任审计合伙人选择的影响因素、离任审计合伙人在这一过程中扮演的作用以及不同审计轮换方式所产生的经济后果。

近期，由 Jeffrey Pittman、Lin Wang 和 Donghui Wu 合作撰写并发表在 *Contemporary Accounting Research* 的论文 *Network Analysis of Audit Partner Rotation* 以中国强制审计轮换制度为研究背景，通过收集审计师的工作经历并利用现任审计师和继任审计师之间共同的审计业务工作经历来度量二者的熟悉程度，最终发现：①即将离任的审计合伙人倾向于选择与自己熟悉程度更高的审计师作为继任者，说明社会关系网络在强制审计轮换制度中发挥了一定的作用；②当审计业务较复杂、继任审计师难以获得客户公司特质信息、特定审计业务对于会计师事务所具有较高价值时，上述发现更明显，这支持了离继任审计师关联度促进信息有效传递的机制；③离任审计师和继任审计师的熟悉度对审计质量和客户满意度具有积极的影响，说明"关系"文化在审计轮换中发挥了正向的作用。总而言之，在中国情境下，离任审计师利用个人社会网络关系，选择"熟人"作为继任审计师的经济效益（提供有效的信息共享）要比经济损失（削弱继任审计师专业性与独立性）更大，这揭开了强制审计轮换制度中继任审计师选择的"黑箱"，有助于各方更好地理解中国"关系"文化在审计领域中发挥的重要作用。

进入 21 世纪之后，国内外频繁出现后果严重的财务舞弊事件（如安然和世通事件），审计合伙人轮换制度（Audit Partner Rotation System）应运而生，其是从维护注册会计师的独立性和客观性出发，为了促使注册会计师谨慎执业、保证审计质量而要求严格限定会计师事务所及审计师对同一企业审计的年限，到期（通常 5 年为一期）必须予以更换的制度。换句话说，会计师事务所的主审合伙人或复核审计项目的合伙人，不得为同一客户连续提供超过 5 年的审计服务，否则将被视为非法。

中国证监会与中国财政部在 2003 年就做出了上市公司必须实施强制审计轮换制度的规定，且同一位签字审计师在强制轮换的两年后才可以恢复对之前上市公司的审计服务业务。同时,《审计报告》必须由至少两名执业注册会计师(CICPA)签字盖章并经由事务所盖章后才可生效。这一规定为研究提供了肥沃的土壤(即数据),也就是说,可以通过收集上市公司《审计报告》的历史签字情况来确定离任审计师和继任审计师之间的熟悉程度。

## 11.3 机器学习算法

随着人工智能的兴起,机器学习(machine learning)作为人工智能的一个分支,在各个领域迅速崛起,其对巨量、复杂信息的处理、预测能力和基于数据科学的各种算法体系,使其成为数字经济时代的创新驱动力之一。互联网及大数据模式下的经济活动促使更多高维、复杂经验数据的产生,机器学习在科学研究领域的应用为新范式下的经济研究提供了新型的研究方法,进而促使经济学研究由当前的线性、低维、有限样本、抽象模型向非线性、高维、大样本、复杂模型转向。经济学实证研究及计量经济

扩展阅读 11.2 机器学习算法在会计领域的应用

学模型理论研究中关于机器学习的应用及相关文献的出现,是这次转向的主要标志。2016年美国经济学年会上,苏珊·艾西(Susan Athey)首次提出机器学习方法对经济研究的影响,进一步引发了学界对机器学习的广泛关注。机器学习强大的数据、文本、图片处理功能,基于计算机和人工智能的深度挖掘功能和基于数据、文本、图像等高度复杂经验信息的模型选择及预测功能,使其广泛应用于现实世界的各个领域,并与各个领域现有研究方法相结合,演化并生成了适合各个领域独特研究的系列机器学习算法,并伴随着各领域的发展而不断进化生成新的算法体系,这使机器学习成为一门以多学科交叉共融为首要特点的经验科学。近年来,机器学习算法也广泛应用于会计研究领域。例如,利用机器学习的算法构建上市公司财务舞弊识别、预测和预警模型等(刘云菁等,2022;周卫华等,2022;伍彬等,2022),利用机器学习算法构建非现场审计模型。

机器学习的内涵较为广泛,目前对机器学习的内涵有多种界定。统计学认为,机器学习和数据挖掘具有相同的本质,只是数据挖掘更偏向于数据端,而机器学习则偏向于智能端。计量经济学认为,机器学习是一种应用计量经济学研究方法(Sendhil et al.,2017),是传统计量经济学研究方法在数据处理与预测领域的一种进步,是大数据背景下计量经济学回归分析及预测方法的发展,机器学习基于计算机的算法,其本质是对计量经济学工具箱的一种丰富。经济学认为,机器学习是一个领域,旨在开发应用于数据集的算法,这些算法主要集中于回归(预测)、分类和聚类任务,分为有监督机器学习和无监督机器学习两类:有监督的机器学习是在样本数据或向量预先设定好"标签"(一系列的预先假定,如分类的标准)的前提下,总结出样本向量的映射关系,如正则化回归和分类;无监督的机器学习是在没有对样本数据或向量设定任何"标签"的情况下,从数据中识别出其内部蕴含

关系的一种"挖掘"工作，聚类是典型的无监督机器学习。

提到机器学习算法，经常涉及的关键词主要包括"机器学习""监督学习""非监督学习""聚类""支持向量机""K近邻""决策树""随机森林""朴素贝叶斯""感知机""神经网络""极限学习机"等，表11-1列示了一些经典的机器学习模型的英文缩写与全称。

表11-1 机器学习模型的英文缩写与全称

| 缩写 | 全称 | 缩写 | 全称 |
| --- | --- | --- | --- |
| MLP | 多层感知机网络 | DT | 决策树 |
| RBF | 径向基函数神经网络 | KNN | K近邻 |
| NLP | 自然语言处理 | HAR-RV | 异质性自回归已实现波动率 |
| Simple logistic | 简单逻辑回归 | LightGBM | 轻量梯度提升 |
| RF | 随机森林 | PSO | 粒子群优化 |
| Bagging | 装袋法 | UCSV | 未观测成分随机波动模型 |
| NB | 朴素贝叶斯 | HLRF | 混合线性随机森林模型 |
| SVM | 支持向量机 | ETS | 指数平滑 |
| ARIMA | 差分整合移动平均自回归模型 | NN | 神经网络 |
| ANFIS | 自适应网络模糊推理系统 | MSSA | 多元奇异谱分析 |
| LSTM | 长短期记忆 | BP-MLFNN | 基于反向传播算法的多层前馈神经网络 |
| GA | 遗传算法 | MACD | 移动平均收敛发散模型 |
| CNE | 基于聚类的非线性集成学习方法 | RNN | 循环神经网络 |
| KELM | 基于核的极限学习机 | GP | 遗传编程算法 |
| XGB | XGBoost极致梯度提升 | BVAR | 贝叶斯向量自回归模型 |
| FLANN | 功能链接人工神经网络 | BPN | 反向传播网络 |
| RW | 随机游走 | SGBT | 随机梯度提升树 |
| GARCH | 广义自回归条件异方差模型 | KELM | 基于核的极限学习机 |
| GQRF | 分位数回归森林和高斯核 | GRNN | 广义回归神经网络 |
| ELM | 极限学习机 | UTL | 多源无监督迁移学习 |
| TPFLNN | 张量积函数链接神经网络 | MLANN | 多层人工神经网络 |
| VAR-VECM-ANN | 向量自回归-误差修正-人工神经网络 | DATL-GDP | 基于领域自适应迁移学习的GDP预测 |
| AdaLASSO | 自适应LASSO | SOM | 自组织映射网络 |
| IndRNN | 独立循环神经网络 | WKPTSVM | 基于小波核的原始孪生支持向量机 |

政策效果进行评价需要将政策实施前后的发展情况进行对比，学者通常会构建计量模型进行效应评估，但机器学习方法同样可以应用于政策评价。在基于偏好的分类中，朴素贝叶斯是常用的方法之一，在模型输入很少的情况下也能得到优于其他方法的鲁棒结果，并且能很好地描述输入属性和划分类别之间的非线性关系。Polyzos等（2020）研究了英国

脱欧在英国和欧盟的幸福成本，使用朴素贝叶斯分类器提取个体的幸福偏好，并利用多层前馈神经网络得到每个家庭的动态幸福函数，进一步将结果应用于模拟系统以量化分析英国脱欧的福利成本。实验表明，英国脱欧对英国和欧盟社会幸福感的长期影响更为显著，弱势群体受到的影响会更大。英国宣布脱离欧盟的时间还较短，运用机器学习方法能够充分利用当前已有信息对事件可能导致的结果做出预判，为政策制定者提供参考，也能让民众意识到自身选择会对今后产生的影响。高华川和白仲林（2019）运用时变 LASSO 方法分析英国"脱欧公投"对英镑汇率的因果效应，将英国作为接受政策干预的处理组，将日本、加拿大等 21 个国家或地区作为对照组，得到时变权重系数，通过比较英镑与合成英镑的美元汇率得到脱欧公投对英镑汇率的政策效果。该方法估计的准确性相较于传统反事实估计提高了 20%~30%。

在对经济问题进行分析时，根据研究对象和目的的不同，往往需要选择不同的机器学习方法，表 11-2 给出了常见的 8 种机器学习方法优缺点的对比。SVM、K 近邻、决策树、随机森林、朴素贝叶斯、感知机、XGBoost 和神经网络都可用于分类问题，其中，SVM、随机森林和神经网络模型的预测精度较高，决策树和感知机的预测精度一般。SVM 通过寻找一个超平面来实现对样本的分割，但并不能很好地处理多分类问题。K 近邻和随机森林可以进行多分类，但都存在效率低的问题。决策树和朴素贝叶斯的使用简单、容易实现，但前者存在过拟合风险，后者对输入数据的表达形式敏感。在对经济指标的预测中，随机森林和神经网络往往可以取得更好的结果，但二者内部运行都属于"黑箱"，无法人为控制，模型的可解释性一般。XGBoost 可以学习多个分类器，在训练速度、模型精度和防止过拟合方面都表现良好，但会占用较多内存。在无监督学习中，聚类是最常用的方法之一，在样本具有显著类别特征时效果很好，但 K-means 聚类的结果依赖初始聚类中心的选择。SVM、K 近邻、决策树和神经网络也可用于回归预测。不同机器学习方法的内在原理不同，因此各自都有不同的优缺点，实际分析中可以根据研究对象与目的选择最合适的模型。

表 11-2　机器学习方法比较

| 方法 | 优点 | 缺点 | 应用 |
| --- | --- | --- | --- |
| SVM | 预测精度高，非随机方法，鲁棒性强 | 对参数选择敏感，难以解决多分类问题 | 解决分类问题，预测 |
| K 近邻 | 刻画非线性影响，无须明确假定数据分布，对异常值和噪声的容忍度高 | 效率低，容易出现维数灾难 | 解决分类问题，短期流动性预测 |
| 决策树 | 使用简单，能够处理分类数据和连续数据，运行速度快 | 模型精度一般，容易出现过拟合问题 | 解决分类问题，预测 |
| 随机森林 | 集成机器学习方法，预测误差更小，对异常值具有鲁棒性 | "黑箱"，解释性能一般 | 解决分类问题，预测 |
| 朴素贝叶斯 | 计算和使用简单，参数少，降低数据窥探风险 | 对输入数据的表达形式敏感，需要先验概率 | 解决分类问题 |
| 感知机 | 容易实现 | 只支持线性可分数据集，分类效果一般 | 解决分类问题 |

续表

| 方法 | 优点 | 缺点 | 应用 |
|---|---|---|---|
| XGBoost | 减少学习时间,灵活性强 | 运算复杂度高,占用更多内存 | 解决分类问题,学习多个分类器 |
| 神经网络 | 刻画非线性影响,可用于多变量输入问题,可用于处理大量数据 | "黑箱",模型参数过多,容易出现过拟合问题 | 序列预测 |
| 聚类 | 无监督学习,简单易实现,类别明显时效果很好 | 对异常值和噪声敏感,初始聚类中心点的选择会影响结果 | 类别划分 |

## 11.4 神经会计方法

扩展阅读 11.3 神经会计学研究方法的优势和不足

会计研究以会计制度、会计准则和会计行为为研究对象,以解释和预测会计实务为目标,其核心问题是建立能够有效解释和准确预测会计制度与会计准则演化、会计行为及其经济后果规律的会计理论体系。全球市场经济的大发展促进了会计研究的繁荣,然而,当前会计研究也面临越来越严峻的挑战。与此同时,认知神经科学的迅速发展及其在社会经济学科领域的广泛应用,对会计研究日益产生越来越重要的影响。会计研究困境与神经科学渗透的相互作用促使神经会计学的诞生,并迅速成为会计研究领域的新亮点。

有会计学者直言,近年来会计研究停滞不前、影响力萎缩、与经济学研究完全趋同等现象,会导致会计研究的消亡。上述批评意见也许过于严苛,但是会计学研究面临严峻挑战则是一个不争的事实,研究创新日益成为国际会计界共同的期望。美国会计学会(The American Accounting Association,AAA)自 2009 年就开始有组织地开展对当前会计研究状况的反思,并积极鼓励旗下的两个著名会计学术期刊 The Accounting Review 和 Accounting Horizons 就会计研究创新展开研讨,并发表了一系列相关论文,达成许多共识,那就是会计研究创新的主要路径在于更加关注会计问题与会计思想本身,且与不同领域以及使用不同方法的学者加强合作。由于人类个体的复杂性与信息环境的巨大变化,传统的会计理论面对的不能解释的"会计异象"越来越多,实务中的会计行为与会计理论预期不一致的问题也在一定程度上揭示了传统会计研究方法的局限。会计研究面临的挑战与创新需求为会计学者转换视角、寻求会计研究更加多元的理论基础和研究方法提供了契机。

当传统会计研究面临上述困境的同时,认知神经科学以及脑测量技术的发展为会计研究提供了强大的理论源泉和技术工具。随着脑电图(electro encephalography,EEG)和基于脑电测量的事件相关电位(event-related potential,ERP)、正电子发射断层扫描(positron emission tomography,PET),尤其是 2003 年诺贝尔生物医学奖的磁共振成像(magnetic resonance imaging,MRI)以及在此基础上发展起来的功能性磁共振成像(functional magnetic resonance imaging,fMRI)等技术的日趋成熟,研究者可以无创伤地深入人的大脑内部,观察和研究大脑在意识、思维、认知和决策过程中的反应机制。认知神经科学及其研究工具的发展，尤其是无伤害脑测量工具的发展，为科学研究带来了一个全新的视角，并很快在社会学、心理学、经济学、管理学等诸多领域得到广泛应用，促进了一批与认知神经科学相关的交叉学科产生。会计研究领域在引入认知神经科学理论和方法方面起步较晚，2009年会计研究者受到认知神经科学研究发现的启发，才开始运用认知神经科学结论及其证据探索会计发展的终极动因，Dickhaut等在《神经会计学：大脑生物进化与会计原则文化演进之间的一致性》一文中首次使用了"Neuroaccounting"（神经会计学）这一术语。随后神经会计学研究迅速发展，许多有远见卓识的会计学者意识到认知神经科学及其研究工具在会计研究中的巨大潜力，进而大力支持和鼓励神经会计学研究。美国会计学会（AAA）在2009年也开始有组织地鼓励运用神经科学方法拓展会计研究的理论源泉，创新研究数据源，以作为走出当前会计研究困境的途径之一。这些努力促使一大批有影响力的研究成果产生。*The Accounting Review* 和 *Accounting Horizons* 以及 *Accounting，Organization and Society* 已成为神经会计学研究的主要阵地。此外，*The Journal of Finance* 和 *The Review of Financial Studies* 等主流财务学（金融学）学术期刊自2010年开始就不断发表基于认知神经科学方法的财务学研究论文，与神经会计学研究文献相呼应，神经会计学呼之欲出。

神经会计学是在传统会计理论的基础上，结合认知神经科学理论、心理学理论和行为理论，运用认知神经科学方法和研究工具及其创新的数据源，对支撑会计现象和会计行为的认知规律和脑神经机制展开研究，从大脑功能与神经机制方面揭示会计现象与会计行为的发生、发展和变化的根本动因，并最终形成解释和预测会计实务的理论和方法的一门交叉学科。神经会计学是传统会计学的拓展和一般化，是从更广阔的视角来理解会计行为、会计制度和会计准则问题；神经会计学从行为个体的认知特征和大脑生理功能出发，研究会计决策以及决策信息的处理加工过程，以帮助人们更好地理解、预测和解释会计现象。

神经会计学研究不仅依赖认知神经科学的发现来深化现有的会计理论，而且直接通过神经实验成为会计学研究的新方法和新的数据源，于是，固定环境下基于神经实验的会计学研究范式初步形成。神经实验的特点是需要运用脑测量设备（如脑成像技术设备伽马RI、脑电图设备EE等）观察被测试对象在会计信息处理及经济决策中的脑区及相应的神经回路激活状态与激活程度，从而提供大脑在会计信息加工和经济决策中的认知与行为的神经基础。由于这些脑测量技术和设备早已广泛应用于神经临床医学，因此，这些数据具有很高程度的客观性和可靠性。Barton等就是利用fMRI，以固定环境下神经实验方法研究了人脑如何加工盈余预测差异信息（earnings surprise），为会计行为背后的脑神经机理提供了直接的神经证据。

公司盈余公告中的报告盈余如果能够达到或超过华尔街商业（尤其是证券分析师）预期，将会有利于公司股价的提升，同时也会降低资本成本、提升管理者的职业声誉，但是报告盈余一旦低于预期，将会导致股东和高管财富的巨大损失。因此，管理者倾向于努力（如采取盈余管理，甚至财务欺诈等违法行为）避免报告盈余低于预期的情况出现。以往的会计研究探讨了报告盈余在公司合约和估值中扮演的角色和功能，但是最为根本的问题

"投资者如何评估盈余中包含的信息",这不仅是一个经济问题,还是一个涉及认知与大脑的信息加工问题,显然需要在现有文献的基础上进一步考察。Barton 等以往的实证研究基础上,结合人脑奖赏加工系统与决策制定等相关的认知神经科学研究成果,提出一系列研究假设:盈余预测差异在大脑中的腹侧纹状体区域被加工,大脑对正向盈余预测差异的加工方式类似于正向预期偏差,会导致腹侧纹状体区域的强烈活动;大脑对负向盈余预测差异的加工方式类似于负向预期偏差,会导致腹侧纹状体区域活动的减弱。盈余公告向投资者传递的信息类似于奖赏和惩罚的信息,而大脑在进行决策时对奖惩信息的加工具有严格的生理机制。与强化学习理论一致,人类大脑中的多巴胺神经元(特别是腹侧纹状体区域)能够编码奖赏预期偏差(Schultz et al., 1997)。在投资者发现对现时价值或未来价值的评估过低从而产生正向盈余偏差时,腹侧纹状体区域的神经元活动更加强烈;相反,当产生负向盈余偏差时,该区域的神经元活动减弱。此外,腹侧纹状体活动的强度与盈余信息的内容有关。盈余公告时期的股票回报和纹状体 BOLD 信号水平之间存在正向关联。而股票市场能够将投资者的脑区活动反映在价格中,投资者的不同信念最终会被编码进入交易并反映在价格中。即使在不完全竞争市场中,市场机制也偏好于能最快从预测偏差中获得学习的投资者。

**思考题**

1. 谈一谈你对神经会计方法原理的理解。
2. 运用神经会计方法测度盈余管理这一常见的会计信息质量指标有哪些优缺点?
3. 举例说明文本分析法在会计研究中的应用。
4. 社会网络分析在会计领域未来的发展方向有哪些?

自学自测　　扫描此码

# 第12章 案例研究

【教学要求】

通过本章教学，使学生能够精通案例研究选题思路。掌握案例研究设计流程、资料搜集、清洗数据以及案例研究写作的核心要点，从而能够熟练掌握会计案例研究的一般方法，理解并掌握常见的质性研究方法。

【教学重点】

案例研究选题思路；案例研究设计；案例研究写作要点。

【教学难点】

案例研究选题思路；案例研究写作要点；扎根理论。

【思政元素】

吃苦耐劳的奋斗精神、务实创新和团结合作意识。

## 12.1 案例研究选题思路与逻辑

案例研究的选题是研究工作的开始。题目的选择并不是简单拍脑袋的决定，而需要足够的知识沉淀加上灵光一闪的想法，才会产生有价值的、可行的研究题目。

### 12.1.1 题目应具备的条件

**1. 真实性**

无论在哪个学术研究的领域中，真实性都是一项基本的原则要求。也就是说，选题的内容要与实际相符，不能胡乱编造虚假的事物。另外，真实性也要求题目的选择应该新颖、贴合当下的现实状况，体现主流的研究，而不是专注于一些相对偏僻、非主流的研究方向和主题，这样的研究得出的结论也难以得到广泛的应用和推广。

**2. 研究价值**

在学生进行论文答辩的过程中，很容易被问到的问题是：你的论文研究价值是什么？或者说，你的研究结论有什么意义？那么，什么样的研究是有价值的呢？从最基础的部分来说，首先要具有创新性，也就是要跟别人的不一样。如果所做的研究已经有学者做过，并且已经被发表、刊登过，再做一次显然没有太大的价值。有研究价值还应注意细节。如

扩展阅读 12.1 会计案例研究的选题来源与思路

果研究的主题过于宽泛，除了会给研究的实施带来很大困难之外，结论也很难真正在实际中得到应用。

**3. 感兴趣**

很直观地，感兴趣即要求研究者对题目本身的主题、研究对象饱含浓厚的兴趣，才更有利于在实施调查、访问等过程中保持好奇、刨根问底的态度，不断深化主题、细化内容。

### 12.1.2 选题的思路方法

**1. 文献**

无论是实证研究还是规范研究，都离不开文献。通过阅读优质的文献，既能够了解当下的学术热门话题，也可以从中得到灵感的激发。假设有一篇文献研究的是甲对乙的影响，另一篇文献讨论乙对丙的影响，那么我们可以探讨、推导甲和丙之间的关系。然而，需要强调的是，并不是随意地在各种文献之间寻找研究"缺口"便可以产生有价值的研究，还要利用扎实的理论基础分析和解释，判断是否真的有逻辑关系和研究意义。

**2. 现实环境**

从本质上来说，案例研究是在分析具体的经济现象，探讨"为什么""怎么样"的问题。因此，可以通过各种公开渠道或者获取某种权限，寻找值得研究的经济现象。如从近期发布的新闻报道中寻找社会热点，从政府、机构发布的重要政策文件中理解行业的动态和趋势。从不断变化的环境中寻找信息，有利于捕捉有创新性的、符合主流的研究话题。除此之外，也可以从公开报告、数据库中敏锐地察觉一些"异常的"数据，进一步了解背后的原因，以确定是否有研究的价值。

那么，什么样的题目是"好题目"呢？或者说什么样的案例才值得研究呢？在案例研究中，常常要求案例具备典型性和代表性。典型性是个案必须具有的属性，应该集中体现某种现象的重要特征，还可能具有一定的"极端性"；代表性则要求案例应当体现个案的总体性质，具有某种现象的总体特征。需要强调的是，虽然二者看似不同，但是在案例研究中，代表性和典型性并不是相互冲突的，典型的案例只是在大的总体中发生得更加极端一些，并且正是因为这种"极端"才使事件更值得研究和思考。

## 12.2 案例研究设计、资料收集与数据分析

### 12.2.1 研究设计

研究设计是指在对某个案例进行研究时所遵循的一个蓝图或计划。从本质上来说，研究设计是连接研究问题和要收集的数据与得出的结论之间的纽带。研究设计的重要目标之

一，是使研究数据能有效反映、指向研究问题，避免出现研究数据与所研究的问题无关的情况。具体来说，研究学者认为，研究设计至少应该处理四个问题：研究什么问题？哪些数据与研究问题相关？需要收集哪些数据？如何分析得出结果？

基于研究设计在案例研究过程中所起的纽带作用，在进行研究设计时应注意具备五个要素，分别是研究问题、理论假设（若有）、分析单位、连接数据与假设的逻辑、解释研究结果的标准。

### 1. 研究问题

相比于经济学研究更多地采用调查或档案分析的研究方法回答"什么事""什么人""在哪里"等问题，案例研究法更适合回答"怎么样"和"为什么"之类的更具有解释性的问题。因为这类问题需要追溯事件之间的逻辑关系，如因果关系等，而不仅仅对现象的发生进行描述。确定研究问题具有重要意义，这将决定研究所采用的方法，也就是说，研究者应当保证所选的研究方法与研究问题匹配且适合。因此，进行研究设计的第一步应该确定要研究的问题形式和实质，为后面的研究设计提供线索和方法。

### 2. 理论假设

在确定了研究问题之后，应该着手第二个要素——理论假设。理论假设将研究引导到正确的方向上，明确重点，从而指导证据的收集分析和研究报告的撰写。例如，假设要研究上市公司财务舞弊的成因，那么可能会有以下几个问题：为什么某上市公司会有财务舞弊的行为？怎么做到财务舞弊的？这便是属于"为什么"和"怎么样"的问题。在提出问题之后，对于上市公司财务舞弊的成因或许可以提出以下几个假设：可能是关键人员失信、监管机构履职不到位、企业内部控制存在缺陷等。只有提出具体的假设之后，研究的方向才能逐渐清晰，并明确搜集证据的渠道和调查的方法。

### 3. 分析单位

分析单位是指案例研究的对象。如果案例研究的对象是个人，那么个人就是案例分析的最基本单位。除此之外，某个事件或者实体也可能成为案例的分析单位。一般来说，研究提出的假设越具体，研究的范围就越小，其实施就更具可行性。但是对分析单位的不同界定会导致研究过程中所使用的研究方法和资料收集方法的不同。除此之外，由于案例研究的过程是动态的，因此，分析单位也可能在不断研究的过程中得到修改或优化，并不是一成不变的。

### 4. 连接数据与假设的逻辑与解释研究成果的标准

这两个要素是进行案例研究时证据分析的前期步骤。连接数据与理论假设的逻辑，是指将收集调查得到的数据资料反映的实际模式与理论假设的模式进行连接、匹配的方法，可以有多种形式，但在会计的案例研究中并没有被明确界定。而解释研究成果的标准解决的是如何解释数据资料标准的问题，也就是解决收集的数据资料应该达到什么程度才合格的问题。

## 12.2.2 资料收集

很多初级研究者将案例研究的实施等同为案例资料的收集，然而，二者其实并不完全一致。案例研究的资料收集也并不像一部分学者认为的那样，是一种容易实施的研究方法，认为即使缺乏缜密的逻辑和简单的方法也不影响大局。实际上，由于案例研究的资料收集并没有一套常规的、程序化的方法和惯例，加上不同案例之间的巨大差异性，会对研究者的智慧、情绪、技能等提出更高的要求。

**1. 证据来源**

案例研究的证据来源十分广泛，常见的有文献、档案记录、访谈、直接观察、参与性观察和实物证据六种。不同证据来源具备不同的优缺点，研究者应根据具体案例的具体状况，考虑可得性、可靠性及成本效益原则以选择不同的证据来源。

1）文献

文献信息不仅指各类期刊发布的学术论文，还包括与案例相关的会议记录、公报、备忘录、信件以及各种报告、媒体文章等。对于案例研究而言，文献的首要作用一般是证实或证伪其他来源的资料和信息。但同时，在研究过程中也不应该有过于依赖文献的倾向，因为文章或者报告的撰写或多或少是带有具体目的或立场的，作为研究者更应以一种客观观察者的视角去审视获取的文献资料，并批判地使用和分析。

2）档案记录

相较于文献，档案记录则更多地被量化，在互联网技术不断发展的时代，档案也常以电子的形式储存。而在运用时，与文献类似，许多档案的记录也是具有目的性的，需要加以核实和比对。同时，有些档案的隐私性和保密性也增加了研究者的证据获取难度，需要获取一定的权限。

3）访谈

访谈是案例研究不可或缺的信息来源，可以获得一手的数据信息，相比前两种证据来源，访谈对于案例本身更具有针对性。对于不同的案例，应采取灵活的访谈技巧和方式，但也有一般性的要求：一方面，在访谈过程中，应遵循一定的逻辑线索，参照已确定的研究设计的思路进行；另一方面，应做到在发问的过程中不带个人的偏见，避免提出带有倾向性的问题。虽然访谈是一种直接、关键的资料来源，但是由于有人的参与，与客观事实有一定误差也是在所难免的。研究者应当从提问设计和采访过程中有意识地避免信息精确度受到影响。

4）直接观察

亲自到场进行观察和调查是一种直观的、生动的证据获取来源，可以为案例研究提供附加信息。一般而言，为了提高直接观察的可信度，采用这种证据获取方式时，应当安排多个而不是单个研究者进行观察。

5）参与性观察

参与性观察是观察的一种特殊形式——研究者作为情景中的具体角色参与对现实的观察，其优点在于能够深入案例的情境中，关注细节，以局内人的视角去观察和研究。但同时，参与性观察的主要问题也在于观察者本身可能存在偏见，且其实施会耗费更多的人力和时间，并非适用所有的案例研究。

6）实物证据

实物证据即物理性的证据。实物证据可以作为某事件发生或存在的见证，具有客观性。但在实际的研究中，因能被作为证据的物品获取困难或数量不多，实物证据的运用较少。

**2. 资料收集的应用原则**

资料收集将为案例的分析奠定基础，然而，数据和信息并非越多越复杂就越好。过于复杂繁多的资料容易偏离研究重心，也可能提升研究成本。因此，资料收集应遵循以下原则，从而有利于在把握重点的同时使证据更具可靠性和真实性。

1）采用多种证据来源

不同证据来源具有不同的特征和作用，在单独使用的情况下是有局限性的。因此，研究者在进行案例研究时不应孤立地使用它们，而应该采用适当的方法进行搭配。也就是说，严谨、优秀的案例研究应当尽量利用多种渠道获取信息资料，以达到相互印证的目的。此外，其他的研究方法，如实验法、调查法等很少利用一种以上的证据来源：实验法主要通过在实验室操作实验并记录等行为，而无须通过调查、采访等途径来获取资料；相反，调查法则更多使用观察、采访等方式，获取口头信息。

Paton（1987）研究讨论"证据三角形"的说法，其中的"资料三角形"则提倡从多种途径收集资料，以验证同一个结论或事实。如果使用多种类型的证据，却侧重验证不同的结论或事实，则无法形成证据三角形，证据之间不能相互印证。

2）建立案例研究数据库

每个案例研究的课题都应该按照一定的方法组织、存储和管理数据，建立直观的、规范的数据库。建立数据库主要可以从记录、文献、图标材料和描述四个方面进行。

3）形成一系列证据链

将收集的证据形成一系列的证据链，能够增强案例研究时证据的可信度。在形成证据链之后，有利于读者、其他研究者在阅读该案例时明确、清晰地了解各层次的证据和信息之间的推论，甚至可以在逻辑推论的过程中，得到更多的启发，产生进一步研究的欲望和可能。

### 12.2.3 数据分析

数据分析是案例研究中工作量最大、最繁杂的部分，但也是一个好的案例研究的关键部分。只有做好数据分析才能讲好案例故事，使过程和结论具有说服力。具体来说，对于单案例研究和多案例研究，分析的重点和过程也不完全一样。

**1. 单案例研究**

一般来说，单案例研究按时间顺序对案例故事展开阐述，在讲清楚来龙去脉的同时，做到主题突出、挖掘未被发现的情况，而不是仅停留在表面的现象。要做到这些，单案例研究的数据分析可以从准备工作和两阶段数据编码的操作实施。

1）准备工作

数据分析的准备工作主要包括两方面：数据处理的分析软件和配备处理数据的人员。总体来说，准备工作要遵循适应性和约束性。适应性是指数据分析所采用的分析软件要与使用的分析方法、数据性质以及案例的特殊性相匹配、相对应；处理数据的人员在专业度、能力等方面也要得到合理的安排。约束性指数据分析工具和方法所获得的数据应当是科学的，如资料的可追溯性、工具匹配性、数据可交叉验证性等。

2）两阶段数据编码

从实际操作的角度来说，两阶段数据编码包括两个阶段：第一阶段数据编码是将原始的数据资料识别、分类，形成具有主题的"数据块"。这一阶段的数据还是初步的、零散的，因此可以根据数据本身的性质或者使用目的的不同，对数据进行简单的编码，可能保留更多原始的概念。第二阶段数据编码是对第一阶段得到的"数据块"的进一步分析，将具有相同属性的代码归纳成更高阶、更抽象的概念。通过找到具有连接关系的数据块，在一阶编码之间进行整合、合并和提炼，使原本分割、零碎的数据块依照一定的方式紧密联系起来，再进行反复推理，从数据关系中获得理论发现。

**2. 多案例研究**

多案例研究方法，是指在理论抽样原则的指引下，对两个或两个以上的案例进行对比和分析，以识别被分析案例单元的相似性和异质性，从而实现理论构建。相比于单案例研究，多案例研究往往能为理论构建提供更加坚实的基础。因而，在数据分析时，最困难的部分是如何从已收集的海量数据中归纳并推动理论的构建。多案例研究的数据分析包括案例内的分析和跨案例分析两部分。

具体来说，案例内的分析通常包括对每个案例的详细描述，这有利于研究者在数据分析阶段尽早开始处理大量数据。需要注意的是，研究者要尽量在寻求跨案例普适性模式之前将每个案例独有的模式提炼出来，这样能够帮助研究者了解每个案例的特质，把握住重点，促进跨案例模式的提炼。除此之外，每个案例虽然关键点不同，但案例之间并不是孤立存在的。因此，在进行案例内分析时，梳理的主线要围绕相同的核心展开，这个核心问题应与研究主题相关，使论文整体架构不会过分松散。

跨案例的分析要求研究者要突破案例内分析时的思维局限，站在系统性、全局性的角度，将跨案例分析过程中挖掘到的独特现象与现有的理论进行反复比对，挖掘发现现象之间的联系，在不断完善研究发现的过程中逐步实现数据与理论的匹配，进而形成稳健的逻辑关系证据链。

## 12.3 案例研究常见的质性研究方法

学术研究中有一种说法是"质的研究像一把大伞",也就是说,质的研究的定义十分宽泛,像一把大伞,各种各样的研究方法分支都可以放到这把大伞下面。由于案例研究过程依赖于各种来源,包括访谈、观察、文档等质性的资料数据,因此,大多数的案例研究论文都属于质性研究的范畴。具体地,质的研究是以研究者本人作为研究工具,在自然情境下采用多种资料收集方法对社会现象进行整体性探究,使用归纳法分析资料和形成理论,通过与研究对象互动,对其行为和意义建构获得解释性理解的一种活动(陈向明,2000)。在实际的案例研究中,扎根理论和民族志是两种应用较为广泛的质性研究方法。

扩展阅读 12.2 扎根理论在会计案例研究的应用

### 12.3.1 扎根理论

在质性研究中,扎根理论方法是一种用于构建理论的重要研究方法,是由格拉斯和斯特劳斯于 1967 年提出的,其主要宗旨是在经验资料的基础上建立理论。具体来说,扎根理论方法要求在系统地收集数据资料的基础上,寻找反映现象的核心概念,通过在这些概念之间建立起一定的联系,进而形成理论。也就是说,扎根理论必须要做到的是:①具备足够的资料、经验事实;②形成理论,强调资料和理论之间的密切联系。

在应用扎根理论时,有以下几项重要的原则需要研究者遵守,这些原则使扎根理论在质性研究方法中更加具有独特风格。

**1. 从资料产生理论的思想**

扎根理论强调从资料中提升理论,认为知识是积累而成的,是一个不断地从事实到"实质理论",再演变成为"形式理论"的过程。这种"实质理论"大概介于"宏观大理论"和"微观操作性假设"之间。"形式理论"可能涵盖许多不同的实质理论,由实质理论整合、浓缩而成。构建实质理论,可以较好地避免形式理论形成时跳跃性太大的问题,使最后得到的理论具有统一性和协调性。

**2. 不断比较的方法**

扎根理论要求资料之间、理论之间应当不断地进行对比,根据其中的关系提炼出有关的类属及其属性,而这种比较贯穿研究全过程,具有持续性、不间断性。除此之外,研究者还可以利用自己在其他地方看到的或听到的其他类似情况进行对比。因为扎根理论认为,只要是可以丰富研究者对研究主题的理解的资料,就可以用来作为参考,但是不应将其与为研究特意收集的资料混在一起。

**3. 理论抽样的方法**

在对资料进行分析时,研究者应当将初步生成的理论作为下一步资料抽样的基础,用于指导进一步的分析、推论工作,如选择哪些资料、在什么时间、什么地点、向什么人、通过什么样的方式等。

**4. 文献运用的准则**

扎根理论提倡研究者在进行理论建构时可以采用已有的理论或者自己原有的理论,前提是这些理论应当与研究的主题和资料相符合。但是研究者也应当注意,文献、理论的应用参考应该适可而止,不应过度使用。过多的文献参照可能会阻塞研究者的思路,限制研究的发展方向,易导致雷同或生搬硬套情况。

### 12.3.2 民族志

民族志起源于 20 世纪初的人类学,要求研究者通过自身的切身体会了解当地人的生活方式、价值观念和行为模式等特定的文化。一般来说,民族志方法由以下三大要素组成。

第一,作为研究者的专业人员。一般来说,民族志要求研究者开展较长时间(如 6 个月以上)的实地调研,与研究对象生活在一起,以理解、记录他们的生活方式。但其研究对象并不是文化本身,而是具有共同文化的群体中成员的社会行为。

第二,以参与观察为主要内容的田野调查的实地研究方法。可以收集访谈、观察、象征物等多种形式来源的证据来获得资料信息。

第三,为研究对象进行整体性描述的文本写作方法。在民族志中,研究者通常聚焦于群体成员的行为表现所体现出来的模式(如习俗、信念等),这些模式通过语言、行为等表现出来,并由研究者进行描述记录。

## 12.4 案例研究的论文结构与写作要点

扩展阅读 12.3 会计案例研究的标题命名原则

案例研究的论文结构较为固定,一般来说,包括标题、导言、文献综述、理论分析、案例介绍、案例分析、研究结论和建议几个部分。

从写作上来说,与实证论文相比,案例研究需要更加详细、生动的文字性描述,使学者在阅读过程中能够清晰地理解这个"故事",知晓更多案例的细节以及研究过程的逻辑等。阅读者了解论文的第一步便是通过文章的标题,因此,一个好的标题有着举重若轻的作用。就像一家商店的门面和招牌,可以引起顾客的兴趣和好奇心,既要让顾客知道这家店是卖什么的,也要突出自家的特色。同样,论文的标题也应当直接明了地让学者领会到研究的主题,同时应当尽量地使表述更吸引人。

论文的摘要应当用简洁、直接的语言对全文进行概括——论文做了什么研究?得出了什么结果?有什么意义?让读者能够通过摘要了解论文的大体结构并厘清思路,有利于进一步阅读和理解全文。

第 12 章 案例研究

导言是对摘要的进一步扩充。在导言部分，应向读者清晰展示论文的研究背景、总体的行文框架、研究了什么内容、研究发现和结论，以及文章的贡献和局限性等。读者在通过阅读摘要厘清论文的研究脉络之后，应能通过阅读导言对论文主题的背景状况有一定的了解。论文的研究背景可能是国家或机构颁布的新的政策、规章，也可能是在当下的经济环境下的普遍现象或趋势等。

文献综述是对论文所参考、引用的文献的回顾和归纳。具体来说，文献综述部分应尽量对与研究主题紧密相关的研究论点进行全面的阐述，包括与该文相印证的和相对立的观点，以及现有文献的不足之处。需要注意的是，文献综述并不是将检索得到的高质量论文进行概括罗列即可，而是需要通过仔细地阅读和辨析，提炼出与自己所要研究的主题最相关联的观点，有选择性地进行展示。

理论分析，也就是要在文章中写清楚文章进行推论、判断所运用的理论，说明这些理论是如何能够解释所要推导的结论的。会计领域的案例研究所运用的理论，大多数是一些经典的、重要的经济学理论，可能包括委托代理理论、经济人假设等。但是，在学术不断发展、学科边界不那么清晰的当下，会计的案例研究中不仅会用到经济学、管理学的理论，更可能应用到与心理学、历史学等相关的理论。未来的研究者应当具备综合、全面发展的素质，而不能故步自封。

案例介绍要求研究者对所要研究的案例的情况进行解释和分析，让读者能清晰、完整地知晓案例的过程和研究的重点。假设研究案例的主体是具体的一家公司，则案例介绍可能涉及对公司的主营业务、发展阶段、行业状况、高管组成等方面的阐释，对于与案例主题相关的部分应展开说明、有针对性地进行介绍，但是不能泛泛而谈，让人抓不到重点。

案例分析是在案例介绍的基础上进一步深化。案例介绍是将案例表面的现象、情况客观、直接地表述出来，是一种事实的陈述。而案例分析则应当由研究者结合理论对现象进行分析，用收集的证据来佐证、推导得出研究结论。这其中需要严密的逻辑思考的能力，以及对案例有充分的了解，厘清其中的关系，而不是随意、胡乱地解释，这样得到的结论是不可靠的。

论文的最后一般应该对案例研究得到的结论进行归纳，同时对市场或者机构提出建议。建议的提出应当是有针对性的、围绕着研究主题进行的，同时，建议也应当是具体的、可实施的，过于宽泛的建议在实际中很难得到实施。

## 12.5 案例研究论文精选导读

在对案例研究的方法、原则有基础了解之后，应当通过阅读优质期刊上的案例研究论文，将学到的理论与论文内容相对应，不仅能够加深对理论知识的理解，更有助于实践和运用。在此，本书以《会计研究》上发表的论文《企业财务转型与价值创造影响因素分析——基于力场模型视角的财务共享服务中心多案例研究》为例，解读案例研究论文中的方法和思路。

《企业财务转型与价值创造影响因素分析——基于力场模型视角的财务共享服务中心多案例研究》以力场分析法为研究工具，采用多案例研究方法，对5家案例企业及其28位不同级别的工作人员进行深入访谈，并将访谈材料进行归纳总结，探讨借助财务共享服务模式的财务转型对企业价值创造的影响作用及其影响机理，以求对二者之间的关系提供理论与实践启示。

该论文的理论基础主要包括以下三个理论：组织—环境匹配理论、组织变革理论和组织复杂性理论。①组织—环境匹配理论将组织变革动力分为情境动力和组织内动力。情境动力指由法律、政策、行为规范和市场竞争认知等带来的外部环境压力。组织内动力又包括触发动力和使能动力：触发动力表现为领导层对企业所处环境的认知和采取的行为倾向；使能动力则是变革过程中组织实现愿景目标的能力动因，企业通过提供各种内部能力以应对变革。②组织变革理论认为组织变革面临的阻力来自个体、群体和组织三个层次。③组织复杂性理论认为复杂性环境的改变会引起组织的不确定性，进而加剧组织管理的难度，由结构复杂性、关系复杂性和行为复杂性三个指标来衡量。

在案例数据收集方面，作者采用的是当面访谈的形式，采用开放性问题访谈形式为主，辅助于访谈过程中针对某个问题的随性交流。采访的对象分为四个层次（见表12-1）：首先是总会计师和财务总监，该层面的领导熟悉整个财务转型由始至终的情况；其次是选择财

表12-1 访谈者情况介绍

| 企业 | 人数 | 人员介绍与编码 | 访谈主要内容 |
|---|---|---|---|
| A | 6 | 高层：企业总会计师（A1）<br>中层：财务共享服务中心总经理（A2）、财务共享服务中心财务主任（A3）<br>低层：财务共享服务中心员工（A4、A5、A6） | 高层：企业基本情况、企业组织复杂性情况、企业财务共享服务中心的建设和运营基本情况、企业面临财务共享服务中心的阻力、企业促进财务共享服务中心对企业价值创造的影响<br>中层：企业财务共享服务中心建设和运营过程、部门面临财务共享服务中心的阻力、部门应对财务共享服务中心的措施、财务共享服务中心对部门的影响<br>低层：个人使用财务共享服务的感受、个人面临财务共享服务中心的阻力、个人应对财务共享服务中心的措施、财务共享服务中心对个人的影响 |
| B | 5 | 高层：企业财务总监（B1）<br>中层：财务共享服务中心总经理（B2）、财务共享服务中心财务主任（B3）<br>低层：企业财务工作人员（B4）、财务共享服务中心员工（B5） | |
| C | 5 | 高层：企业财务总监（C1）<br>中层：财务共享服务中心总经理（C2）、企业IT部经理（C3）<br>低层：财务共享服务中心员工（C4、C5） | |
| D | 4 | 高层：企业财务总监（D1）<br>中层：财务共享服务中心总经理（D2）<br>低层：财务共享服务中心员工（D3、D4） | |
| E | 8 | 高层：企业联合总裁（E1）、企业财务总监（E2）<br>中层：财务共享服务中心总经理（E3）、财务共享服务中心运营支持部主任（E4）<br>低层：财务共享服务中心员工（E5、E6、E7、E8） | |

务共享服务中心的总经理或主任,因为他们对价值创造的能力最熟悉;再次是访谈财务共享中心的财务工作人员,他们参与由传统模式到新模式的过程,能够感受转型带来的价值;最后是财务共享服务中心运营支持部主任和IT主任。针对不同层级的访谈对象,研究者也分别准备不同深度的访谈内容,以提高数据收集的效果和准确性。

在案例数据分析方面,作者采用内容分析法对案例数据进行开放式编码分析。虽然文章是对多案例的分析,但是每个案例都应依照核心的研究主题详细展开分析,关键的步骤与在进行单案例研究时使用的步骤和思路类似。具体来说,这篇论文数据分析分为四个步骤。

第一步,所有访谈资料由两位主要编码人员进行整理和相互比对,文字记录的资料和访谈的录音相互配合使用,以保障访谈记录结果的准确性和真实性,同时,也保持数据资料的原始性,避免加入过多主观判断。

第二步,以完整的文本资料为基础,整理符合文章研究框架的案例证据,在深入了解本文相关理念的前提下,由两名主要编码人员在通读文本资料后提取关键词,归纳反映证据的一阶概念。

在财务共享服务模式的探讨中,精准识别力场模型中的动力因素和阻力因素,即影响价值创造的积极力量和消极力量,以更好地分析影响。通过对资料的阅读和整理,可以初步提取关于力场模型中两种力量的关键词,进行一阶编码(见表12-2)。

表12-2 积极力量的证据展示和编码实例(部分)

| 代表性原始案例证据 | 一阶概念 |
| --- | --- |
| 财政部对企业建设FSSC有指导性建议,要求企业探索会计信息资源共享机制。(A1) | 政府引导 |
| 外界对我们建设FSSC的评价基本上都是积极的。(B1) | 社会评价 |
| 全球化趋势的加强、"一带一路"政策的完善,我们也在加速全球的业务扩展。(A2、C2) | 业务扩张需求 |
| 我们希望把更多的财务人员放到具有价值的财务核心业务工作中去。(B3、D2) | 聚焦核心业务需求 |
| FSSC改变了工作方式,财务人员担心自动化的操作让自己不能很好地适应工作。(A5、B5、C4、D3、E3) | 工作操作方式 |
| FSSC的流程化使财务人员感觉只是一名操作工人,没有体现他们的工作价值。(B5、D4、E5) | 工作地位 |
| 组织文化可能影响经营活动,FSSC也会引起组织文化对员工行为的影响。(B2) | 组织文化变革 |
| FSSC处理工作的自动化使财务人员处于可有可无的状态。(D3) | 岗位危机 |

第三步,与已有文献及其理论基础相比对,将一阶概念进行提炼,归纳成二阶概念。具体地,根据组织—环境匹配理论和组织变革理论,文章针对力场模型中各种积极力量提炼出五个二阶概念;根据组织变革理论,对消极力量提炼出三个二阶概念,进而在二阶概念基础上提出研究命题。具体如表12-3、表12-4所示。

第四步,结合本文研究主题和文献理论,对二阶概念进行理论归纳和抽取,最后对文本资料、案例证据、一阶概念、二阶概念的前后逻辑关系进行分析,构建出基于力场分析法的财务共享服务模式与价值创造影响机理概念模型,如图12-1所示。

表 12-3 积极力量的一阶概念、二阶概念和理论归类

| 一阶概念 | 二阶概念 | 理论归类 | 一阶概念 | 二阶概念 | 理论归类 |
|---|---|---|---|---|---|
| 政府引导 | 规制压力 | 情境动力 | 成本战略需求 | 触发动力 | 组织内动力 |
| 职能地位 | 规制压力 | 情境动力 | 业务扩张需求 | 触发动力 | 组织内动力 |
| 理论引导 | 规制压力 | 情境动力 | 风险管控需求 | 触发动力 | 组织内动力 |
| 监管要求 | 规制压力 | 情境动力 | 决策支持需求 | 触发动力 | 组织内动力 |
| 社会评价 | 规范压力 | 情境动力 | 聚焦核心业务需求 | 使能动力 | 组织内动力 |
| 协会学习 | 规范压力 | 情境动力 | FSSC 组织架构 | 使能动力 | 组织内动力 |
| 高校学习 | 规范压力 | 情境动力 | FSSC 人员体系 | 使能动力 | 组织内动力 |
| 企业学习 | 规范压力 | 情境动力 | FSSC 信息系统 | 使能动力 | 组织内动力 |
| 同行认知 | 认知压力 | 情境动力 | FSSC 流程优化 | 使能动力 | 组织内动力 |
| 经营效果 | 认知压力 | 情境动力 | FSSC 运营管理 | 使能动力 | 组织内动力 |
| 合作伙伴认知 | 认知压力 | 情境动力 | FSSC 服务管理 | 使能动力 | 组织内动力 |
| 同行影响 | 认知压力 | 情境动力 | | | |

表 12-4 消极力量的一阶概念、二阶概念和理论归类

| 一阶概念 | 二阶概念 | 理论归类 |
|---|---|---|
| 工作操作方式 | 个体阻力 | 组织变革 |
| 工作地位 | 个体阻力 | 组织变革 |
| 岗位危机 | 个体阻力 | 组织变革 |
| 收入危机 | 个体阻力 | 组织变革 |
| 团队工作质量 | 群体阻力 | 组织变革 |
| 团队工作态度 | 群体阻力 | 组织变革 |
| 工作信息沟通 | 群体阻力 | 组织变革 |
| 组织间利益 | 组织阻力 | 组织变革 |
| 组织间权力 | 组织阻力 | 组织变革 |
| 组织文化变革 | 组织阻力 | 组织变革 |

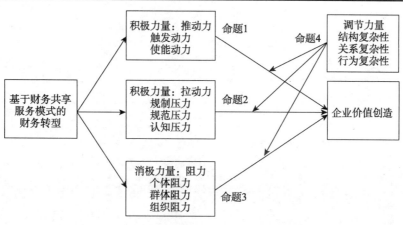

图 12-1 基于财务共享模式的财务转型与企业价值创造影响机理的多层次理论模型

纸上得来终觉浅，绝知此事要躬行。理论知识的学习终究是有限的，在掌握了方法和要求之后，要不断在文献的阅读中加深理解，在实际的研究中掌握和运用，从而进一步推动理论和方法的发展，学术研究才能不断进步。

1. 简要谈一谈会计案例研究选题应具备的条件。
2. 数据分析是会计案例研究中工作量最大、最繁杂的部分，请谈一谈如何科学地收集所需要的数据？
3. 会计案例研究的论文结构一般包括什么？
4. 请找一篇核心期刊中最近发表的且较感兴趣的文献，谈一谈该论文中案例研究的结构。

自学自测　　扫描此码

# 参 考 文 献

陈林，伍海军. 2015. 国内双重差分法的研究现状与潜在问题[J]. 数量经济技术经济研究，32(7)：133-148.

陈强. 2014. 高级计量经济学及 Stata 应用 [M]. 2 版. 北京：高等教育出版社.

陈强. 2021. 机器学习及 Python 应用[M]. 北京：高等教育出版社.

陈强. 2015. 机器学习及 R 应用[M]. 北京：高等教育出版社.

陈强. 2015. 计量经济学及 Stata 应用[M]. 高等教育出版社.

陈太明. 2021. 改革开放与中国经济增长奇迹——基于合成控制法的研究[J]. 经济理论与经济管理，41(6)：22-36.

陈向明. 2000. 质的研究方法与社会科学研究[M]. 北京：教育科学出版社.

陈云松. 2012. 逻辑、想象和诠释：工具变量在社会科学因果推断中的应用[J]. 社会学研究，27(6)：192-216，245-246.

步丹璐. 2022. 会计研究方法：从案例出发[M]. 大连：东北财经大学出版社.

方杰，张敏强. 2012. 中介效应的点估计和区间估计：乘积分布法、非参数 Bootstrap 和 MCMC 法[J]. 心理学报，44(10)：1408-1420.

高凤莲，王志强. 2015. "董秘"社会资本对信息披露质量的影响研究[J]. 南开管理评论，18(4)：60-71.

高华川，白仲林. 2019. 一种基于机器学习的时变面板数据政策评估方法[J]. 数量经济技术经济研究，36(8)：111-128.

何瑛，于文蕾，杨棉之. 2019. CEO 复合型职业经历、企业风险承担与企业价值[J].中国工业经济，(9)：155-173.

黄炜，张子尧，刘安然. 2022. 从双重差分法到事件研究法[J]. 产业经济评论，(2)：17-36.

纪洋，王旭，谭语嫣，等. 2018. 经济政策不确定性、政府隐性担保与企业杠杆率分化[J]. 经济学（季刊），17(2)：449-470.

李春涛，张计宝，张璇. 2020. 年报可读性与企业创新[J]. 经济管理，42(10)：156-173.

李泽广，马泽昊. 2013. 契约环境、代理成本与企业投资—债务期限关系[J].管理世界，(8)：183-185.

李连军. 2006. 实证会计研究的方法与方法论：哲学基础与研究范式[J]. 会计研究，(8)：24-28，96.

李亮，刘洋，冯永春. 2020. 管理案例研究：方法与应用[M]. 北京：北京大学出版社.

李摇琴，徐细雄. 2016. 宗教传统、制度环境与地区官员腐败[J]. 南方经济，(10)：38-53.

李增福，董志强，连玉君. 2011. 应计项目盈余管理还是真实活动盈余管理？——基于我国 2007 年所得税改革的研究[J]. 管理世界，(1)：121-134.

林伟鹏，冯保艺. 2022. 管理学领域的曲线效应及统计检验方法[J].南开管理评论，5(1)：155-166.

林毅夫，沈艳，孙昂. 2020. 中国政府消费券政策的经济效应[J]. 经济研究，55(7)：4-20.

刘冲，沙学康，张妍. 2022. 交错双重差分：处理效应异质性与估计方法选择[J]. 数量经济技术经济研究，39(9)：177-204.

刘云菁，伍彬，张敏. 2022. 上市公司财务舞弊识别模型设计及其应用研究——基于新兴机器学习算法[J]. 数量经济技术经济研究，39(7)：152-175.

罗伯特·K. 殷. 2017. 案例研究：设计与方法[M]. 5 版. 重庆：重庆大学出版社.

聂辉华，方明月，李涛. 2009. 增值税转型对企业行为和绩效的影响——以东北地区为例[J]. 管理世界，(5)：17-24，35.

漆江娜，陈慧霖，张阳. 2004. 事务所规模·品牌·价格与审计质量——国际"四大"中国审计市场收费与质量研究[J]. 审计研究，(3)：59-65.

钱雪松，唐英伦，方胜. 2019. 担保物权制度改革降低了企业债务融资成本吗？——来自中国《物权法》自然实验的经验证据[J]. 金融研究，(7)：115-134.

宋弘，陆毅. 2020. 如何有效增加理工科领域人才供给？——来自拔尖学生培养计划的实证研究[J]. 经济研究，55(2)：52-67.

童盼，赵一茗. 2022. 强制性分红政策与内部资本市场——来自渐进双重差分模型的经验证据[J]. 会计研究，(3)：62-76.

唐为，王媛. 2015 行政区划调整与人口城市化：来自撤县设区的经验证据[J].经济研究，50(9)：14.

唐雪松，蒋心怡，雷啸. 2019. 会计信息可比性与高管薪酬契约有效性[J]. 会计研究，(1)：37-44.

王化成，曹丰，叶康涛. 2015. 监督还是掏空：大股东持股比例与股价崩盘风险[J]. 管理世界，(2)：45-57，187.

王亚平，刘慧龙，吴联生. 2009. 信息透明度、机构投资者与股价同步性[J].金融研究，(12)：162-174.

王贞洁，王惠. 2022. 上市公司杠杆错估的市场反应——基于事件研究法的实证分析[J]. 商业研究，(3)：1-11.

温忠麟，叶宝娟. 2014. 中介效应分析：方法和模型发展[J]. 心理科学进展，22(5)：731-745.

温忠麟，张雷，侯杰泰，等.2004. 中介效应检验程序及其应用[J]. 心理学报，(5)：614-620.

伍彬,刘云菁,张敏. 2022. 基于机器学习的分析师识别公司财务舞弊风险的研究[J]. 管理学报,19(7)：1082-1091.

谢申祥，范鹏飞，宛圆渊. 2021. 传统PSM–DID模型的改进与应用[J]. 统计研究，38(2)：146-160.

徐宏，蒲红霞. 2021. 新冠疫情对中国股票市场的影响——基于事件研究法的研究[J]. 金融论坛，26(7)：70-80.

杨雄胜，薛清梅，杨全文，等. 2008. 中国实证会计研究的回顾与思考[J]. 会计研究，(7)：34-42，96.

杨寅，刘勤. 2020. 企业财务转型与价值创造影响因素分析——基于力场模型视角的财务共享服务中心多案例研究[J]. 会计研究，(7)：23-37.

叶丰滢，龚曼宁. 2020. 审计收费价格管制与审计质量——基于双重差分模型的检验[J]. 会计研究，(12)：171-179.

叶莹莹，杨青，胡洋. 2022. 股权质押引发机构投资者羊群行为吗——基于信息质量的中介效应[J]. 会计研究，412(2)：146-163.

游家兴，李斌. 2007. 信息透明度与公司治理效率——来自中国上市公司总经理变更的经验证据[J]. 南开管理评论，(4)：73-79，85.

于鹏，宋瑶，樊益中. 2019. 退市制度与审计延迟[J]. 审计研究，(6)：96-104.

袁显平，柯大钢. 2006. 事件研究方法及其在金融经济研究中的应用[J]. 统计研究，(10)：31-35.

赵璨，陈仕华，曹伟. 2020. "互联网+"信息披露：实质性陈述还是策略性炒作——基于股价崩盘风险的证据[J]. 中国工业经济，(3)：174-192.

张海峰，梁若冰，林细细. 2019. 子女数量对农村家庭经济决策的影响——兼谈对"二孩政策"的启示[J]. 中国经济问题，(3)：68-80.

周卫华，翟晓风，谭皓威. 2022. 基于XGBoost的上市公司财务舞弊预测模型研究[J]. 数量经济技术经济研究，39(7)：176-196.

朱艳苹，郭薇. 2020. 上市公司定向增发的公告效应及影响——基于事件研究法的验证[J]. 中国注册会计师，(6)：50-57.

祝树金，汤超. 2020. 企业上市对出口产品质量升级的影响——基于中国制造业企业的实证研究[J]. 中国工业经济，(2)：117-135，1-8.

Abadie A, Diamond A, Hainmueller J. 2015. Comparative politics and the synthetic control method[J]. *American Journal of Political Science*, 59(2): 495-510.

Abadie A, Gardeazabal J. 2003. The economic costs of conflict: A case study of the Basque Country[J]. *American Economic Review*, 93(1): 113-132.

Allen T D, Herst D E, Bruck C S, Sutton M. 2000. Consequences associated with work-to-family conflict: a review and agenda for future research[J]. *Journal of Occupational Health Psychology*, 5(2): 278-308.

Agrawal A, Gans J, Goldfarb A. 2019. The economics of artificial intelligence: An agenda[M]. Chicago: *University of Chicago Press*.

Agarwal S, Qian W, Seru A, Zhang J. 2020. Disguised corruption: Evidence from consumer credit in China[J]. *Journal of Financial Economics*, 137(2): 430-450.

Angrist J D, Lavy V. 1999. Using Maimonides' rule to estimate the effect of class size on scholastic achievement[J]. *The Quarterly Journal of Economics*, 114(2): 533-575.

Antweiler W, Frank M Z. 2004. Is all that talk just noise? The information content of internet stock message boards[J]. *The Journal of Finance* 59(3): 1259-1294.

Armstrong C S, Guay W R, Weber J P. 2010. The role of information and financial reporting in corporate governance and debt contracting[J]. *Journal of Accounting and Economics*, 50 (2-3): 179-234.

Ashenfelter O C, Card D. 1984. Using the longitudinal structure of earnings to estimate the effect of training programs[J]. *National Bureau of Economic Research*, 67: 648-660.

Ball R, Brown P. 1968. An empirical evaluation of accounting income numbers[J]. *Journal of Accounting Research*, 6(1): 159-178.

Ball R, Shivakumar L. 2005. Earnings quality in U.K. privatefirms[J]. *Journal of Accounting and Economics*, 39(1): 83-128.

Ball R, Shivakumar L. 2006. The role of accruals in asymmetrically timely gain and loss recognition[J]. *Journal of Accounting Research*, 44(2): 207-242.

Baik B, Gunny K A, Jung B, et al. 2022. Income smoothing through R&D management and earnings informativeness[J]. *Accounting Review*, 97(3): 25-49.

Baker A C, Larcker D F, Wang C C Y. 2022. How much should we trust staggered difference-in-differences estimates?[J]. *Journal of Financial Economics*, 144(2): 370-395.

Baron R M, Kenny D A. 1986. The moderator-mediator variable distinction in social psychological research: Conceptual, strategic, and statistical considerations[J]. *Journal of Personality and Social Psychology*, 51(6): 1173.

Barton J, Berns G S, Brooks A M. 2014. The neuroscience behind the stock market's reaction to corporate earnings news[J]. *The Accounting Review*, 89(6): 1945-1977.

Basu S. 1997. The conservatism principle and the asymmetric timeliness of earnings[J]. *Journal of Accounting and Economics*, 24 (1): 3-37.

Basu S. 2012. How can accounting researchers become more innovative?[J]. *Accounting Horizons*, 26(4): 851-870.

Biddle G C, Hilary G. 2006. Accounting quality and firm-level capital investment[J]. *The Accounting Review*, 81(5): 963-982.

Biddle G C, Hilary G, Verdi R S. 2009. How does financial reporting quality relate to investment efficiency?[J]. *Journal of Accounting and Economics*, 48(2-3): 112-131.

Bochkay K, Brown S V, Leone A J, et al. 2022. Textual analysis in accounting: what's next?[J]. *Contemporary Accounting Research*, 40(2): 765-805.

Boone A L, White J T. 2015. The effect of institutional ownership on firm transparency and information production[J]. *Journal of Financial Economics*, 117(3): 508-33.

Borusyak K, Jaravel X, Spiess J. 2022. Revisiting event study designs: Robust and efficient estimation[J]. *Available at SSRN*, 2826228.

Bradshaw M, Liao G, Ma M S. 2019. Agency costs and tax planning when the government is a major shareholder[J]. Journal of Accounting and Economics, 67(2-3): 255-277.

Brav A, Graham J R, Harvey C R, et al. 2005. Payout policy in the 21st century[J]. *Journal of Financial Economics*, 77(3): 483-527.

Brown S J, Warner J B. 1980. Measuring security price performance[J]. *Journal of Financial Economics*, 8(3): 205-258.

Brown S J, Warner J B. 1985. Using daily stock returns: The case of event studies[J]. *Journal of Financial Economics*, 14(1): 3-31.

Burton F G, Summers S L, Wilks T J, et al. 2022. Relevance of accounting research (ROAR) scores: Ratings of titles and abstracts by accounting professionals[J]. *Accounting Horizons*, 36(2): 7-18.

Cai H, Henderson J V, Zhang Q. 2013. China's land market auctions: evidence of corruption?[J]. *The Rand journal of economics*, 44(3): 488-521.

Callaway B, Sant'Anna P H. 2021. Difference-in-differences with multiple time periods[J]. *Journal of Econometrics*, 225(2): 200-230.

Campbell D T. 1969. Reforms as experiments[J]. *American Psychologist*, 24(4): 409-429.

Campbell D T, Stanley J C. 1963. Experimental and quasi-experimental designs for research[J]. *Handbook of Research on Teaching*, (5): 171-246.

Cheng C S A, Huang H H, Li Y, et al. 2010. Institutional monitoring through shareholder litigation[J]. *Journal of Financial Economics*, 95(3): 356-383.

Cengiz D, Dube A, Lindner A, et al. Zipperer. 2019. The effect of minimum wages on low-wage jobs[J]. *The Quarterly Journal of Economics*, 134(3): 1405-1454.

Chen J, Su X, Tian X, et al. 2022. Does customer-base structure influence managerial risk-taking incentives?[J]. *Journal of Financial Economics*, 143(1): 462-483.

Chen Y, Li H, Zhou L A. 2005. Relative performance evaluation and the turnover of provincial leaders in China[J]. *Economics Letters*, 88(3): 421-425.

Chen Y, Fan Z, Gu X, et al. 2020. Arrival of young talent: The send-down movement and rural education in China[J]. *American Economic Review*, 110(11): 3393-3430.

Chircop J, Collins D W, Hass L H, et al. 2020. Accounting comparability and corporate innovative efficiency[J]. *The Accounting Review*, 95(4): 127-151.

Choi J K, Hann R N, Subasi M, et al. 2020. An empirical analysis of analysts' capital expenditure forecasts: Evidence from corporate investment efficiency[J]. *Contemporary Accounting Research*, 37(4): 2615-2648.

Coase R H. 1960. The problem of social cost[J]. *Journal of Law & Economics*, 3: 1-44.

Cohen D, Pandit S, Wasley C E, et al. 2020. Measuring real activity management[J]. *Contemporary Accounting Research*, 37(2): 1172-1198.

Das S R. 2014. Text and context: Language analytics in finance[J]. *Foundations and Trends in Finance*, 8(3): 145-261.

De-Chaisemartin C, D'Haultfoeuille X. 2022. Difference-in-differences estimators of intertemporal treatment effects[R]. *NBER Working Paper*, No.29873.

De-Chaisemartin C, D'Haultfoeuille X. 2018. Fuzzy differences-in-differences[J]. *The Review of Economic Studies*, 85(2): 999-1028.

De-Chaisemartin C, D'Haultfoeuille X. 2020. Two-way fixed effects estimators with heterogeneous treatment effects[J]. *American Economic Review*, 110(9): 2964-2996.

Dechow P M, Sloan R G, Sweeney A P. 1995. Detecting earnings management[J]. *Accounting Review*, 70(2): 193-225.

Dechow P M, Dichev I D. 2002. The quality of accruals and earnings: The role of accrual estimation errors[J]. *The Accounting Review*, 77(1): 35-59.

De Franco G, Kothari S P, Verdi R S. 2011. The benefits of financial statement comparability[J]. *Journal of Accounting Research*, 49(4): 895-931.

Demski J S. 2007. Is accounting an academic discipline?[J]. *Accounting Horizons*, 21(2): 153-157.

Diamond A, Sekhon J S. 2013. Genetic matching for estimating causal effects: A general multivariate matching method for achieving balance in observational studies[J]. *Review of Economics and Statistics*, 95 (3), 932-945.

Dichev I D, Graham J R, Harvey C R, et al. 2013. Earnings quality: Evidence from the field[J]. *Journal of Accounting and Economics*, 56(2-3): 1-33.

Dickhaut J, Basu S, McCabe K, et al. 2010. Neuroaccounting: Consilience between the biologically evolved brain and culturally evolved accounting principles[J]. *Accounting Horizons*, 24(2): 221-255.

Dolley J C. 1933. Characteristics and procedure of common stock split-ups[J]. *Harvard Business Review*, 11(3): 316-326.

Duflo E. 2001. Schooling and labor market consequences of school construction in Indonesia: Evidence from an unusual policy experiment[J]. *American Economic Review*, 91(4): 795-813.

Erickson J. 2009. Corporate governance in the courtroom: An empirical analysis[J]. *William & Mary Law Review*, 51: 1749.

Fama E F, Fisher L, Jensen M C, et al. 1969. The adjustment of stock prices to new information[J]. *International Economic Review*, 10(1): 1-21.

Fang H, Gu Q, Zhou L A. 2019. The gradients of power: Evidence from the Chinese housing market[J]. *Journal of Public Economics*, 176: 32-52.

Fee C E, Thomas S. 2004. Sources of gains in horizontal mergers: Evidence from customer, supplier, and rival firms[J]. *Journal of financial Economics*, 74(3): 423-460.

Ferris S P, Jandik T, Lawless R M, et al. 2007. Derivative lawsuits as a corporate governance mechanism: Empirical evidence on board changes surrounding filings[J]. *Journal of Financial and Quantitative Analysis*, 42 (1): 143-165.

Field T, Lys T, Vincent L. 2001. Empirical research on accounting choice[J]. *Journal of Accounting and Economics*, 31(1-3): 255-307.

Francis J R, Martin X. 2010. Acquisition profitability and timely loss recognition[J]. *Journal of Accounting and Economics*, 49(1-2): 179-183.

Frazier K B, Ingram R W, Tennyson B M. 1984. A methodology for the analysis of narrative accounting disclosures[J]. *Journal of Accounting Research*, 22(1): 318-331.

Freyaldenhoven S, Hansen C, Pérez J P, et al. 2021. Visualization, identification, and estimation in the linear panel event-study design[R]. *NBER Working Paper*, No.29170.

Fritz M S, MacKinnon D P. 2007. Required sample size to detect the mediated effect[J]. *Psychological science*, 18(3): 233-239.

Gardner J. 2022. Two-stage differences in differences[J]. *Working Paper*.

Goodman-Bacon A. 2021. Difference-in-differences with variation in treatment timing[J]. *Journal of Econometrics*, 225(2): 254-277.

Graham J R. 2022. Presidential address: Corporate finance and reality[J]. *The Journal of Finance*, 77(4): 1975-2049.

Graham J R, Harvey C R. 2001. The theory and practice of corporate finance: Evidence from the field[J]. *Journal of Financial Economics*, 60(2-3): 187-243.

Graham J R, Harvey C R, Puri M. 2015. Capital allocation and delegation of decision-making authority within firms[J]. *Journal of Financial Economics*, 115(3): 449-470.

Graham J R, Harvey C R, Rajgopal S. 2005. The economic implications of corporate financial reporting[J]. *Journal of Accounting and Economics*, 40(1-3): 3-73.

Graham B S, Pinto C C D X, Egel D. 2012. Inverse probability tilting for moment condition models with missing data[J]. *The Review of Economic Studies*, 79(3): 1053-1079.

Graham J R, Hanlon M, Shevlin T, Shroff N. 2014. Incentives for tax planning and avoidance: Evidence from the field[J]. *The Accounting Review*, 89(3): 991-1023.

Haans R F J, Pieters C, He Z L. 2016. Thinking about U: Theorizing and testing U‐and inverted U-shaped relationships in strategy research[J]. *Strategic Management Journal*, 37(7): 1177-1195.

Hahn J, Todd P, Van-der-Klaauw W. 2001. Identification and estimation of treatment effects with a regression-discontinuity design[J]. *Econometrica*, 69(1): 201-209.

Hainmueller J. 2012. Entropy balancing for causal effects: A multivariate reweighting method to produce balanced samples in observational studies[J]. *Political Analysis*, 20(1): 25-46.

Huang Y. 2022. Government subsidies and corporate disclosure[J]. *Journal of Accounting and Economics*, 74(1): 101480.

Hansen L P. 1982. Large sample properties of generalized method of moments estimators[J]. *Econometrica: Journal of the Econometric Society*, 50(4): 1029-1054.

Hayes A F 2009. Beyond baron and kenny: Statistical mediation analysis in the new millennium[J]. *Communication Monographs*, 76(4): 408-420.

Heckman J J. 1979. Sample selection bias as a specification error[J]. *Econometrica: Journal of the Econometric Society*, 47(1): 153-161.

Heckman J J, Ichimura H, Todd P E. 1997. Matching as an econometric evaluation estimator: Evidence from evaluating a job training programme[J]. *The Review of Economic Studies*, 64(4): 605-654.

Hopkins J. 2018. Do securities class actions deter misreporting?[J]. *Contemporary Accounting Research*, 35(4): 2030-2057.

Huang S, Roychowdhury S, Sletten E. 2020. Does litigation deter or encourage real earnings management?[J]. *The Accounting Review*, 95 (3): 251-278.

Imai K, Ratkovic M. 2014. Covariate balancing propensity score[J]. *Journal of the Royal Statistical Society: Series B Statistical Methodology*, 76 (1): 243-263.

Imbens G W, Lemieux T. 2008. Regression discontinuity designs: A guide to practice[J]. *Journal of Econometrics*, 142(2): 615-635.

Joshua D A, Pischke J S. 2009. Mostly harmless econometrics: An empiricist's companion[J]. *Statistical Paper*, 52(2): 12-31.

Judd C M, Kenny D A. 1981. Process analysis: Estimating mediation in treatment evaluations[J]. *Evaluation Review*, 5(5): 602-619.

Karuna C. 2007. Industry product market competition and managerial incentives[J]. *Journal of Accounting and Economics*, 43(2-3): 275-297.

Khan M, Watts R L. 2009. Estimation and empirical properties of a firm-year measure of accounting conservatism[J]. *Journal of Accounting and Economics*, 48(2-3): 132-150.

Kothari S P, Mizik N, Roychowdhury S. 2016. Managing for the moment: The role of earnings management via real activities versus accruals in seo valuation[J]. *The Accounting Review*, 91(2): 559-586.

Kuang Y F, Qin B. 2013. Credit ratings and CEO risk-taking incentives[J]. *Contemporary Accounting Research*, 30(4): 1524-1559.

Larcker D F, Rusticus T O. 2010. On the use of instrumental variables in accounting research[J]. *Journal of Accounting and Economics*, 49(3): 186-205.

La Porta R, Lopez-de-Silanes F, Shleifer A, et al. 1998. Law and finance[J]. *Journal of Political Economy*, 106(6): 1113-1155.

Lee D S. 2008. Randomized experiments from non-random selection in US house elections[J]. *Journal of Econometrics*, 142(2): 675-697.

Lennox C, Wu J S. 2022. A review of China-related accounting research in the past 25 years[J]. *Journal of Accounting and Economics*, 74(2-3): 101539.

Leung W S, Song W, Chen J. 2019. Does bank stakeholder orientation enhance financial stability?[J]. *Journal of Corporate Finance*, 56: 38-63.

Lintner J. 1956. Distribution of incomes of corporations among dividends, retained earnings, and taxes[J]. *The American Economic Review*, 46(2): 97-113.

Lintner J. 1965. The valuation of risk assets and the selection of risky investments in stock portfolios and capital budgets[J]. *Review of Economics and Statistics*, 47: 13-37.

Li F. 2008. Annual report readability, current earnings, and earnings persistence[J]. *Journal of Accounting and Economics*, 45(2-3): 221-247.

Li H, Zhou L A. 2005. Political turnover and economic performance: The incentive role of personnel control in China[J]. *Journal of Public Economics*, 89(9-10): 1743-1762.

Liu L, Wang Y, Xu Y. 2024. A practical guide to counterfactual estimators for causal inference with time-series cross-sectional data[J]. *American Journal of Political Science*: 68(1): 160-176.

MacKinnon D P, Fairchild A J, Fritz M S. 2007. Mediation analysis[J]. *Annual Review of Psychology*, 58: 593-614.

MacKinnon D P, Lockwood C M, Williams J. 2004. Confidence limits for the indirect effect: Distribution of the product and resampling methods[J]. *Multivariate Behavioral Research*, 39(1): 99-128.

MacKinnon D P, Lockwood C M, Hoffman J M, et al. 2002. A comparison of methods to test mediation and other intervening variable effects[J]. *Psychological Methods*, 7(1): 83.

MacKinnon D P, Krull J L, Lockwood C M. 2000. Equivalence of the mediation, confounding and suppression effect[J]. *Prevention Science*, 1(4): 173-181.

Maddala G S. 1986. Limited-Dependent and qualitative variables in econometrics[M]. *Cambridge University Press*.

Manchiraju H, Pandey V, Subramanyam K R. 2020. Shareholder litigation and conservative accounting: Evidence from universal demand laws[J]. *The Accounting Review* 96(2): 391-412.

Miller M H, Modigliani F. 1961. Dividend policy, growth, and the valuation of shares[J]. *Journal of Business*, 34(4): 411-433.

Myers S C, Majluf N S. 1984. Corporate financing and investment decisions when firms have information that investors do not have[J]. *Journal of Financial Economics*, 13(2): 187-221.

Mullainathan S, Spiess J. 2017. Machine learning: an applied econometric approach[J]. *Journal of Economic Perspectives*, 31(2): 87-106.

North D C. 1994. Economic performance through time[J]. *The American Economic Review*, 84(3): 359-368.

Nunn N, Qian N. 2011. The potato's contribution to population and urbanization: evidence from a historical experiment[J]. *The Quarterly Journal of Economics*, 126(2): 593-650.

Polyzos S, Samitas A, Katsaiti M S. 2020. Who is unhappy for brexit? A machine-learning, agent-based study on financial instability[J]. *International Review of Financial Analysis*, 72: 101590.

Preacher K J, Hayes A F. 2008. Asymptotic and resampling strategies for assessing and comparing indirect effects in multiple mediator models[J]. *Behavior Research Methods*, 40(3): 879-891.

Preacher K J, Rucker D D, Hayes A F. 2007. Addressing moderated mediation hypotheses: Theory, methods, and prescriptions[J]. *Multivariate Behavioral Research*, 42(1): 185-227.

Pittman J, Wang L, Wu D. 2022. Network analysis of audit partner rotation[J]. *Contemporary Accounting Research*, 39(2): 1085-1119.

Ramalingegowda S, Utke S, Yu Y. 2021. Common institutional ownership and earnings management[J]. *Contemporary Accounting Research*, 38(1): 208-241.

Romano R. 1991. The shareholder suit: Litigation without foundation?[J]. *Journal of Law Economics and Organization*, 7 (1): 55-87.

Rosenbaum P R, Rubin D B. 1983. The central role of the propensity score in observational studies for causal effects[J]. *Biometrika*, 70(1): 41-55.

Roth J, Sant'Anna P H. 2023. Efficient estimation for staggered rollout designs[J]. *Journal of Political Economy Microeconomics*, 1(4): 669-709.

Roychowdhury S. 2006. Earnings management through real activities manipulation[J]. *Journal of Accounting and Economics*, 42(3): 335-370.

Rubin D B. 1977. Assignment to Treatment Group on the Basis of a Covariate[J]. *Journal of Educational Statistics*, 2(1): 1-26.

Schultz W, Dayan P, Montague P R. 1997. A neural substrate of prediction and reward[J]. *Science*, 275(5306): 1593-1599.

Schipper K. 2003. Principles-based accounting standards[J]. *Accounting Horizons*, 17(1): 61-72.

Siriviriyakul S. 2021. An empirical assessment of real activities manipulation measures[J]. *Journal of Financial Reporting*, 6(2): 111-128.

Sobel M E. 1982. Asymptotic confidence intervals for indirect effects in structural equation models[J]. *Sociological Methodology*, 13: 290-312.

Sobel M E. 1987. Direct and indirect effects in linear structural equation models[J]. *Sociological Methods & Research*, 16(1): 155-176.

Stock J H, Trebbi F. 2003. Retrospectives: Who invented instrumental variable regression?[J]. *Journal of Economic Perspectives*, 17(3): 177-194.

Sun L, Abraham S. 2021. Estimating dynamic treatment effects in event studies with heterogeneous treatment effects[J]. *Journal of Econometrics*, 225(2): 175-199.

Tetlock P C, Saar-Tsechansky M, Macskassy S. 2008. More than words: Quantifying language to measure firms' fundamentals[J]. *The Journal of Finance*, 63(3): 1437-1467.

Tetlock P C. 2007. Giving content to investor sentiment: The role of media in the stock market[J]. *The Journal of Finance*, 62(3): 1139-1168.

Thistlethwaite D L, Campbell D T. 1960. Regression-discontinuity analysis: An alternative to the ex post facto experiment[J]. *Journal of Educational Psychology*, 51(6): 309.

Tofighi D, MacKinnon D P. 2011. Rmediation: An R package for mediation analysis confidence intervals[J]. *Behavior Research Methods*, 43: 692-700.

Van-der-Klaauw W. 2002. Estimating the effect of financial aid offers on college enrollment: A regression-discontinuity approach[J]. *International Economic Review*, 43(4): 1249-1287.

Watts R L. 2003. Conservatism in accounting Part I: Explanations and implications[J]. *Accounting Horizons*, 17 (3): 207-221.

White H. 1980. A heteroskedasticity-consistent covariance matrix estimator and a direct test for heteroskedasticity[J]. *Econometrica: journal of the Econometric Society*, 817-838.

Wilde J. 2017. The Deterrent effect of employee whistleblowing on firms' financial misreporting and tax aggressiveness[J]. *The Accounting Review*, 92: 247-280.

Wooldridge J M. 2021. Two-way fixed effects, the two-way mundlak regression, and difference-in-differences estimators[J]. Available at *SSRN* 3906345.

Xu Y. 2017. Generalized synthetic control method: Causal inference with interactive fixed effects models[J]. *Political Analysis*, 25(1): 57-76.

Zhao Q, Percival D. 2016. Entropy balancing is doubly robust[J]. *Journal of Causal Inference*, 5(1): 10.

Zhao X, Lynch-Jr J G, Chen Q. 2010. Reconsidering baron and kenny: Myths and truths about mediation analysis[J]. *Journal of Consumer Research*, 37(2): 197-206.

Zubizarreta J R. 2015. Stable weights that balance covariates for estimation with incomplete outcome data[J]. *Journal of the American Statistical Association*, 110(511): 910-922.

# 教师服务

感谢您选用清华大学出版社的教材！为了更好地服务教学，我们为授课教师提供本书的教学辅助资源，以及本学科重点教材信息。请您扫码获取。

## ▶ 教辅获取

本书教辅资源，授课教师扫码获取

## ▶ 样书赠送

会计学类重点教材，教师扫码获取样书

 清华大学出版社

E-mail: tupfuwu@163.com
电话：010-83470332 / 83470142
地址：北京市海淀区双清路学研大厦 B 座 509

网址：https://www.tup.com.cn/
传真：8610-83470107
邮编：100084